¿Quién eres?

Gioconda Casales Quiñones

Compre este libro en línea visitando www.trafford.com
o por correo electrónico escribiendo a orders@trafford.com

La gran mayoría de los títulos de Trafford Publishing también están
disponibles en las principales tiendas de libros en línea.

¿Quién eres?
No. 01502
12-julio-2010

Agencia literaria
Cleves Book World
www.clevesbooks.com

Impreso en los Estados Unidos.

ISBN: 978-1-4269-9739-6 (sc)
ISBN: 978-1-4269-9740-2 (e)

Trafford rev. 10/14/2011

 www.trafford.com

Para Norteamérica y el mundo entero
llamadas sin cargo: 1 888 232 4444 (USA & Canadá)
teléfono: 250 383 6864 ♦ fax: 812 355 4082

Dedicatoria

A aquellas personas que creen en la vida, en los que
le rodean y en la posibilidad de ver sus sueños hechos
realidad, especialmente a mi madre, mi hermana, mi
adorado sobrino y al amor de mi vida.

Agradecimientos de la autora

A Dios, la Virgen del Valle, mi familia,
Adriana Cabrera Cleves, el padre Juan M. Iglesias y mis
amigos sinceros, quienes siempre me dan el ánimo
que necesito para seguir adelante.

Prólogo

No hay nada nuevo bajo la faz de la tierra... O «No hay nada nuevo bajo el sol», siguiendo la máxima latina *Nihil novum sub solem*, pero cuántas cosas ya dichas hay que no conocemos o que olvidamos y que necesitamos estar repasando y recordando casi a diario, para mantenernos en el buen camino.

También, podríamos decir que todo ya está escrito, aunque no todos lo hemos leído en su totalidad, no se encuentra en ese lenguaje que mejor comprendemos o no nos llega en el momento preciso, en que necesitamos leerlo o estamos preparados para asimilarlo y aplicarlo...

¿Quién eres? es una novela escrita con humor y misterio, que ensarta decálogos de autoayuda muy importantes y en forma acertada. Algunos son novedosos y otros pueden ya haber sido presentados, no obstante, la magia con la que están escritos en este libro es esencialmente original, permitiéndonos acceder a una sabiduría antigua de forma sencilla, interesante, entretenida y amena.

La autora, Gioconda Casales Quiñones, incluyó muchos de estos conceptos en el libro, único en su estilo, *Seis termómetros para cinco sentidos en cómo no gerenciar*, publicado en 2007, como complemento indispensable de las propuestas teóricas de «Formación Académica Gerencial», tradicionalmente manejadas en el mercado. Aquí, sin embargo, están presentes y mimetizados en una historia literaria que nos mantiene intrigados y nos sorprende, con un final inesperado y revelador.

Este libro de ficción se puede catalogar dentro de los géneros de fantasía, suspenso y autoayuda, un matrimonio de tres, efectivo y original, cuando se tratan temas que tienen la capacidad de transformar nuestras vidas y ambientes familiares y laborales.

Así mismo, nos lleva a vivir situaciones que generan cuestionamientos y nos facilitan entender, al estar realmente en la situación y los «zapatos» de los otros, que somos uno mismo, que habríamos hecho las cosas de forma similar estando en sus circunstancias y, especialmente, no nos atreveríamos a juzgarlos. La verdad que manejamos desde nuestro punto de vista particular es limitada, pero al ver los mismos hechos desde otras perspectivas, tenemos una visión íntegra y completa. Esto no sólo se refiere a la visión de cada persona sino, también, a ver desde las distintas dimensiones de la existencia y la realidad.

El protagonista de esta historia, Terry Peña Waith, en el momento de presenciar el arresto policial de su jefe, sufre un accidente que marca su vida en dos, justo cuando su familia se desintegraba y, por lo tanto, su trabajo se veía afectado, destruyendo la vida que hasta ahora había construido

Durante diez años, permanece en un «estado ausente», en el que su mente viaja a otras dimensiones y a otros momentos de su pasado, incluso mutando para estar en el cuerpo de otras personas con las que compartió en el trabajo y a mantener diálogos, irrisorios y a la vez transcendentales, con su «otro yo», a quien nunca había conocido antes. Todo ello le ayuda a develar el misterio de su condición actual, que le ocasiona terror pues piensa que ha enloquecido, para tratar de volver a la «normalidad» y, asimismo, para esclarecer el delito que ha generado tantas injusticias e infelicidad.

A través de todas estas experiencias, vemos claramente modelos de liderazgo y gerencia laborales muy acertados, como es el de su jefe, Germán, y también lo opuesto, en otros miembros del equipo de trabajo. Nos lleva, además, a comprender dinámicas familiares que agotamos, debido a nuestros comportamientos, y también a darnos cuenta que, con frecuencia, la vida nos ofrece una segunda oportunidad.

Finalmente, al leer este libro recordamos, así lo notemos o no en nuestra vida diaria y real, que el bien siempre gana y, sobretodo, nos paga mejor.

Adriana Cabrera Cleves, MA

CAPÍTULOS:

A simple vista

Con mirada fija, actitud sumamente retraída y sintiéndose apesadumbrado, como pensando en algo sumamente lejano, allí estaba él, en un banco dentro de aquel inmenso parque.

Se encontraba sentado y usaba una camisa de cuadros azules y blancos, delimitados por líneas de amarillo tostado; con largas mangas aún ajustadas a los puños. Su respiración era prácticamente imperceptible, tanto que difícilmente se detectaba.

Toda su ropa estaba gastada, al igual que una pequeña agenda color caramelo, que apenas asomaba en uno de sus bolsillos; llevaba el cabello largo recogido sobre su nuca y barbas que, a simple vista, le cubrían casi hasta las rodillas. Pero a pesar de todo, su higiene era tan impecable que, incluso, podía percibirse, aún con los ojos cerrados.

Mirándole muy firme, sentí que lentamente un halo de misterio penetraba mi cuerpo. Era la sensación de ser absorbido por un gran remolino, que sin ningún maltrato me adentraba en su mente.

Así fue que, en pocos instantes, me sentí dentro de su cuerpo, sentado, inclinado hacia delante. Teniendo el mentón sostenido sobre mis manos y los codos apoyados sobre mis rodillas, pude mirar, en medio de mi estado letárgico, sus zapatos muy acabados, los que alguna vez, seguramente, abrazaban sus pies con la ayuda de cordones completamente nuevos.

Pero, ojalá eso hubiese sido todo cuanto pude percibir. Digo «ojalá» porque, al siguiente momento, experimenté una sensación de opresión en el pecho tan fuerte, como de muerte, y un hambre y ardor estomacal, que sólo eran superados por el temblor de mis débiles brazos y manos. Me sentía como atado, deprimido y muriendo.

Mi garganta estaba reseca en un primer instante y quise humedecerla tomando un trago desde mi propia boca, pero pareció insuficiente para hidratar mi cuerpo. Sin embargo, tan sólo en dos segundos, el trago sabía a Dioses y pasé, de estar sentado en aquel banco solitario en el parque, a estar en una fiesta.

Sin duda alguna yo era, mejor dicho, el cuerpo que yo ocupaba en ese momento era el del anfitrión de aquel evento, durante ese día. Era el legendario Roy, dueño de la empresa donde había trabajado en dos oportunidades, 20 y 10 años atrás.

La sensación de plenitud que pasé a experimentar, en ese cuerpo, en tan breves instantes, no podía compararse con nada previamente vivido. Opulencia y derroche de sabores, olores, colores y, muy especialmente, de adulaciones.

No podía pasar ninguna persona a mi lado sin antes dedicarme un elogio:
—Roy, te felicito. Como siempre incomparables tus reuniones!
—Roy, ¡eres único!
—Roy... amigo mío.

Obviamente, por lo avanzado de la fiesta y sus disfrutes, ni notaban mi cara de asombro al yo tratar de identificar quiénes eran ellos y dónde estábamos. No obstante, rápidamente entré en sintonía, ya que al parecer también había disfrutado mucho y, además, el alcohol se apoderaba de mi control. Por lo que, con gran esfuerzo por recordar, sólo podría decir que pasé, rápido, de mi asombro a un estado donde lograba apreciar sólo imágenes borrosas. Eso incluye la puerta de salida de aquella reunión, con muy pocas personas despidiéndose, y mi habitación, a la que me llevaron dos caballeros finamente vestidos, los cuales, pudiera decirse que, eran mis asistentes personales o algo parecido.

Al día siguiente, al despertar, sentía que mi cabeza iba a estallar; con casi medio cuerpo hundido en una gigantesca almohada y en medio de una inmensa cama, estaba en una habitación que, como era de esperarse, no era la mía. Entonces, a pesar del malestar, comencé a recordar y recordar. Mis pestañas se enredaban entre ellas mismas y, al llevar mis manos hasta los ojos para estrujarlos, sentí la puerta abrirse y al mismo tiempo entraron varias personas.

Una de ellas abrió las cortinas de la gigantesca ventana, otra me enderezó sobre la cama y, finalmente, alguien más me colocó un extraño equipo portátil blanco sobre la cabeza. Uno de los caballeros pareció desaparecer, sin embargo, no fue así, había pasado por una de las puertas hacia las áreas de baño.

Me acompañaron, sosteniéndome de ambos lados para que no perdiese el equilibrio, hasta meterme en un jacuzzi. Sumergirme y sentarme en aquella bañera, aunque el agua estaba tibia, me resultó muy desagradable por el malestar. Me hicieron tomar dos pastillas de, al menos, tres clases diferentes.

Ya era mucho mi asombro. Si me están envenenando tampoco importa, ya que todo parece tan real que lo más probable es que esté enloqueciendo y nada de esto exista, pensé entonces.

Así que tomé las seis pastillas, con tres tragos de agua y traté de relajarme hasta sentirme mejor.

Creo que estuve una hora tomando el baño y, si hubiese sido por mi, allí me habría quedado por un mes. Sin embargo, entraron los caballeros y uno de ellos dijo: —Señor, ¡ya estamos listos!—Yo sólo le miré a la cara, en busca de algún gesto que me indicara para qué se suponía que estaba listo.

—Allan... sólo tenemos 12 minutos para despegar.—Expresó alguien más, quien apenas asomó su rostro hasta la puerta.

En fin, al menos sabía que la persona que parecía envenenarme con el pastillero se llamaba Allan, quien añadió:
—Roy, ya oíste! Sólo 12 minutos.—Y me acompañó nuevamente desde el salón de baño hasta la habitación, en la que, colocado sobre la cama, ya tenía seleccionado todo el atuendo que aparentemente debía vestir.

Allan preguntó mirándome:
—¿Qué tienes? Estás extrañamente silencioso.—Ante lo que, sin responder, simplemente me senté en la cama y, colocando ambos codos sobre mis piernas, sostuve mi cabeza con mis manos y respiré profundamente, tratando de poner mi mente en blanco, para no reconocer que había enloquecido completamente.

La conclusión fluyó al instante: déjate llevar, recuerda que el primer síntoma de la locura es no identificar que emocionalmente tienes problemas. No estás loco. Déjate llevar y averigua qué pasa. Luego, continué pensando: ¿qué es lo peor que puede pasar? ¿Que averigües que eres Roy? ¿O que no sepas «quién eres»?

Mi imagen tan elegante, vista en ese espejo, y el aroma de un perfume verdaderamente exquisito, interrumpieron mi pensamiento. Recordé en ese instante quién era Roy. En toda mi vida había olido ese aroma sólo en dos oportunidades, que fueron las únicas en las que pude pasar cerca de él.

Sin tiempo alguno para analizar nada, ya estaba sentado cómodamente en un helicóptero al que subí, mediante un ascensor en el que entré, desde una las puertas de aquella suntuosa habitación.

Mientras subimos al helicóptero, Allan me entregó un documento y dijo:
—Allí lo tienes. Con todas las correcciones que hiciste ayer.

Sin otra opción en manos y sentado, comencé a leerlo. Cuando iba por la página tres sentía que había leído 100 o más. Debido al agotamiento que experimentaba, no pude concentrarme en la lectura y lo guardé para leerlo luego. Sin embargo, logré concentrarme en una profunda reflexión.

Traté de recordar cómo me sentía el día anterior, justo antes de encontrar a Roy, sentado con su camisa a cuadros en aquel banco; pero, al parecer, mi memoria no poseía ninguna información respecto a eso.

Estaba convencido de que, ni siquiera ante ninguna de las situaciones extremas que había experimentado en mi mundo, jamás me había sentido tan mal. De hecho, consideré que nunca me sentí ni la milésima parte de lo cansado que estaba en ese instante.

Entonces, pasé a recordar la sensación del corto tiempo en el que estuve en el lugar de Roy con la camisa a cuadros y la verdad es que, aunque estaba extenuado, adolorido y muerto de hambre, tampoco me parecía comparable lo que sentía con ese cansancio.

Decidí finalmente abrir la boca para decir:
—¿Allan, tienes algo que me alivie el cansancio tan inmenso que estoy sintiendo?—Al momento, lo que pasó fue increíble! Ya que aunque Allan fue quien comenzó, incluyendo al piloto, todos reían a carcajadas.

Debo acostumbrarme a no entender nada de lo que suceda, pensé. Sin embargo, Allan interrumpió en ese momento:
—¡Roy, eres increíble! ¿Cómo imitas tan bien a la gente que tanto criticas? Mientras, siguió riendo.

De pronto, llegamos a un aeropuerto, en el cual nos esperaba un chofer en un vehículo en miniatura. Era un carrito eléctrico como los que había visto en televisión, usados por los jugadores de golf. Apenas aterrizamos, bajamos y rápidamente caminamos agachados, cuidándonos de la hélice del helicóptero que se mantenía girando a toda velocidad, hasta subir al pequeño vehículo.

Tal como es de suponerse, tampoco allí Allan me abandonó. No sabía dónde, ni cómo subir y Allan al parecer, sin darse cuenta, me guiaba como si se tratara de mis actuaciones rutinarias.

De allí fuimos directo a un avión privado, en el que casi me hicieron una ceremonia al subir. De esa experiencia sólo extrañé, en contraste con una película que recientemente había visto, una alfombra roja. Y al imaginarlo pensé: Eso hubiese sido un verdadero sueño hecho realidad, en medio de mi locura.

Sin más, ya estaban sirviéndome otra bebida, ante lo que no logré disimular mi horror, ya que prefería mil veces lo que estaban sirviéndole a Allan, «un apetitoso desayuno.»

Allan dijo:
—Oh... Roy, lo que siempre te digo, no sabes lo que te pierdes al no comer el desayuno.—Y sonrió.

Cuando fui a abrir la boca teniendo aquel corto vaso en manos, al parecer lleno de whisky seco, todos me interrumpieron diciendo al unísono:
—¡Ni tu tampoco, Allan!—Y rieron a carcajadas. Lo que parecía indicar que también aquello era rutina.

Estaba muy asombrado, no entendía lo que pasaba. Me preguntaba: ¿Cómo es esto posible? ¿Yo, Roy, sólo tomo licor y no como? Con razón acabaste como estás: maltratadito y arruinado, en tu camisa a cuadros, abandonado en ese parque, amigo Roy. Definitivamente, no nos parecemos. ¿Podrías decirme quién eres?, reflexión que pasó por mi mente en ese instante.

No había razones para actuar exactamente igual que Roy. Tenía demasiado apetito y no podía cambiar el futuro, por lo que ya me tocaría aguantar muchísima hambre de todas formas, al estar en los zapatos de Roy en el banco de la plaza. Por otra parte, pensé: si no estoy totalmente desquiciado, podría tratarse de una experiencia sobrenatural, o de haber atravesado un túnel en el tiempo, entonces, quizá tendría en mis manos la posibilidad de cambiar el futuro de Roy. Tal vez podría evitarle vivir la escena del banco donde lo encontré y, consecuentemente, tampoco yo viviría esta extraña experiencia. Aunque no puedo negar que todo es como un sueño hecho realidad, porque, ¿quién no ha querido alguna vez sentirse millonario?

Así que sólo extendí mi mano con el trago y dije:
—¡Quiero uno doble!

Al parecer no era rutina la expresión pues Allan exclamó:
—Pero si tu trago es doble, como de costumbre...
—Quierounodobledeloquetúestáscomiendo.—Respondí mirando a Allan.

Todos se pusieron de pié, hubo carcajadas, risas, sonrisas en atenuación, miradas dirigidas a mí serio rostro, mis labios juntos sin movimiento, seriedad y mucho respeto.

Aunque no estoy seguro de qué comí, sé que fue el más delicioso de los desayunos que había comido en toda mi vida. Satisfizo totalmente mi apetito y mis expectativas de sabor para el momento. Lo disfruté, en particular porque me cambié de asiento para compartir junto a Allan aquel momento y, extrañamente, eso me hizo sentir en casa.

—¡Agua, por favor!—Con mi garganta seca, fue lo único que pude mencionar.

Allan comenzó a enfatizar su cara de preocupación, hasta dejar de comer. Él llevaba medio plato y yo ya había comido el doble de su plato completo. Claro que yo ni lo noté, pero, al parecer los demás sí.

—Roy, ¿Te sientes bien?—Allan preguntó, con gestos de gran preocupación y me atrevería a decir que hasta gran susto.

Inmerso en un proceso de análisis interno, que me hacía detallar aquellos rostros, simplemente contesté sonriendo:
—Mejor que nunca, Allan... ¡Mejor que nunca!
—Por cierto, Roy, hablando de algo serio, necesito tus instrucciones para responder al investigador. ¿Estás de acuerdo con la oferta?—Pregunta que no entendía y obviamente tampoco podía responder. Así que guardé silencio, haciéndome el indiferente.

Después de eso, me sentía mejor e, instintivamente, algo me indicaba que era el momento de leer una vez más aquel documento, que Allan me había entregado hacía unos momentos. Con lo poco que había logrado leer, el documento evidenciaba que iba de viaje a dar algún discurso muy importante y, por lo revisado del escrito, seguramente se trataba de alguna rueda de prensa o reunión con medios de comunicación.

Al momento, volví a mi asiento y, al tomar en manos nuevamente el documento, Allan vino de donde estaba sentado frente a mí y presionó un botón que se encontraba bajo mi mano derecha, el cual ni siquiera había imaginado que existía. Como era de esperarse, en medio de mi extraño estado, con ojos fijos hacia el frente, tranquilamente, parecía intuir que se deslizaría sobre mis piernas una pequeña mesa plateada que casi enceguecía por su brillo.

Allí estaba sobre mí, la mesa que no sólo brillaba sino que era un reluciente espejo. Y estaba seductoramente invitándome a ver mi propio rostro, por primera vez, en esta etapa de mi vida.

—Vamos a ver, Terry: ¿Quién eres?...—, fue la expresión que surgió en mi subconsciente y que murmuré.

Mirando en aquel espejo, reconocí al Roy de hace 20 años, en la época en la que únicamente una o dos veces pude mirarlo desde lejos. Cuando, si mal no recuerdo, él tenía cerca de 55 años de edad.

Simplemente, me quedé mirándome en aquel rostro. Mientras tanto, parecía detenerse mi respiración, hasta sentir que mi cuerpo estaba paralelo al suelo. Entonces, acompañado por un frío muy intenso, se inició un proceso, que hoy podría llamar, de levitación.

Se transportaba mi mente hacia otro nivel, hacia otro espacio… que estaba tan sólo en mi cerebro y visiones internas.

A simple vista podría decirse que mi mente buscaba la oportunidad de concentrarse en algo diferente, para evadir cualquier pensamiento relacionado a la realidad que me rodeaba en el momento e incluso a mi propia realidad.

Tan pronto como el chasquir de dedos, mi cuerpo descendió hasta recostarse en lo que sentí como una cama, donde al abrir los ojos me descubrí leyendo una de las páginas de un libro. De dimensiones grandes, aunque delgado, por el azul obscuro y el material de su portada, el libro ofrecía sensación de robustez. Casi durante 10 años le había conservado en el primer lugar de mis lecturas favoritas. Me refiero a mis lecturas, las de Terry, no a las de Roy, ni a las de quien pudiese haberme convertido al sumar las dos personalidades.

Así que abrí y cerré los ojos fuertemente, intentando descartar la única opción que había omitido. La que realmente era más probable y menos traumática de todas.

—Se trata de un sueño.—Dije al momento, pensando que al apretar los ojos me movería en la cama y me despertaría en mi vida normal. Pero, no fue así.

Cuando abrí los ojos, allí seguía la misma página de aquel libro, que me había acompañado en diversos momentos de mi vida.

—¡Bueno, al menos algo conocido por mí! Podría ser peor seguramente.—Susurré.

E inmediatamente concluí que, quizá, aquella particular lectura se convertiría, una vez más, en una pista, similar a las manejadas en los *rallies*, para entender cuál era el objeto de lo que estaba experimentando y, mejor aún, hacia dónde iba.

Así que, con un último parpadeo de mis ojos, leí en voz alta:

—«El arco iris negro»

Ese era el título que resaltaba en la página que tenía en manos y, sin lugar a dudas, sabía que antes, en mi vida de Terry, había leído aquello muchas veces. Pero a pesar de esto, inicié la lectura en busca de nuevas respuestas, que se ajustaran a mis circunstancias del momento. Entonces, decidí arrancar la lectura en un tono de voz muy bajo, para entrar en armonía con la soledad que me rodeaba.

Hoy puedo recordar, incluso, que me sentía protegido y envuelto por una suave brisa, abrazado por fragancias especiales. Aromas responsables de descubrirme suspirando, una y otra vez, intentando incluso con mí boca saborear la dulzura que parecía impregnarme. Era el tener derecho a manjares deliciosos, lo que generaba un entorno mágico para disfrutar aquella lectura; complementado con una música muy suave, que de fondo dejaba percibir el sonar de ligeras campanas, trinar de aves y oleajes matizados.

Suspiré y suspiré, mientras me iba sumergiendo lentamente en la lectura de aquel libro que decía:

«Siempre sin importar el viaje, en las mejores vistas ubicado el pintor solía inspirarse, pero un día, algo extraño impidió que en su lienzo lograra con alegría entregarse. Pues en la paleta al combinar colores, tan solo el negro obtuvo en grandes cantidades, y así fue que pintó con compacto de obscuros, el lienzo que imprevisto sorprendió al develarle.

Entonces el pintor desvanecido y sin aliento alguno, sintió cómo sus manos ya nunca más pintaban. Creyendo perder su don de trasladar su mundo dentro cada cuadro, temió decepcionar a los admiradores que siempre le elogiaban, pues aunque sabía muy lúgubres y vacías sus pinturas, con gran dolor él debiera asistir a aquella exposición vistiéndose de gala.

Ese pintor meditabundo y triste, cayó en el suelo y sólo murmuraba, viendo hacia sus manos y hacia el cielo, y lágrimas brotaban de sus ojos, mirando en aquel negro el horror que de la de muerte, había su vida cubierto con un velo.

Así pasaron de horas muchas de ellas, mientras acompañado por cada pensamiento sólo sufría y se auto flagelaba...Mientras susurraba, sentía que sin colores la magia se perdía, y para él la vida no era vida si la magia no estaba.

De repente una brisa venida de la nada acarició su espalda y todo obscurecía, era un oscuro de diferentes tonos, que sin eclipse anunciado y con abuso infinito, se robó los colores de aquel hermoso día.

Si, fue un arco iris negro quien le volvió a la vida, brindándole de obscuros en degradé, donde ésta no existía, una inmensa belleza, pues al pintar con negros desde intensos a suaves, le enseñó a usar su magia, creando a partir de ellos, tan grandiosa hermosura que nadie lo creía.»

Estaba extasiado, reclinado y sintiéndome en la orilla de una cama, muy relajado sin importarme dónde estaba; simplemente vino a mi mente que la pista anunciaba días obscuros en la vida de Roy y que el mensaje decía que debía aprovechar todo lo que el entorno le brindara. Entonces, dije:

—¡Y no desesperarse nunca!...—Al decir aquello, sin entender mi propia actitud, fue imposible evitar reírme incontrolablemente.

—¡Días de arco iris negro... en la vida de un millonario!—Comenté, dejando mis labios juntos estirados para contener la risa. Labios movidos sólo por el vaivén horizontal de mi cabeza, en medio de muchas carcajadas encerradas.

—¡Qué ironía! ¡Días malos para un rico...!

Aturdido, por no entender mi comportamiento ni mi ironía, me puse de pie y mirando hacia arriba, extendí mis manos para subirlas hasta presionar mis mejillas y tapar mis ojos pero, sin lograrlo, al instante me descubrí con el cuello muy tenso y ojos firmemente abiertos, experimentando sentimientos o emociones diferentes. Parecía que ya no desearía reír jamás. Estaba profundamente deprimido.

Fue como estar tomando un tibio baño en un jacuzzi y, de repente, aparecer en medio de un desierto, tomando un brusco baño proveniente de una cubeta llena con fragmentos de hielo, que golpeaban mi cuerpo. No imagino bajo qué circunstancias, alguien puede sentir cambios tan bruscos de emociones, en tan breves instantes. Pero, en mi caso, valoré conscientemente el poseer aún mi capacidad de asombro para identificar mi cambio emocional, de manera precisa. Pues, en un segundo, pasé de reír a sentirme profundamente deprimido.

No obstante, aún con el libro en mis manos y en medio de mi depresión, prevalecía mi estado de alerta y concentración. Aunque un poco mareado y con dificultad para ver, sabía que me encontraba de pie.

Pasé gradualmente a cambiar mi visión, como ajustando el lente de un binocular, desde verla muy borrosa hasta muy clara. Si «verla», porque me refiero a mi oficina. ¡Si! Mi oficina... allí estaba. Era mi oficina de hace 20 años.

—¡Pero... espera un momento!—Me dije a mí mismo.—¿Qué pasa aquí?—Continué diciendo.

E inmediatamente, hubo asombro, susto, terror y nauseas inaguantables... La impresión era increíble, ya que sin lugar a dudas, escapaba de mi control todo lo que vivía.

Lo único que, aparentemente, podía controlar era mi estómago en medio de las nauseas, pero sólo hasta explotar. Nada dependía más de lo que yo quisiera o pensara. Estaba en verdad despavorido, porque ya no era Roy, pero lo grave era que tampoco era el Terry real. Aunque sabía que, muy en el fondo de mi cerebro, continuaba siendo Terry. Si, Terry Peña Waith!

Con el correr de los segundos identificaba todo lo que sentía y lo que veía. Me convertía en el Terry de una etapa que no sólo no quería recordar sino que, además, pasé los últimos veinte años de mi existencia tratando de olvidar.

Entonces, cómo no explotar con gran terror y cómo no somatizar estomacalmente, si también me sentía como un mutante extraterrestre, al ver mi rostro, mi joven rostro, mi rostro de Terry en el cristal que, incrustado en la pared dividía mi oficina de la siguiente, hace 20 años.

Como todo un adolescente en su primera cita, paulatinamente me fui tranquilizando. Claro, tampoco tenía otra opción. Mientras tanto, un tic-tac, proveniente de mi escritorio, era cada vez más perceptible, tanto que atrajo mi atención y allí estaba el libro. El mismo libro con la página que resaltaba el título de «El arco iris negro».

Un nudo en la garganta, parpados contraídos y opresión en el pecho eran impulsados por aquella depresión... Marcaban el ritmo de mi nuevo estado emocional, al que había pasado drásticamente, sin saber ni cómo y menos aún por qué. Lo más curioso fue el sentirme como el náufrago, cuando ha desfallecido previamente y, de repente, aparece en sus manos un salvavidas inmenso: aquel libro.

Este parecía ser el encargado de no permitir que se dispersaran mis pensamientos; llamaba mi atención nuevamente por alguna razón.

Recordé que algo de lo que experimentaba realmente lo había vivido veinte años atrás, cuando estaba casado y aún mis niños estaban muy pequeños: Freddy de cinco años y Sophia de dos.

Para ese momento, mi esposa Susan era mi inseparable compañera desde la infancia. Delgada, con buen cuerpo, de piel muy blanca y cabellera rubia. Habíamos incluso estudiado juntos una carrera técnica. Ella era mi alma gemela y, en verdad, la amaba con locura. Susan se graduó en Publicidad y yo en Diseño Gráfico. Lo que más celebrábamos era que incluso trabajábamos juntos, aunque no dentro de la misma área, si dentro de la misma Empresa. Susan tenía 21 y yo 22 años cuando nos casamos. Ese mismo año, tuvimos nuestro primer bebé.

Ambos recibíamos los mismos montos al pagarnos, sin embargo, aunque mensualmente también contábamos con pagos adicionales, éstos muy rara vez eran iguales. En el caso de ella, dependían de cuánto subían las ventas en los productos que promocionaba, mediante las campañas publicitarias que ideaba. En cambio, en mi caso, el monto que recibía era espectacular si las ventas de los productos que yo diseñaba eran los más vendidos del mes.

Así que debía ser y, por supuesto, fui un destacado especialista y creativo, dentro de la gerencia de diseño. Es decir, en mi área diseñábamos el producto que se vendía. Supuestamente, mientras más aceptado era el diseño, también crecerían las ventas asociadas.

Lo mejor de todo era que, progresivamente, me había convertido en el especialista al que acudían todos mis compañeros, para conocer mis opiniones sobre sus diseños. Y usualmente al referirse a mí, me llamaban: «El infalible».

Claro que yo disfrutaba todo eso: ser el auxiliar de mis compañeros, además de la satisfacción personal que me producía, y también propiciar mejores ingresos a la Empresa, ya que el producto que vendíamos hacía más feliz a nuestros clientes.

Además, lo más importante de todo era recibir también un porcentaje de beneficios económicos adicionales, dependiente de las ventas que correspondían a todos los productos. Así se premiaba genialmente el trabajo en Equipo. Entonces, para proteger nuestros ingresos, lejos de ponernos zancadillas entre los empleados, lo que si ocurría con nuestros competidores, nos preocupábamos porque los compañeros también hicieran un buen trabajo. Por eso, mi autoestima flotaba en la estratósfera al ganarme el nombre de «El infalible». Pues, afortunadamente, existía el plan económico de pago al empleado, para estimularnos cada día más.

En ese momento, quizá olvidé muchas cosas, sin embargo, algo que no dejé de recordar fue que yo tenía un gran secreto para evaluar cada diseño. Era un secreto que no compartía con ninguna persona, excepto con Susan, quien además, algunas veces, me ayudaba a interpretar mis herramientas secretas evaluadoras de diseños.

De tal suerte que nuestro hogar transitaba el camino de la paz, permanentemente. Porque, tanto en la Empresa como en casa, sabíamos compartir y respetar nuestros espacios. Principalmente, cuando se trataba de los niños, una semana los llevaba yo a los colegios y, la semana siguiente, lo hacía Susan. Los turnos para hacer las cosas en la casa los programábamos de forma similar.

De hecho, era cada vez más descomplicado ya que, con el correr de los años, cada niño generaba menor estrés. Lo que no significa que los descuidáramos, sino que utilizábamos el aprendizaje de años anteriores. Sentíamos que cada año éramos mejores padres.

Día tras día era más simple, al menos cubrir el manejo logístico o físico de sus necesidades. Aunque siempre nos asesorábamos para conocer cómo formarlos de la mejor manera, porque deseábamos para ellos un futuro de éxitos. Nuestra misión era convertirlos en un hombre y una mujer muy exitosos. Y hoy, sigo creyendo que eso se convierte en la principal idea de cualquier padre, en cualquier parte del mundo.

En medio de tantos recuerdos, exclamé:
—¡Es increíble, estoy en mis mismos zapatos de hace 20 años!
Así, me permití hacer un alto para recordar cosas agradables. Aunque permanecía sumergido en mi estado de depresión, en mi interior disfrutaba los buenos momentos que viví.

Pasaron por mi consciente, una cantidad gigantesca de recuerdos, especialmente sobre mi familia. Me sentía como una computadora de gran capacidad, que procesaba toda la información archivada de esa época. Ahorita podría incluso asegurar que los ojos se me cerraban y abrían intermitentemente, con cada recuerdo.

Aún tengo presente uno de ellos y no lo puedo olvidar. Las palabras de un experto al que acudimos en una oportunidad, cuando no sabíamos cómo evitar que Freddy, de tres años y medio, repitiera una y otra vez lo que llamábamos: vulgaridades. Nos asustaba que sin importar la cantidad de regaños que le propiciábamos, si estábamos usando el teléfono, después de quitarse toda la ropa, él tomaba el auxiliar y gritaba, una y otra vez, cada vulgaridad. Y eran muchas y, de ellas, hacia mayor hincapié en las peores. Al plantearle todo esto al experto en una cita, él simplemente nos dijo:
—Ellos no hacen lo que ustedes dicen que deben hacer.—Hizo entonces una pausa y continuó diciendo—ellos hacen lo que ven que ustedes hacen.

Lamentando que tuviese razón, me sentí más que culpable, muy grosero y vulgar, porque como siempre es de esperarse, Susan se encargó de intensificar mi vergüenza, haciendo lo que a todas las mujeres pareciera que les encanta hacer: repetir una y otra vez, lo mismo:
—Yo te lo dije...Yo te lo dije...

Claro que, a diferencia de otras, Susan era mi esposa y era la más mujer dulce de mi mundo. Es decir, cuando exclamaba «Yo te lo dije», sonreía mientras me daba un beso, como golpeando mis labios con los suyos. Y terminaba la frase diciéndome «cerdito».

Ese definitivamente fue un proceso de aprendizaje para toda la familia. Cuidábamos todo lo que hacíamos frente a los chicos, para evitar distorsionar su formación. Aunque sabíamos que, de adultos, elegirían qué decir y qué hacer por su propia cuenta.

Sé que después de evocar aquello, mi mente quedó en blanco. Podía sentir que mi cuerpo estirado giraba manteniéndose de pié, lo que producía un mareo agudo en mí. Mientras el frío inmenso de mis venas pasaba a convertirse en calido.

Parado allí con aquel libro en manos, había desaparecido por un momento mi letargo. Sin embargo, inexplicablemente, sentía morirme con síndrome de corazón partido, por algo que aún seguía desconociendo. Estaba tan deprimido que tenía hasta miedo de morir por tristeza.

Al parecer, debía acostumbrarme a esa nueva situación, solo y sin nadie con quien hablar, como suspendido en un limbo. Nadie me respondía. Por eso, con ligero esfuerzo mirando a mi escritorio, leyendo «El arco iris negro», me pregunté:
—¿Dónde está esa brisa inesperada, que según «El arco iris negro» debía mostrarme el degradé de obscuros, para pintar mágicamente cosas maravillosas, usando sólo negros en intensos y suaves?

¿Qué haría Germán aquí en mi caso?, proseguí preguntándome mentalmente.

Sentí que él, Germán, estaba mirándome a la cara. Tenía muy claro que siempre fue el modelo para seguir, para todos quienes integrábamos su Equipo.

Estando aún en la oficina, definitivamente, olvidé la extraña experiencia que vivía, pero lo que no pude olivar fue que Germán tenía a su cargo a 23 personas, de las cuales no había ni un favorito del jefe. Todos éramos preferidos para Germán.

Cada uno era favorito, para cada cosa en particular. Y todos entregábamos el máximo de nuestros esfuerzos, sin dudarlo, para sacar adelante los objetivos. Objetivos que, una vez fijados por la Empresa de manera numérica, servían para que ésta midiera nuestra gestión, utilizando indicadores asociados a la cantidad de dólares que ingresaban, en un período específico.

Recordé entonces que Germán, definitivamente, era para nosotros un motivo de orgullo.«Yo soy del Equipo de Germán Vittori», solía decirse con la cabeza erguida, pero siempre imitando el estilo modesto que Germán manejaba. Eso daba un distintivo que, a simple vista, parecía ser envidiable.

Entre otras cosas, no había olvidado que el orgullo de estar liderados por él tenía, entre otros asideros indiscutibles, el que fuese el precursor de la propuesta o plan que llamó: MIENTRAS MÁS DAS, MÁS RECIBES.

Lo que logró Germán Vittori, cuando se enfrentó con la Gerencia de Recursos Humanos, que sólo discutía los incrementos de pagos para trabajadores en las juntas de *staff* ampliado! Estas consistían en reuniones de los mayores niveles jerárquicos de la Empresa. Asistían sólo los gerentes, vicepresidentes y el presidente o dueño de la misma. Ésta tenía la fama, no inventada, de que nunca nadie obtenía nada de ellos. Ni un céntimo de dólar. No obstante, Germán, con el apoyo de nuestro vicepresidente, gran audacia, armonía e inexplicable suerte, les acorraló y logró, ante una de esas famosas juntas, mejorar los beneficios económicos del personal, que trabajaba no sólo en nuestro Equipo, sino en toda la Empresa.

Extasiado, evoqué lo maravilloso que resultó aquel día para el equipo de diseño, ya que realmente nos comportábamos y sentíamos sincronizados como una familia grande. Todos y cada uno de nosotros conocíamos al detalle los argumentos que Germán manejaría en la reunión. Es más, creo que cada quien, a su manera, estaba en su escritorio concentrado y rezando para que ningún imprevisto se presentara.

Todavía en mi oficina de 20 años atrás, pensé en Germán y en sus acostumbrados «reunirnos» quincenales. Reuniones en las que compartíamos siempre lo que pensábamos y establecíamos los planes para seguir. Y, por supuesto, esa oportunidad tan importante no fue la excepción. Varios días antes, él compartió con nosotros la agenda que proponía. Cada uno, como era usual, podía sugerir las modificaciones o incorporaciones a la misma.

Por lo que, todos respondimos, aunque por separado, casi de manera textual:

—Germán, estoy totalmente de acuerdo con la agenda. Sin embargo, te agradecería que aceptes el rol de líder para esa reunión.

Cualquier persona ajena a nuestro Equipo, no entendería qué queríamos decir con esas palabras. Sin embargo, tal solicitud obedecía a que ese era un gerente que se esmeraba, permanentemente, por formarnos bajo la óptica de mejoramiento continuo. Apoyándonos a desarrollar nuestra carrera, nos permitía que cada uno lograra cubrir sus expectativas personales, además de exceder las expectativas de la Empresa.

También repasé, en medio de mis recuerdos, que adicional a la agenda del encuentro, siempre recibíamos el nombre del compañero ganador para la reunión. Así que ése sería el líder que manejaría la junta. El ganador se seleccionaba en la reunión anterior, desde una lista que sólo incluía a las personas que en esa ronda, aún, no habían resultado seleccionados.

O sea que Germán se sentaba entre nosotros, mientras el líder seleccionado se sentaba en la cabecera de la mesa, guiando y coordinando todas las intervenciones y aspectos manejados del encuentro. Por supuesto que la reunión, acorde con la agenda, tenía metas claras que cumplir.

Por lo tanto, la idea era que, según las palabras de Germán, «a diferencia de las típicas juntas manejadas por cualquier grupo, debemos producir los resultados esperados de verdaderas reuniones de Equipo de Trabajo».

Lo que se convertía, sin duda alguna, en un intrincado compromiso para el líder de ese día. Ya que siempre él continuaba diciendo:

—Y grupo es cualquier aglomeración de personas que no saben y, quizá, ni les interesa la causa de la reunión, ni las consecuencias de sus resultados.—Y proseguía diciendo, con inmenso entusiasmo—En cambio, Equipo de Trabajo: ¡SOMOS NOSOTROS! Que tenemos nuestras emociones sincronizadas y sabemos lo que valemos para nuestras familias, para nosotros mismos, para todo el Equipo y para nuestra Empresa. Independientemente de lo que los demás puedan pensar de nosotros o pretendan hacernos sentir; «Somos valiosos», nada ni nadie podrá cambiar eso, ni desanimarnos pase lo que pase.—Sin duda, esta última afirmación del jefe, tenía sentido gracias a él.

Suspiré, incluso al recordar cómo, desde la primera hora del día, al saludarnos uno a uno, siempre sabía qué decirnos para entusiasmarnos y comprometernos más y más, con el fin de lograr las cosas. Inexplicablemente, sabía qué decir y hacer para exponer, de manera precisa, cuán desviados de lo esperado pudiéramos llegar a estar, si no corregíamos algo que, según sus mediciones, podía poner en riesgo cada proyecto.

Prácticamente se encargaba, con mucha educación y tacto, de que cada quien reflexionara profundamente. Lo más agradable y sorprendente, era que todos comentábamos riéndonos, después del saludo matutino, cosas al estilo de: «Toma! Aquí tienes tu barra de acero envuelta en muy elegante terciopelo, para que mientras usas tu lupa en el proyecto, te auto flageles, por no haber visto el riesgo que era evidente.»

La tertulia finalizaba iniciando el trabajo en corto tiempo, mientras cada quien, desde su escritorio, cruzaba la mirada con el resto, sonriendo, estirando los labios y subiendo una ceja, en señal de resignación, combinado con el reto que inspiraba a asumir.

Recordé que nadie se molestaba, ya que cuando Germán percibía un riesgo mayor, indicando que alguno de nosotros pudiese fallar, él nos llamaba a su oficina en privado. Iniciaba su conversación, tomando juntos un café, té o agua, siempre resaltando cada talento que poseíamos. Nunca obviando el repaso muy preciso y sincero de los éxitos personales y nuestra marcada contribución al Equipo en el último mes. Luego, continuaba preguntando:
—¿Cómo te sientes desarrollando tu proyecto? ¿En qué aspectos piensas que podría apoyarte?

Una vez que el experto diseñador se expresaba libremente y en confianza, él complementaba lo expuesto, indicando los posibles factores que podrían convertirse en riesgos al no tomar correctivos en tiempo oportuno. En una hoja quedaba registrado cada cambio que debía realizarse y los compromisos de ambos para optimizar el proyecto.

Como era típico de Germán, era de esperarse que esa hoja de compromisos resaltara en su parte superior tanto la fecha actual, como la de la próxima reunión, donde revisarían juntos el cumplimiento de los compromisos y la eliminación del riesgo.

Esa forma de actuar le daba el derecho absoluto para exigir, con su ejemplo, que cualquier líder seleccionado para el encuentro debía escuchar, antes del inicio, las reglas básicas que Germán expresaba:
—Sólo recordemos qué talentos posee cada uno de nosotros—Y prolongaba su reflexión.—Somos un cóctel majestuoso de talentos...—Y proseguía.—Cedamos el liderazgo, acorde a los talentos que se requieran para logar cada objetivo de nuestra vida.—Y sonriendo fraternalmente, reanudaba.—Y de esta reunión, ¡no nos sintamos juzgados por opinar, ya que, aunque puedan temer que sea un absurdo lo que opinen, podría tratarse de una idea genial!—Y entusiasmado continuaba.—¡No olvidemos que los más destacados de la historia, alguna vez, fueron tildados de locos! Nuestros cerebros son los computadores más precisos del planeta, no permitamos convertir a nuestro Equipo en un cementerio de cerebros.—Así cerraba las recomendaciones, para iniciar la reunión con el silencio de todos.

En verdad, nos entrenábamos y prácticamente competíamos por innovar en cada punto, con ánimo y vigor incomparables.

Definitivamente, después de trabajar con Germán apenas dos semanas, todos interiorizaban rápidamente el significado de sus comentarios. Aunque tener personal nuevo no era nada frecuente; sólo ingresaba alguna persona cuando uno de nosotros ascendía dentro de la organización hacía otra área.

Nuestros ascensos, particularmente, estaban vinculados con la obtención de algún título universitario. Germán nos motivaba permanentemente a estudiar e, incluso, nos apoyaba consiguiendo que la Empresa nos costeara los estudios.

De esta manera, cuando en otras áreas de la organización quedaban posiciones vacantes, él nos promocionaba ante altos niveles jerárquicos, haciendo derroche de nuestros éxitos al innovar versátilmente peculiares diseños. Por lo demás, aunque era poco mayor que nosotros, siempre actuaba como un padre buscando mejoras para sus hijos.

Valorábamos siempre su actitud, sin embargo, la picardía no dejaba de salir a flote y solíamos reír mientras decíamos casi en coro:
— ¿A quien de nosotros estará vendiendo hoy, Germán?—Nos mercadeaba majestuosamente.

Si bien mi mente estaba sometida al vaivén de mis recuerdos, mi cuerpo permanecía en aquella oficina, aunque dónde estaba no capturara mi interés. Estaba centrado en revivir y disfrutaba mis pensamientos. Germán era alguien que me llenaba de recuerdos alegres en medio de mi depresión.

Su contacto con cada uno de nosotros era de hermano; conocía incluso nuestras vidas a nivel familiar. Él parecía intuir, perfectamente, lo que nos convenía en cada momento. Se ganaba nuestra confianza, a ojos cerrados, y el único temor que nos asaltaba era pensar cómo nos sentiríamos en otra área, a la hora de ascender. Ya que a simple vista, las prácticas manejadas por otros gerentes distaban mucho de aquellas a las que estábamos acostumbrados, en nuestro Equipo junto a Germán.

Aunque no eran tan frecuentes los ascensos, se formaban increíbles avalanchas de compañeros de otras áreas que, escondidos de sus supervisores, querían venir a trabajar junto a nosotros, cubriendo nuestras vacantes. Los aspirantes casi siempre estaban de reposo o con problemas de carácter físico o emocional, por el estrés que les producía el estilo de gerencia manejado por sus jefes.

Además, era imposible olvidar que, generalmente, se trataba de caballeros, ya que muchas de las damas se encontraban con permiso médico por estar embarazadas, teniendo niños, uno tras otro. Las leyes gubernamentales, en su estado de embarazo, impedían a la Empresa influenciar sobre sus decisiones de orden familiar y, menos aún, despedirlas ni suspenderlas de sus empleos.

Acto seguido a ese recuerdo, me dije a mi mismo:
—Basta ya de recuerdos, por ahora!

Aunque nunca llegaron a parecer recuerdos, pues los sonidos, colores, olores y sensaciones eran tan nítidos que, en medio de mi estado depresivo, me sentía volar hasta llegar al instante justo que recordaba, de manera muy real.

Notando esa peculiaridad, involuntariamente, hice un alto en mis memorias. Mientras pensé: « El arco iris negro». Y con el libro en manos repasé, palmo a palmo, nuevamente, su lectura y comencé a murmurar:
—La brisa en mi espalda finalmente llegó. No estoy solo—continuaba repitiendo suavemente—Trabajando en un verdadero Equipo, nunca existen imposibles. La idea es que, pase lo que pase, usemos el poder de la sinergía, lo cual significa que si colocas muchos botes con un solo remador, ninguno llegará tan lejos, ni tan rápido, como cuando colocas a todos los remadores en un solo bote, a remar en un solo sentido.—Proseguí allí, diciendo, con el libro en mis manos—Del mismo negro diferentes matices!... Entonces, dependiendo del rol o ubicación que le asigne el pintor, matices colocados secuencialmente, hacen percibir o no la existencia de contrastes deseados. Unidos siempre en el único lienzo de objetivos.—Murmuraba aún—El pintor o artista aquí es el líder. Y Germán sabe qué atributos y talentos tiene cada quien y esos son los matices.

Reflexión ésta que expresé en mis murmullos, sin mover ningún músculo del rostro. Pero, al mirar ambos lados de aquel techo, teniendo el labio inferior mordido por mis dientes, con involuntaria picardía, proseguí diciéndome y elaborando lo que con Germán practicábamos:

—En resumen, colocando negros, uno al lado del otro, podrías hacer una obra de arte. Entonces, la pista de «El arco iris negro», dice sin duda alguna que ser racista.... NO es bueno.—Generándose en mí una incansable risa.

Todo aquello, tanto mis reflexiones como mi risa, me salio de muy dentro. Era algo inexplicable para mí. En un momento tan estresante y serio, yo bromeaba con un humor que no correspondía a mi estilo. Reí y reí a carcajadas de mi mismo, como un jovencito inmaduro y lo hice hasta el cansancio.

Era increíble! Lágrimas salían, una tras otra, de mis ojos de tanto reír, contrayéndose mis músculos estomacales, para impulsar el aire que debía salir desde mis pulmones a sostener mi risa.

Risa que provenía probablemente desde mi inconsciente, porque lo expresado en referencia al racismo, acorde a mi formación, era tan absurdo que se volvía gracioso. Especialmente al verme allí, sin saber siquiera qué estaba haciendo en ese pasado nuevamente, ni cómo pasé de ser Terry, a ser Roy y luego Terry, otra vez.

Así que con la frescura de la juventud, que en todos los casos ya tampoco era mía, pasé a reír conscientemente de mi mismo. Sobre todo, porque si algo no conocía dentro de mi entorno era la discriminación. No existían diferencias de ningún tipo ni en la empresa, ni en mi familia, ni en mi equipo de esa época. Este último integrado por 23 personas. Ocho con rasgos asiáticos, cuatro rubios, cinco latinos con perfil griego y seis afroamericanos; diez eran damas y doce caballeros. Bueno, esa era al menos la información legal que se manejaba, porque entre nosotros también existían tendencias sexuales poco definidas, a lo cual no le dábamos ninguna importancia.

Por otra parte, pertenecíamos a seis religiones, logias o creencias diferentes: católicos, judíos, protestantes, musulmanes, masones y lo que pudiéramos catalogar como brujos o algo parecido. Por si fuese poco, además pertenecíamos a siete países diferentes. Aunque ninguno era fanático político, sí manifestábamos, abiertamente, nuestras preferencias por tres opciones políticas del país, en el que estábamos trabajando.

Recordé, además, que aunque seguramente teníamos más variedad de gustos y colores que «El arco iris negro», nunca peleamos ni nos sentimos discriminados, por ninguno de nuestros compañeros ni por Germán. No obstante, debo reconocer que si algo no podíamos controlar era nuestra molestia ante las diferencias que experimentábamos, cuando el equipo de fútbol o béisbol del que éramos fanáticos perdía, ya que el resto se burlaba. Y la guerra era grande, porque Germán se sumaba a uno de los bandos. Éramos entonces dos bandos de fanáticos opuestos, de una docena cada uno.

Por supuesto que la molestia duraba sólo un rato y de ello quedaban las anécdotas y chistes, sobre las reacciones de cada quien. Y listo! A esperar la próxima temporada para ponerse otra vez los uniformes, lo que en verdad era genial.

No obstante tal armonía, no desconocíamos el mal sabor que pudiere dejar el ser objeto de discriminación de cualquier tipo. Lo que hacía que valoráramos más aún aquel empleo, nuestro Equipo de Trabajo y, muy especialmente, a Germán Vittori.

Finalizando mi etapa de interiorización y revisión de mis memorias, pude entonces ensamblar cinco reglas para resumir el contenido del «El arco iris negro»:

_1.- Cede el liderazgo aprovechando los talentos de cada quien, sin discriminar a nadie.

_2.- No veas la obra sólo al final, podría ser tarde para corregir.

_3.-Evalúa periódicamente los resultados de tu labor contra lo que esperabas.

_4.- Evita riesgos, previniendo fracasos.

_5.- En caso de imprevistos, usa el poder de las sinergías sin derrumbarte.

Mentalmente entonces culminé el resumen y retorné a mi hogar:

—Ése es un verdadero Equipo.—Dije—Nosotros, Freddy, Sophia y yo, sabíamos ceder el liderazgo a Susan en todas las cosas para las que ella era experta. Sin discriminarla por ser dama, rubia, joven y preciosa.—Complementé sonriendo.

En conclusión, cumplíamos el punto uno del resumen: «Cede el liderazgo aprovechando los talentos de cada quien, sin discriminar a nadie.»

Continué pensando que, además de la primera regla de «El arco iris negro», cumplimos el asignar los roles acorde a los talentos de cada quien y, definitivamente, hasta Freddy, con tan solo cinco añitos de edad, coincidía con aquella afirmación.

—Para lo que es mejor mamá es para mandar, ordenar y regañar.
—Al igual que todas las mamás y esposas, Freddy. Eso lo verás a lo largo de tu vida, hijo mío. Créeme que como padre no te mentiría.—Respondí.

Mientras ella mandaba felizmente, a mi me cedían siempre el liderazgo para lo que se supone que hacía muy bien. Debo confesar que, a diferencia de lo que sentía en la oficina, en casa no era mucho lo que disfrutaba al botar la basura, cambiar pañales y podar el césped. No obstante, todo era compensado por la alegría transmitida con la mirada de cualquiera de los tres. Bueno, al menos me sentía útil y muy amado.«Debo revisar cada una de las cinco reglas que arrojó mi análisis de "El arco iris negro"», pensé entonces.

Tenía como idea colateral que, quizá, el libro deseaba que me apoyase en el resumen, para revisar lo que pude mejorar en mi hogar; aunque nada de eso tenía sentido. El pasado, no puede cambiarse. Pero no habría nada con menor sentido que la misma experiencia que estaba viviendo, por lo que concluí que, tal vez, sería buena idea dejarse llevar por esa intuición.

En la oficina, Traté de aplicar mentalmente esas reglas al que había sido mi hogar 20 años atrás. Sin embargo, la depresión que al inicio sentía retornó a su máxima expresión. Entonces, para concentrarme fue preciso escribir aquel resumen en la hoja final de aquel libro.

Tomé un bolígrafo que se encontraba sobre mi escritorio; era azul y mostraba dos puntas en cada extremo. En uno de ellos, tenía una punta para escribir en negro y al girar esa punta se convertía en roja y, en el otro extremo del bolígrafo, había una punta verde que, al girarla, se convertía en azul.

Tomar ese bolígrafo en mi mano no fue un sueño, fue totalmente real. Mientras terminaba de escribir aquel resumen, cada célula de mis dedos lo palpó, estaba allí y sin duda me trastornó, era revivir el pasado.

¿Cómo olvidar aquel bolígrafo? Yair me lo había obsequiado en una fecha especial para su religión. Era Purín para él, fecha que según mis tradiciones no significaba nada. Sin embargo, lo agradecí inmensamente. Tanto que al estrenarme como líder de reunión quincenal, sin haberlo planificado, lo utilice para anotar, uno a uno, los compromisos que íbamos adquiriendo.

Una de las normas más importantes que debía cumplir el líder del día era que nunca podíamos levantarnos de la mesa sin llevar compromisos, claramente establecidos y cifras exactas manejadas. El mayor reto del líder, es decir mí reto para esa reunión, era no permitir desviar la atención de los presentes con temas que impidieran a la junta obtener los resultados esperados, sin ofender a nadie. Mi obligación consistía en concentrarlos sólo en las metas establecidas en la agenda.

Eso si que era un verdadero compromiso. Debía mantenerme a la altura, imitando la calidad de liderazgo que Germán nos modelaba, lo cual no era nada fácil. Mientras el resto del Equipo, junto a Germán, debía mostrar hacia mí el mismo respeto que brindábamos, usualmente, ante Germán en cualquiera de los encuentros que presidía.

Según recordé, ese día no lo comencé con muy buenos pasos. La noche anterior había llevado a casa unos diseños de mis compañeros para evaluarlos; en la mañana, a pesar de levantarme más temprano que nunca, olvidé subir mi computadora al vehículo. Debía llegar puntual a la Empresa, por lo que sólo me concentré en desplazarme a toda velocidad, para llevar a Sophia y a Freddy a sus colegios.

Todo eso no hubiese representado ningún problema, si se tratase de cualquier otro día. Sin embargo, ese no era cualquier día. Siempre teníamos disponibles una computadora fija para nuestro escritorio y otra autorizada para sacarla de la Empresa. Además, los otros 22 compañeros también tenían ese día cada computadora portátil en sus puestos de trabajo.

El pequeño problema consistía en que mi jefe, como parte del aprendizaje, exigía al líder quincenal que tomara todas las previsiones para garantizar que el encuentro fuera totalmente exitoso.

El líder del encuentro debía ser ejemplo de puntualidad y responsabilidad para el resto de los asistentes. Por lo que estaba prohibido que ningún compañero prestara al líder cualquier cosa que hubiese olvidado. Pues la idea era que siempre consideráramos varios escenarios, posibles riesgos y alternativas de acción para garantizar cumplir las metas pautadas.

De tal suerte que allí estaba yo, sentado en la cabecera de la mesa y anotando cada compromiso en un papel, en lugar de hacerlo en la computadora portátil o en cualquier dispositivo magnético o digital. En consecuencia, todos mis compañeros sonreían discretamente y Germán miraba seriamente, con la cabeza erguida. Por ello, traté de mostrar que podía escribir en cuatro colores diferentes los compromisos establecidos Y, usando una cartulina de diseño, escribía girando las dos puntas. Paralelamente, les decía que esta vez enviaría una hoja contentiva de la leyenda de colores y que cada color aludía al plazo de cumplimiento que correspondería a cada quien, en cada punto.

Imposible no recordar que, como regla del juego y parte del aprendizaje, siempre, al finalizar la reunión, los compañeros debían compartir con el evaluado, qué aspectos de su actuación podrían o deberían mejorar. Ciertamente, no sin antes elogiar todas las cosas que consideraban bien hechas y felicitarles sinceramente. Se destacaba que estaba totalmente prohibido utilizar la palabra «pero», ya que ésta podría generar predisposición del líder del día ante su evaluación y, en consecuencia, al usar la palabra «pero» al emitir un elogio, en lugar de perfeccionarse, podría verse afectada su autoestima.

Ese siempre debía ser el estilo paso a paso, así lo aprendimos de Germán y eso hacía sentir al líder del día muy valorado, mientras le estimulaba junto a los demás a autoevaluarse, para hacerlo cada vez mejor.

No faltaron felicitaciones para mi, ni elogios ese día. Habíamos logrado todos los puntos de la agenda. Sin embargo, me parecía ver un papelito circulando en manos de todos mis compañeros, que aún permanecían sentados junto a Germán, alrededor de aquella mesa. Entonces, ese fue para todos un encuentro excepcional, ya que Germán dijo:
—Bien, Terry, a solicitud de todo el equipo, hoy te haremos una sola recomendación para la próxima vez.

Y mientras todos le miraban aguantando la risa, él leyó:
—Te sugerimos, únicamente, que cuando uses esa camisa tan blanca, no hagas tus diseños desde el bolsillo. Y quizá no sería mala idea que, separaras un poquito los colores.

Terminó esa junta en medio de muchas carcajadas, con apretones de mano y palmadas en mi espalda; pues, en verdad, aunque suene como falta de modestia, había conducido aquella reunión muy bien. El único detalle que descuidé fue que el regalo de Yair contaba con un mecanismo que yo no conocía.

Al parecer, cuando cualquiera de las puntas de aquel bolígrafo tenía contacto con una superficie, ésta debía soltar la tinta de manera inmediata. Y como había hecho alarde de los cuatro colores, mi camisa de mangas largas y de blanco impecable, tenía un increíble y gigantesco manchón de varios colores. Al pararme noté que casi había cubierto hasta mi cintura.

Todo aquello representó para mí un verdadero desastre muy vergonzoso, a pesar de la confianza y la amistad que todos nos teníamos. Así que: ¿Cómo olvidar aquel bolígrafo con el que anoté en la página final del libro, las cinco reglas de «El arco iris negro?»

Cada reunión dejaba una anécdota distinta y creo que nunca las olvidábamos, porque en medio de cualquier celebración salían a flote. De cada encuentro salíamos bautizados con nombres diferentes. Aunque a mi, a pesar de mi colorido diseño en aquel bolsillo, nunca me cambiaron el nombre de «El infalible». Ellos decían que si me lo cambiaban por el que merecía de «El héroe Tintónico», yo me negaría a seguirles apoyando para evaluar sus diseños.

Realmente, estábamos en pleno proceso de adiestramiento gerencial, fue por ello que, el día en que debíamos reunirnos con Germán para planificar las estrategias que él manejaría ante la junta de *staff* ampliado, defendiendo la propuesta o el plan MIENTRAS MÁS DAS, MÁS RECIBES, aceptó nuestra solicitud de que sólo por ese día sería él quien manejara el encuentro. Debido a la importancia que revestía para todos, era importante el aprovechar al máximo el tiempo y el momento.

Irónicamente, aunque la propuesta defendida por Germán también contemplaba mejorar los ingresos para el resto de las gerencias, los otros líderes, además de no apoyarle, se burlaban como siempre de su forma de actuar. Pues ellos consideraban, entre otras cosas, que al reunirse con sus empleados perdía un tiempo muy valioso. Tiempo que preferían usar en algo que en nuestro equipo de diseños conocíamos como: «apaga fuegos». O sea, atacar el problema solamente después de presentarse.

Todos ellos se comunicaban por escrito, para dar instrucciones a los integrantes de sus Equipos de Trabajo. Lo que aunado a las normas de cada área, impedía que ningún empleado pudiese opinar o realizar sugerencias. Por supuesto, este era un estilo modelado, al parecer, desde la cúspide de la Empresa. Lo que no permitía que, la gran cantidad de millones de dólares invertidos para achatar la estructura organizativa y mejorar el flujo comunicacional, rindiera los frutos esperados.

Se habían bajado a la mínima expresión los niveles jerárquicos verticales, lo que quedó reflejado únicamente en coloridas e iluminosas campañas publicitarias. Campañas que aludían a una nueva fase organizativa, donde disminuir el protocolo implicaba flexibilizar, agilizar los procesos y, consecuentemente, el rendimiento, eficiencia, eficacia, rentabilidad y un sinfín de variables y expresiones, que aparecían desplegadas en pancartas, pendones, carteleras y diarios electrónicos, entre otros. Sin embargo, nada más alejado de la realidad que todas esas cosas.

Sólo órdenes sin rostros que bajaban a los ejecutores reales del trabajo. Sus opiniones nunca eran consideradas. El día a día era muy tedioso para ellos; vivían llenos de sobresaltos e imprevistos. Al parecer, dentro de la Empresa nadie pensó que, al implementar una simple sugerencia de un empleado, podrían lograr cosas, que con el estilo de gerencia manejado eran realmente inalcanzables e imposibles.

No obstante y a pesar de cualquier situación adversa, como de costumbre, Germán nos motivaba, inspiraba, entusiasmaba y apasionaba, entre muchas otras formas de expresarlo.

De manera simbólica, podría decirse que él se convirtió para nosotros en algo semejante a una cúpula de cristal. Se encargaba de protegernos de los embates de una organización que caminaba con el peso y la lentitud de un elefante, mientras dentro de aquella cúpula parecíamos una comunidad de hormigas muy entusiastas y trabajadoras. Incluso hoy puedo asegurar que Germán Vittori siempre logró cumplir la principal labor de un buen gerente o líder.

Poseía algún talento peculiar ya que lograba, con un leguaje muy simple, emocionarnos al escucharle. Nos inspiraba a actuar de forma vehemente. Incluso, algunas veces, parecíamos andar en contra de la lógica. De hecho, personas de otras áreas decían que siempre conducíamos nuestros vehículos en sentido contrario al señalado en cada calle. Y sonreían al palmearnos en el hombro, diciéndonos irónicamente cosas como por ejemplo:
—Tranquilo... Ustedes tienen la razón...—y reían mientras continuaban diciendo—Lo que pasa es que el resto del mundo está equivocado... ¿Verdad?

Algunas veces hasta yo dudaba. Sin embargo, al igual que mis compañeros, me sentía tan a gusto con lo que hacíamos, que no tenían ninguna importancia aquellos sarcasmos. Es más, era gracioso para nosotros comentárnoslo, para evaluar prácticamente la originalidad del más reciente.

Por supuesto que nuestro líder se tomaba el tiempo prudente para escucharnos y reír de si mismo, según las nuevas críticas. Ya que siempre decía:
—Críticas o quejas suelen ser un regalo, si al analizarlas te ayudan y mejoras en algo.

Lo único adicional que comentaba cuando levantaba su dedo índice de la mano derecha, mirándonos a la cara, era:

—Cuidado con confundir un chisme dañino, con algún comentario. El comentario podría ser útil, sin embargo, el chisme siempre es dañino, porque nace de la mala intención.

Diciendo esto, Germán nos animaba siempre a investigar, preguntar, escuchar y cuestionarnos, para aprender todo lo que pudiéramos.

Así, en una de tantas reuniones, Yair, mi genial compañero de diseños, le preguntó:

—Germán, ¿Cómo se hace?

—¿Se hace qué?—Le respondió Germán con gran asombro, ya que estábamos parados despidiéndonos porque la reunión había culminado.

Todos sonreímos, porque Yair era de aquellos jóvenes brillantes que, aunque a veces parecía introvertido, nunca preguntaba nada fuera de lugar y, menos aún, sin una excelente causa.

Yair respondió:

—¿Cómo sabes qué decirnos y cómo transmitirlo, para hacernos experimentar y entender no sólo tus palabras, sino tus sentimientos? Es como si leyeras nuestras mentes y, a medida que hablas respondes una a una, cada pregunta, de las que internamente nos hacemos.—Continuó Yair diciendo.

Germán, quien era apenas algo mayor que todos nosotros, sólo lo miraba. Dio un vistazo al rostro de cada uno, mantuvo su sonrisa firme y tenue como ya era costumbre y sólo permaneció con la misma humildad serena que siempre reflejaba, sin emitir palabra.

Yair entonces afirmó:
—Día a día, nos estás formando para reemplazarte. ¿Eso no te preocupa?
—Lo único que debe preocuparnos es pasar por la vida sin dejar huellas, Yair.—Y prosiguió—En cuanto a cómo lo hago, te diré que simplemente soy uno más de ustedes! Así que, bien difícil sería que no sintiera como ustedes y, consecuentemente, pensara como ustedes.

Mi labor consiste en hacer que actuemos juntos en función de lo que sentimos y ordenar lo que pensamos antes de actuar, controlando así todos los riesgos posibles; ante el resto, es decir cualquier imprevisto, mantenernos unidos para poder actuar correcta y velozmente.

Claro está que aquello no sólo dejó huellas en todos nosotros, sino que generó, particularmente en mí, la necesidad de averiguar más sobre el tema, ya que consideraba a mi familia el más importante Equipo de Trabajo que pudiera tener en esta vida. Debiendo entonces aprender de Germán, para aplicarlo en casa y compartirlo con Susan, para asegurar la paz, armonía y éxitos familiares tan esperados.

Entonces lo hice y de forma muy resumida, aprendí junto a mi esposa que motivar, entusiasmar e inspirar requiere del líder experimentar las mismas emociones que el entorno con el que pretende comunicarse. En nuestro caso, se trataba de comunicarnos con los niños y comunicarnos entre ambos, por supuesto.

Descubrimos que, en todos los casos, los seres humanos poseemos un gran contenido emocional. Sentimos, sentimos y sentimos. Sentimientos que, otro ser humano puede hacer surgir, transmitiendo mensajes que nos estimulen, bien sea con palabras, gestos o cualquier otro método.

Así, un potente líder, planificadamente o de forma involuntaria, llega a tener el poder de romper todos los paradigmas o creencias tradicionales de quienes le siguen. En consecuencia, concluimos que habría un gran riesgo si dejábamos a nuestros pequeños hijos relacionarse con individuos que pudieran poseer el talento de líderes. Ya que, incluso, conseguirían modificar los principios y valores con los que les formamos, desde su nacimiento. Pudiendo convertir, paulatinamente, lo que reverenciaban como bueno, en algo malo y viceversa.

Lo dicho por Germán era básico. Debíamos sentir como uno de los niños, para pensar como ellos y saber qué decirles, respondiendo sus preguntas internas, antes de hacerlas apoyarles a pensar correctamente para que al actuar no estuviesen sometidos a riesgos.

¿Qué fácil, no?... Qué ironía, eso si que nos complicó la vida tanto a Susan como a mi.

En las noches nos acostábamos y después de apagar la luz y entrelazar nuestros cuerpos, aprovechando los únicos momentos de intimidad del día, al que teníamos derecho, como ya era costumbre, resultaba imposible pensar en algo diferente. ¿Qué sentirían los niños si...? ¿Cómo saber lo que estaban sintiendo?

Eran muchas las preguntas que surgían una tras otra.

En una ocasión, después del reglamentario silencio del pensamiento, ambos preguntamos a la vez:
—¿Y si otra persona los conoce mejor que nosotros y los maneja?

A raíz de ello, a medida que los chicos tenían amigos de su edad, casi nos convertimos en detectives. Tratando de conocer detalles sobre su formación familiar y los posibles patrones de conducta que les transmitían es sus hogares. Pero en algún momento, nos dimos cuenta de que estábamos obsesionándonos con eso. A partir de ese instante, decidimos sólo observar cada comportamiento. Acordamos que intensificaríamos los controles paulatinamente, mientras crecían los chicos.

—Espera un momento.—Me dije a mi mismo, interrumpiendo aquel recuerdo. Procedí a leer uno a uno, los cinco puntos del resumen de «El arco iris negro» que había escrito, con el bolígrafo que Yair me había obsequiado, en la primera de las cuatro últimas páginas vacías de aquel libro.

Aquello no era tan solo útil para una empresa o para empleados, era totalmente aplicable también a una familia. Es decir, mostraba cinco aspectos que podían ayudarme, tanto en el ámbito laboral como en el familiar.

Hoy puedo afirmar que nunca fui tan metódico como innovador. Lo estructurado y preestablecido no era mi fortaleza, por lo que reconozco que la metodología de análisis que utilicé para aplicar cada una de las reglas a mi vida no fue la más adecuada.

Por ello, con la ansiedad de aprovechar totalmente el mensaje de aquel libro, obviando el resumen, leía una y otra vez «El arco iris negro» completo. En la última lectura, me iba enmudeciendo palabra tras palabra. Experimentaba nuevamente el frío propio de un cuerpo que está inerte.

A la vez, aquella tristeza, cuya causa aún no había identificado, iba desvaneciéndose y se tornaba rápidamente en gozo y alegría, llegando hasta el contraste de sentirme eufórico.

Debo aclarar que nunca formaron parte de mi vida drogas, alcohol, trastornos mentales, ni episodios paranormales. De hecho, eso pensaba cuando buscaba una explicación a mis cambios tan abruptos de emociones. Lo único que me mantenía algo estable era reconocer que continuaba analizando mi vivencia a nivel consciente.

Sin embargo, al siguiente momento: «Me sentía... me sentía... y me sentía», es la única expresión que puedo utilizar para describir aquello. Era imposible que en medio de todo lo vivido, pudiera siquiera coordinar un pensamiento coherente.

Sólo pude notar que estaba en mi oficina, sabiéndome de noche, mientras veía mi rostro reflejado en aquella pared. La misma que con un cristal incrustado en ella, dividía mi oficina de la siguiente.

Con nuevas nauseas, percibía que mi cuerpo giraba, desde estar completamente horizontal hasta sentarme de nuevo.

—¡No! ¿Otra vez?¡No! ¿Quién eres?—Me expresé así ya que, a simple vista, el rostro que veía... volvía a ser el de Roy. El opulento millonario que, eufórico, apareció en breves instantes, reflejado en la pequeña mesa de brillo deslumbrante. Mesa que salía paralela a sus piernas, desde un lado del asiento de ese avión tan lujoso.

Los secretos

Sin duda, iniciaba el segundo día en los zapatos de Roy. A pesar de mi inexplicable euforia, estaba mentalmente tan desconcertado que sólo podría comparar lo que experimentaba con caer aferrado a un asiento, desde un avión a gran altura... descendiendo, entonces, haciendo torniquetes en el aire y sin un paracaídas.

Sin exagerar, quizá eso no me dejaría una sensación de terror e incertidumbre tan mezclados, como la que viví en aquel momento. Perder totalmente el control de quién era y dónde estaba, me aturdía y asustaba. No había ninguna explicación lógica para eso.

Sin embargo, hoy podría decir que, por las cosas que pensé, parecía resignado: «Pesadilla, sueño, experiencia extrasensorial, pasar por un túnel del tiempo o cualquier cosa.»
—Mejor callarse definitivamente, mientras ves lo que pasa.—
Murmuré.
—Roy, ¿Qué me dices?
Sus palabras actuaron en mí como un paramédico, al sacar del desmayo a su paciente; reaccioné con su pregunta.

—¿A qué te refieres, Allan? Intuitivamente pude responder, cuidando no hacer gestos.
—A lo del investigador que acabo de consultarte.

Imposible no escuchar aquellas palabras. Acababa de consultarme lo del investigador. Es decir, el tiempo se había detenido en ese avión. Fui a mi vida de 20 años atrás, donde recordé muchas cosas y estuve mucho tiempo y, al regresar, estaba en el mismo instante en el que vi mi rostro reflejado. Sin duda había enloquecido y alucinaba, no tenía otra explicación.

Fue entonces que aprendí que el cerebro vuela, los pensamientos son procesados tan rápido que, al mismo tiempo pude responder:
—Lo del investigador...—Con pulmones llenos, continúe diciendo—El investigador, Claro!...—Mientras, para distraerle, tomé nuevamente en manos el documento que me había entregado. Me dirigí a él tratando de restarle importancia a aquella pregunta que, obviamente para mí, era imposible responder.
—En este caso, Allan... déjame leerlo nuevamente y te responderé.
—Pero... Roy... ¿De qué hablas?
—De leer completo este documento, para responderte lo del investigador.—Dije mirando de reojos hacia el suelo, esperando convencerlo con la respuesta.
—Pero... el contenido de ese documento no tiene ninguna relación con el investigador, y lo sabes muy bien.—dijo Allan asombrado.

En condiciones normales, eso hubiese sido muy embarazoso, no obstante, reaccioné con casi absoluta indiferencia, obligándome a pensar que no se trataba de mi vida real. Así que, al parecer, de forma convincente respondí:

—Bien... Claro... obviamente, lo sé. Lo que sucede es que en lo del investigador me gustaría conocer tu opinión, para ver si coincidimos.—Allan no respondió nada y sólo sonrió.

Como es de esperarse, no era parte de mi mundo, es decir el de Terry, usar a alguien a quien llamen: «investigador». Pensar en ello, no ayudaría en nada y las opciones que pudiera imaginar me estresarían más aún. Me confundiría.

Así que pensé: Déjate llevar, disfruta lo que puedas y, mientras puedas, lee el documento.

Oportunamente, la euforia que experimentaba, seguía una ruta lenta hacia el equilibrio; pude entonces leer aquel documento.

Debía sentirme muy feliz por estar en los zapatos de un millonario, sin embargo, en medio de tanta gente y aún con sus incomparables adulaciones, me sentía muy solo. Sus rostros sonrientes, evadían mirarme directo a los ojos. Era evidente que, ante cualquier cosa que dijera, simplemente me apoyarían.

Lujos, halagos, finas vestiduras, manjares, discursos muy elaborados que endiosaban a la Empresa por ser muy generosa con los niños más pobres... Todo un rompecabezas de apariencias más que un pensamiento, éste, era un sentimiento que más adelante seguramente empeoraría.

¿El dinero, podría ser en si mismo, la única razón de Roy para vivir? Curiosidad y desconcierto eran las causas, no sólo de ésta sino, de muchas preguntas en mi mente.

Percibía claramente que Allan, al darme su opinión, lo haría para complacerme. Me conocía bien, eso podía suponerlo por su trato. Lo que no sabía era qué tan confiable, leal, honesto y desinteresado podría ser. ¿Por qué, entre tantas personas, Roy eligió confiar en Allan ?, pensaba.

En fin, ya me enteraría, a menos que aquella ruleta rusa me mandara en pocos minutos, otra vez, a cualquier lugar en otro cuerpo. A partir de aquel temor, decidí no distraerme más, para evitar una nueva mutación o cambio de personalidad.

—Soy Roy
—Soy Roy, soy Roy...—susurraba entre dientes.

¡A vivir, Roy!... y a pensar sólo en lo que te concierne, pensé luego.

Finalmente, Allan, levantándose de su asiento, giró su cuerpo y abrió un compartimento de donde tomó un maletín.

Al igual que todo, seguramente aquel maletín era tan costoso o más que mi única casa, la casa de Terry Peña Waith.

En fin, luego, colocándolo a mi lado, dijo pausadamente:
—Son tus repuestas, Roy, no son las mías. Imposible opinar porque no conozco los detalles del caso.—Y prosiguió—El costo es apropiado o no, dependiendo de cuánto te importe lograrlo. Tú eres único dueño. Tú decides, yo no tengo argumentos para evaluar el costo.

Al siguiente instante, ya anunciado el descenso del avión, pero aún sin iniciarse, con los ojos fijos hacia el frente marqué el número correspondiente y abrí el maletín. Parecía que al ocupar la posición de Roy, en mi subconsciente conocía sus claves o códigos secretos. Un vistazo apenas dentro y, al siguiente instante, ya le había cerrado. Lo revisaría en el momento oportuno. Esperando develar al menos el misterio del supuesto investigador.

Cuando pareció incrementarse el sonido de la hélice, un edificio de cristales obscuros se veía claramente al acercarnos. Sesenta y dos pisos y todos míos, pensé. Suspiré, al identificar aquella estructura tan sobria, moderna y llamativa. Era el mismo edificio en el que funcionaba la empresa. Tiempo atrás, había trabajado en ella por años. ¿Cómo no identificarlo?

Después de aterrizar, Allan hizo un gesto peculiar y, en medio de despedidas aduladoras, las escalerillas nos esperaban para bajar. Acorde a nuestros comportamientos, yo casi ni pisaba el suelo, ni cargaba nunca nada en manos.

Se repetía la misma rutina del carro eléctrico y a subir en otro helicóptero; esta vez, más tiempo tardamos en subir y bajar del vehículo, que en ir de un lado a otro y aterrizar en la azotea del inmenso edificio.

Desde la azotea, entramos directamente en un ascensor. La puerta cerrada, pared cilíndrica de cristal y temperatura fresca acariciante, caracterizaban aquel descenso. Deslumbrante, asombrosa e increíble la vista exterior, que finalizaba en un mar profundamente azul e indescriptible!
Es real y es el mismo edificio, estamos en el sureste de la ciudad, pensé entonces.

La puerta abierta, sonido de mis pasos adelante y, así de simple, me sentí en mi ambiente. Una gigantesca y cómoda oficina, rodeada de cristales con vista panorámica, de casi ciento ochenta grados. Apenas tres puertas podían verse, además de un mobiliario de cristales labrados sobriamente. Paredes blancas, acero inoxidable muy pulido y madera y mármol completaban la sensación de ambiente de arte... y una selecta colección de fotografías de muchas personas que no reconocí al primer momento, en las cuales aparecían niños recibiendo obsequios.

—Wendy, por favor, ¿Puedes venir?
—Inmediatamente, señor Allan.—Se escucharon una voz, proveniente de algún teléfono y pasos entrando.

Allan dijo:

—Es hora, Wendy Smith. ¿Ya han llegado todos?

—Si, señor Allan. Sólo falta su padre, señor Roy. Wendy comentó dirigiéndose exclusivamente a mí.

¿Mi padre?, me pregunté internamente.

—Roy, lo de Giuseppe Bernardi es extraño porque él es igual a ti en puntualidad. Sin embargo, en el caso de María sabíamos que no venía. Ella ya se había excusado.

—¿María se había excusado? Complementé con una pregunta que escapó de mi boca, sonriendo porque desconocía de quién se trataba.

—Tú si que estás extraño, Roy! Desayunas más que yo, estás muy silencioso y, ahora, incluso llamas a tu madre por su nombre.—Allan replicó.

Increíble, tenía padre y madre. Nunca supimos que Roy tuviese padres y, menos aún, que dirigían la Empresa. Aunque les mencionábamos con expresiones populares algo groseras, en ocasiones, al culparles por traer a Roy -al presidente de la empresa, quien siempre daba nuevas y traumáticas directrices- a este mundo.

¡Qué bien!, como Terry, siendo hijo único, había tenido la fortuna de vivir con mi madre hasta su muerte, justo tres meses antes de casarme con Susan. Sin embargo, no conocí a mi padre. Él había muerto cuando yo estaba chico. Así que esta experiencia sería algo especial. Y con esa ilusión pregunté:

—¿Cuántas personas estarán presentes en esta junta, Allan?

—Las de siempre, Roy, tú lo sabes. Las que usualmente deben venir a una junta de *staff* ampliado.

Conocía el significado de sus palabras. Asistirían los tres vicepresidentes de la empresa, acompañados por los gerentes que pertenecían a cada vicepresidencia. Adicionalmente, según me acababa de enterar, también los padres de Roy debían sumarse a aquella junta. Lo más importante de ese análisis de asistentes, fue el identificarme como el líder de esa Junta. Roy era el presidente, así que debía dirigirlo todo.

Recuerdo claramente que, aunque debí asustarme por liderar a todas esas personas, sin dudarlo, sentía que estaba preparado para ello. Sería sin duda, el único dueño de cualquier verdad. Porque sabía que yo, Roy, poseía el noventa y dos por ciento de las acciones de la Empresa. Por otra parte, en mi vida de mortal común y corriente, había aprendido que «asustarse» correspondía a seres que tienen algo que perder. Y ese tampoco era mi caso. Ni siquiera se trataba de mi vida.

Repicó el teléfono, Allan recibió la llamada y me indicó:

—Exactamente un minuto para empezar la junta. ¿Vamos?

Miré el reloj en mi muñeca y, además, de la hora, pude ver la fecha. Al verla, supe que ese día tenía un significado importante para mí, aunque no podía precisar de qué se trataba.

Wendy Smith se colocó de lado, con la mano extendida, orientando la ruta. Salimos inmediatamente hacia el salón, por un largo corredor. Nadie se atravesaba en nuestro camino. Bajaban la cabeza y se apartaban casi tropezándose entre ellos, mientras miraban discretamente sus relojes.

Toda la vida de Roy, está cronometrada, de forma minuciosa!, pensaba en ello, detallando, a la vez, la cantidad de pinturas a ambos lados, que con colores suaves y contrastados, complementaban con frescura la sobriedad y elegancia de aquel lugar.

Al final del pasillo se abrió la puerta de manera inmediata. Y aunque parecía tratarse de controles automatizados, no era así. Se trataba de dos ejecutivas jóvenes, altas, delgadas, de gran hermosura, uniformadas, abriendo lado a lado, de forma simultánea, cada mitad de aquella puerta. Senos, curvas, formas, piernas, labios, caderas, cuellos y demás. Extrañamente sentí lo mismo que sentía, cuando aún era un chico y miraba ciertas revistas, escondido de mi madre.

Seguidamente, sentados, sin mencionar palabra, en torno a una larga y semi ovalada mesa de cristal, todos miraban fijamente a mi rostro. Parecían acostumbrados a actuar como robots. Pudiera decir que incluso, ni siquiera pestañeaban.

—¡Buen día a todos! ¿Cómo están?—Dije, mientras me sentaba en la cabecera de la mesa. La misma ubicación que me correspondió al entrenarme como Terry, asumiendo el liderazgo en el lugar de Germán. Sin embargo, al fijar mi vista al frente, nada era comparable. Me sentía todo poderoso y el rey del sitio. Además, estaba permanentemente feliz, aunque en el fondo sentía agotamiento físico.

—Buen día.—respondieron todos, casi a la vez, mirándose entre ellos.

Allan, sentado a mi lado derecho, tropezó mi rodilla con la suya. Y, al mirarle a la cara, subió sólo una ceja. Por lo visto, yo no era muy educado. O, al menos, no debía serlo. Saludar no formaba parte del protocolo.

Debía empezar la reunión con reproches, uno tras otro, tan pronto me sentaba. Eso noté, al pasar los minutos, mientras logré conducirme cual aeronave con piloto automático.

No era tan malo lo que estaba viviendo. Es así de fácil. ¡Que maravilla!, pensé, por haber descubierto que dejando mis ojos fijos hacia el frente, una fuerza interior hacía que nos turnáramos el mando de ese cuerpo, Roy y yo. Aunque la sensación de girar en el aire, se repetía en mi, en medio de un mareo. Mutaba en cierta forma, siendo un invasor alojado en su mente.

Con Roy al mando, podía incluso escuchar su voz, sentir su piel, experimentar sus sentimientos y tener acceso involuntario a algunos datos manejados frecuentemente por él. La buena noticia fue que esa fue la última vez en que al mutar mi existencia con Roy, el mareo me afectó. En lo sucesivo, se volvió imperceptible. Tanto como respirar, llenando y vaciando los pulmones sin pensar.

Así de fácil, escuché, sentí y miré lo que miraba Roy, en medio de su preocupación y gran disgusto; los resultados arrojados en la Empresa, durante el último trimestre, no eran los esperados. Las ganancias obtenidas, comparadas con el mismo período del año anterior, eran veinticinco por ciento inferiores.

—De continuar esta tendencia, de acuerdo con mis cálculos, en apenas un año deberíamos cerrar la Empresa, declarándola en quiebra. A menos que, desde ahorita, disminuyamos en el mismo porcentaje la cantidad de personas que laboran directamente para nosotros.—Y prosiguió,—¡Eso es lo que haremos exactamente, señores!—Reinó la seriedad, el puño cerrado y el golpeteo de su mano derecha en aquella mesa. Todo ello evidenciaba la firmeza de tal decisión.

¿Qué? ¿Enloqueciste, Roy? ¿Veinticinco por ciento?, pensé y, sin querer, al observar otra vez la fecha en mi reloj, en medio de mi cuestionamiento, recordé que esa era la fecha en la que Germán defendió ante la junta el plan MIENTRAS MÁS DAS, MÁS RECIBES. Y, seguramente, allí estaba yo, para ayudarlo. ¡Qué increíble!

Por instinto, miré fijamente hacia el frente, retomando el control de las actuaciones de Roy. Entonces, continué hablando en aquella junta, usurpándolo:

—Claro está que tomaríamos tal decisión si Germán Vittori no logra convencernos de lo contrario.

Disfruté internamente ese momento, como un adolescente. Recuerdo que en verdad, me resulto sumamente difícil controlarme para no reír a carcajadas, en la cara de todos. Nuevamente, no me reconocía. Pero no fui el único asombrado. No hubo una boca cerrada en medio de todos los asistentes de esa junta. Todas estaban muy abiertas, pero sin emitir ningún sonido.

Particularmente el jefe de Germán, al que reconocí enseguida, con orejas enrojecidas y muy sudoroso, llegó incluso a ponerse de pié, mientras mantenía su boca abierta.

Definitivamente Robert Gunsh no podía creerlo. Él era jefe de Germán y vicepresidente de logística y producción. Para la fecha, había desempeñado ese cargo durante ocho años y le intrigó demasiado que el presidente de la empresa llamara a Germán por su nombre. Conocía perfectamente a Roy y sabía que él ignoraba incluso los nombres de todos los gerentes. De hecho, nunca los veía y menos aún escucharía sus planteamientos. Eso dio a entender, entre palabras poco coordinadas y hasta incoherentes. las cuales pronunciaba tratando de no ofender a Roy, en medio de un agitado movimiento de manos.

¿Serán tan hipócritas como éste, todos los hombres que no tienen cabello?, me pregunté. Por conocer tanto a Germán, bastó con ver su cara para saber que compartíamos aquella pregunta. Quizá él empezaba a entender que había sido objeto de alguna componenda entre la gerente de recursos humanos y Robert, lo que podía percibir, con apenas mirarle.

—No entiendo tu planteamiento, Robert, y me parece fuera de lugar.—Dije, tratando de mostrarme muy ecuánime. Para proseguir:

—Por favor, Germán, has tu presentación. ¡Con gran respeto y concentración todos te escucharemos!

Hubo silencio, bocas aún abiertas y cruces de miradas se percibían. A la vez, fiesta interna, disfrute, gozo y satisfacción describen en algo lo que sentía.

De inmediato, los ayudantes técnicos de la reunión activaron la exposición de Germán, conocida por mí, con lujo de detalles. Él, un tanto sudoroso, comenzó con voz algo entrecortada, pero, en pocos segundos, se conducía con la misma seguridad que le caracterizaba.

A simple vista, se infería que los asistentes no podían entender cómo Roy Bernardi estaba escuchando tan atento una exposición de un simple gerente. Y, menos aún, por argumentar puntos de vista que contravenían sus órdenes usuales. Especialmente, cuando se trataba de aumentar pagos a todo el personal, el mismo día en el que Roy había notificado que debían despedir veinticinco por ciento, para reducir costos.

Germán explicaba que no era necesario despedir a nadie. Por el contrario, propuso incentivos o beneficios asociados al rendimiento de ventas de la Empresa. Así que, en diferentes gráficas, mostró cómo lograrían que, dependiendo del área en que trabajase cada quien, existiera un aporte significativo para lograr mayores ventas y mayor rentabilidad en toda la Empresa.

—El principal problema aquí es la desvinculación organizacional que experimentamos. Cada quien quiere ser el mejor y hasta sabotea al otro.

Susurros y seños fruncidos respondieron a aquella afirmación tan dura de Germán, quien continuó diciendo:
—Cada quien trabaja por su lado, sin importarle cómo impactan sus decisiones, los resultados de las áreas que dependen de ellos.—Y, sin permitir, interrupciones siguió—Según he analizado, junto a mi equipo de diseño, puedo asegurarles que lo único que nos ha salvado de la ruina y el fracaso total son nuestros competidores, ya que se manejan con nuestras mismas prácticas organizacionales.

Concluyó con una gráfica que le correspondería manejar a recursos humanos. Cada empleado debería recibir bonificaciones especiales, no sólo por las ventas logradas de los productos que manejaban, dentro la cadena de producción, sino por las de todos los productos manejados en su vicepresidencia... y otro bono adicional por las ventas logradas en toda la Empresa.

Prosiguió diciendo:

—Les aseguro que esto estimulará el trabajo en equipo, si además escuchamos a los integrantes de cada gerencia, sin limitarnos a simplemente darle órdenes. Y si informamos a todo el personal adecuadamente sobre el plan: MIENTRAS MÁS DAS, MÁS RECIBES.

Gestos entusiastas en su rostro y movimientos expresivos en sus manos, transmitían su gran optimismo y emoción, cuando concluyó diciendo:

—Yo me comprometo a renunciar, si al tercer mes de haber tomado estas acciones, no superamos las ventas acumuladas para la misma fecha del año pasado.—Y se sentó.

Las cejas levantadas, labios mordidos, ojos casi cerrados, bocas estiradas y cerradas prevalecían mientras, además de mirarse entre ellos, mantenían su atención y asombro centrados en mi rostro, es decir, mirando fijamente a Roy.

Conscientemente, decidí mirar al frente, de manera fija, dejando a Roy que decidiera por si mismo, ya que creía ciegamente que mientras yo tenía el control (en su rol pasivo), él también percibía todo lo que sucedía. Claro está, que le cedí el control, temiendo, por supuesto, lo que él opinaría. No obstante, tenía la tranquilidad de que, durante ese día, en esa reunión se había aprobado ese plan, 20 años atrás.

—Germán, sin duda alguna, has expuesto los riegos abiertamente. Sin temor a equivocarme, pienso que si hacemos lo que dices y no funciona, tú renuncia es tan insignificante que causa risa.—Con esas palabras, Roy rompió el hielo.

Predominaron las carcajadas, lágrimas de tanta risa, dedos señalando a Germán y gestos tras gestos. Mientras Robert Gunsh parecía regresar a la vida. Estaba contraído, mirando con evidente desprecio a Germán, mientras éste exponía. Sin embargo, junto a las risas, resucitó con semblante de odio al decir:
—¿Quién te dijo que se te paga para pensar, Germán? Esto te enseñará a cumplir mis órdenes.
—Robert, tienes razón.—Dijo Roy, girando su cabeza hacia Vittori.
—Germán Vittori... con ese plan...—Al decir eso, Roy titubeó y tuvo que preguntar inmediatamente—Vittori, ¿Cómo dijo usted que se llama su plan?
—MIENTRAS MÁS DAS, MÁS RECIBES, señor Roy.

Ante tal comentario y pregunta de Roy se generaron sonrisas irónicas, codos chocando unos con otros y gestos de regocijo alrededor de aquella mesa. Eran actitudes comparables tan sólo con el cierre de ojos de Germán, cabizbajo, muy sudoroso y con orejas rojas.

Yo dejé que Roy controlara esto. Qué culpable me siento. Sin embargo, esto es lo real. Eso ya es historia y nada cambiará, me torturaba pensando.

—¡MIENTRAS MÁS DAS, MÁS RECIBES!—Repitió Roy, señalando a Allan que lo anotase. Mientras comentó—Por eso digo, Robert, tienes razón, si Vittori sólo recibe el pago para cumplir tus órdenes, definitivamente deberíamos pagarle por pensar. Porque ha hecho un análisis que ninguno de ustedes ha sido capaz de hacer en muchos años. Y en cuanto a lo risible de tu renuncia, Germán Vittori, te diré: No aceptamos tu propuesta.

Enfático, serio y mirando de frente, mientras todos estaban definitivamente desconcertados, tanto como yo. Sin embargo, el silencio fue breve e interrumpido, cuando Roy afirmó:
—Si no funciona el plan, seré yo quien renuncié. ¡Seré yo!

Allan, quien por lo visto estaba escribiendo desde el inicio, inmutable ante lo que sucedía, se limitó a leer:
—Primero: Danna Solís, gerente de recursos humanos, será la responsable de ejecutar el proyecto y liderará a los tres vicepresidentes, a Germán y al gerente de automatización e informática, para garantizar que el Plan MIENTRAS MÁS DAS, MÁS RECIBES se implemente automatizado y sea un éxito.
Segundo: dentro de dos semanas y a la misma hora debemos reunirnos acá, para conocer el cronograma de implementación, los avances ya experimentados, y los responsables asignados para cada actividad. El plan MIENTRAS MÁS DAS, MÁS RECIBES debe estar en completo funcionamiento en dos meses.

Al finalizar la lectura preguntó:
—Levanten la mano los que no estén de acuerdo.

Ni manos, ni comentarios, ni risas, ni gestos de ningún tipo pudieron apreciarse mientras estaban sentados allí.

Apenas Roy se puso de pie, todos se pararon. Aún incrédulos, salieron uno a uno, sin ni siquiera conversar entre ellos.

—Mira, Robert, Germán es muy valioso, pero allí en su equipo de diseño, también hay un joven al que debemos exigirle más.—dijo Roy.

—¿En el equipo de diseño? Pero... allí son sólo diseñadores básicos, Roy. Ni siquiera los he visto en mi vida. ¡Por favor...!

Cara desfigurada, halo de desprecio y un cuello mojado con tanto sudor, que alcanzaba hasta su elegante traje, era lo que acompañaba la respuesta de Robert.

—Terry, Terry Peña Waith. Sólo eso te digo, Robert!—Roy dijo aquello y dio la vuelta para regresar a su oficina.

En el recorrido me sentía brincar sentado en aquel cerebro, como en comedia de adolescentes. Escuchando fanáticos sin rostro que gritaban: Terry, Terry , Terry!

El presidente de la empresa me conocía. Roy dijo mi nombre al vicepresidente. Yo era valioso para él. ¡Que increíble! Aunque no entendía a lo que se refería con exigirme más. ¿Sería un elogio?

Supongo que conoce mi fama de: «El infalible» ¡qué orgullo! Si Susan se enterara..., pensé, suspiré y parpadee.

De inmediato, reí palmeando mi propio hombro, muy discretamente, porque caminaba junto a Allan.

¡Que absurdo! ¿De qué me alegro? Esto pasó hace 20 años y formó parte de mi vida. Esto no es real, no está pasando ahora. Sin embargo, a pesar de pensar tan objetivamente, disfruté lo sucedido y me dejé llevar.

—En hora y media exactas, según lo previsto, Roy.—Allan me comentó, mientras caminábamos.

Ni imaginaba de qué estaba hablando, pero si sabía que, como era de esperarse, toda su vida estaba perfectamente cronometrada.

Mientras, Giuseppe Bernardi, padre de Roy, le esperaba en su oficina. Había salido de la reunión rápidamente y llegó antes. Al verlo Allan, salió enseguida y les dejo a solas, sin pronunciar palabra alguna.

Aunque sintiendo gran afecto por su padre, Roy respondió fríamente al abrazo de Giuseppe. Su padre incluso le trató como a un niño, con afecto evidente. Sus gestos eran muy expresivos, especialmente podía verse en el movimiento de sus manos.Me llamó en gran medida la atención que Giuseppe hablaba con acento marcadamente italiano:

—Oye, hijo ¿Te he dicho alguna vez, lo orgulloso que estoy de ti?
—Millones padre... Millones de veces...—Respondió con mínima sonrisa.

—¡ No me digas... Vanidoso!...¿También te he dicho que hoy me sorprendiste?
—No, no me lo dijiste, pero la verdad es que yo he sido el primero en sorprenderme.
—Ese es el camino hijo. No te sorprendas, ¡No te arrepentirás!—Dándole otro abrazo salió de la oficina. Sin embargo, enseguida volvió a entrar entregándole una agenda de piel color caramelo.—La dejaste en casa, la semana pasada, y supuse que podrías necesitarla.
—¡Gracias, padre!

!Qué bien, Roy... Tienes un diario... Qué buena noticia... Pareces una señorita!, pensé en forma graciosa, dando continuidad a mi extraña personalidad y continué pensando: pero, espera un momento, si en verdad tienes una agenda, quizá ese sea el método para comunicarme contigo, sin necesidad de reemplazarte.

Después de retirarse Giuseppe, Roy abrió la agenda y aproveché para fijar mis ojos al frente tomando su control. La idea era conocerle a través de sus anotaciones. Pero, sólo página y media, línea tras línea de cifras, era lo único escrito. Separadas por pequeños rectángulos, apenas de tres casillas, cada una. Casi todos los enteros eran «cero» mientras los decimales no llegaban a siete. Y nada más. Así que al parecer conocerle no sería fácil.

La señora Wendy interrumpió, entrando, después de anunciarse:
—Señor, ya le esperan allí.—Dijo, señalando la puerta que, en esa oficina, daba paso a una habitación.
—¿Es la reunión donde debo leer el documento, Wendy?

—Señor, señor...—Dijo con ojos muy abiertos y sonrisa ladeada, saliendo de inmediato.

Ven aquí, Roy... te toca a ti... no quiero sorpresas, pensé y le cedí su rol.

Cada paso que daba al adentrarse en aquella habitación era también un paso en el que aumentaba su alegría. Imposible no percibir aquella piel tan erizada y esa boca humedecida casi goteando. Definitivamente, Roy esperaba algo con gran ansiedad. Según los latidos de su corazón y otras sensaciones peculiares en su cuerpo, podía asegurar que algo muy excitante le esperaba.

Luces tenues, antesala vacía, correr, atravesar y allí estaba, en el siguiente espacio, mirándole, con sonrisa triste, una hermosa y muy blanca chica de cabellera negra. Él se lanzó encima de ella, besándola desesperadamente. Aunque parecía haberse colocado todo un closet encima, él con mucha ansiedad quitó suavemente el suéter y la bufanda que cargaba. Ella no emitía ni una palabra, ni un quejido, ni un suspiro, ni un parpadear. Sólo correspondía tímidamente a aquellos besos.

Vestida nuevamente con todo su atuendo en pocos instantes, salió con la cabeza baja, diciendo:
—¡Debo apurarme! Él está próximo a llegar.
—Tranquila! Siempre cumplo lo que prometo. Ya no tiene aire. Podemos manejarlo de esta manera... al menos una vez al mes.—Respondió Roy, cuando le acompañaba tomada de la mano hasta la puerta de su oficina.

¿Ya no tiene aire, dijo? ¿A qué se referirá?, eso en vedad capturó mi atención, sin embargo, no podía negar que aquella chica tenía algo angelical. Roy tenía razón de sentir lo que sentía. Me recordaba a alguien, pero era, más que un recuerdo... una sensación fugaz.

Es evidente que ella no disfrutó nada, pensé. En su caso me hubiese sentido como un violador; al parecer ella no siente nada por Roy.

Aquel pensamiento fue tan breve que, incluso, pasó a un segundo plano en mis recuerdos. Aunque en mi vida normal nunca habría hecho nada parecido, no debía, ni tenía sentido el juzgarle. De hecho, algunos de mis antiguos amigos aún me preguntaban por qué yo no podía ser infiel. Describían situaciones parecidas a las que acababa de presenciar. Sin embargo, no formaba parte de mi naturaleza. Quizá porque Susan era demasiado especial y me llenaba por completo.

Si comparaba ambas vidas, con toda seguridad prefería la mía. Hasta ahora sólo un cronómetro y necesidades fisiológicas eran lo que enmarcaba la vida de Roy. De eso estaba seguro. Sin olvidar obviamente sus millones de dólares. Pero, nada de familia, nada de sentimientos, nada de nada.

Debo ayudarte amigo, pensé. Entonces, decidí reemplazarlo, audaz y permanentemente, hasta cambiar su vida.

Mirada fija al frente, un inesperado vidrio desde un portarretratos reflejando mi rostro y el completo desastre al producirse un cambio, radical e involuntario, de mis planes.

De nuevo, la mutación. Pero, esa vez me descubrí en el suelo, con las piernas cruzadas. Algo mareado aún y con aquel libro entre mis manos. Sabía que nuevamente estaba en mi oficina, la misma de hace veinte años. ¡Otra vez! Así que habiéndolo vivido previamente, nada me preocupaba. Ni siquiera aquel radical cambio de estado anímico.

Por el contrario, supuse que el libro llegaba esta vez a mis manos de Terry, para orientar a Roy. Es decir, a mí, en su lugar. Lo primero que hice fue abrirle en la primera de las cuatro últimas páginas que se encontraban vacías. Y aunque muy deprimido, sonreí mientras que, en tono retador dirigiéndome a aquel libro amigo, dije:
—¡Aquí está! Si vuelves a marcarme «El arco iris negro» te diré que no lo voy a leer, porque aquí tengo anotadas las cinco reglas que resumen su contenido. Las vi y sonreí.

Recuerdo que, sintiéndome cansado físicamente, cerré los ojos y pensé: al menos no estoy enloqueciendo, aquí está... yo lo escribí. Esta experiencia es además de persistente, muy coherente. Debe tener algún sentido el vivirla. Al momento, pulmones vacíos, lenta inhalación, hombros relajados, ojos y libro abiertos.

Brisa fresca, olor a miel y vainilla, campañillas lejanas y música instrumental me acompañaron mientras leí en aquel libro el título: «Vidas Geométricas» y continué leyendo:

«Vidas enteras con dolores al margen, vidas intensas, pero no tan intensas por no consentir serlo, pues no formaría parte de los planes. Límites rígidos y absolutamente nada vacilantes, envuelven un día más de vida, sin dejar, ni pensar en la edad, en lo absurdo, en el dolor, las penas, el amor y en ninguna variable que tenga que aludir la propia esencia de una vida anhelante.

Cual torrente del río al circular tan solo por su cauce, sin saberlo, o como la cría defectuosa del mamífero, que programado y sin dolor procede a descartarle sin dudar un segundo que así debía hacerlo. O el velo errante, que entre las nubes envuelve el cielo, para ocultar con sombras el rumbo a caminantes que suplican la indispensable luz, para seguir andando hasta llegar más lejos.

Y así transcurren las vidas sin saberlo, auto prohibiéndose todo cuanto se siente y auto fingiendo cuán felices deberían serlo. Mientras son sólo normas y geométricas reglas, las que colándose lentamente se instalan como en androides, donde paradigmas en su interior esperan que se descuide, para reprogramarle obstruyendo los sueños.

El círculo de la vida geométrica se vuelve la familia, haciéndole sentir que puede protegerlos. Convirtiéndose lo que la misma siente, vista en forma de triángulo, en apenas un diminuto vértice de sus grandes anhelos. Mientras otro, el vértice mediano, corresponde al empleo, el que hoy considera que es su fuente de ingresos, amarrándose a ése como si fuese el único y usando como excusa, lograr el futuro de los suyos, que solo, sin consultar con nadie, ha ideado para ellos.

Al final de sus vértices, de intolerable peso, construido por si mismo, tan sólo tiene gran cantidad de reglas, que le ordenan manejar sus sentires, diciendo: cómo, cuándo, cuánto y dónde va a emergerlos.

Son cuadrados los cielos que cubren sus deseos, porque siempre le ordenan pasar de largo, sin pensar ni siquiera, otra forma de hacerlo. De allí, cada segundo que ese exitoso vive, es vivir dedicado con entusiasmo inmenso, a amar "en segundo plano" y no romper las reglas.

Aunque un día se descubre, sabiendo muy felices a quienes le rodean, disgustado profundo, al saber cómo y cuándo ellos rompen sus reglas. Sintiendo allí en sus vidas, sin siquiera notarlo y en el mismo momento, esa música propia de final de novelas, cuando protagonistas tomados de la mano, simplemente, celebran, pues ahora entendieron que siempre, siempre en sus vidas podrán lograr sus éxitos, sólo guiando sus pasos por amores profundos, aunque rompan las reglas.»

Tras breves minutos de silencio, tratando de asociar «Vidas geométricas» con lo que ya conocía de la vida de Roy, sentí que esa lectura estaba destinada a él y mi misión era colocarla en sus manos.

Actué entonces como todo un experto: libro cerrado, cuerpo de pié, búsqueda de mi reflejo en aquel cristal y un asombroso Terry de rostro tan joven, como triste, mirándome a los ojos, me regresaron a la vida y a la oficina de Roy.

En mi cabeza, una banda de rock imaginaria, animó la fiesta que formé. Estaba, en total contraste, agotado y a la vez muy eufórico; parecía una persona totalmente desconocida. Celebraba el poder que sentía de brincar en el tiempo, hacia distintos lugares.

Pero... ¿Rock?», me pregunté. Qué poderoso soy, proseguí pensando. ¿Poderoso? ¿Si eres tan poderoso, por qué no vuelves a tu vida actual?

Realmente no tenía ningún control, pero, poder huir de la depresión que me perseguía y tanto rechazaba, me ponía al menos, por un rato, al mando del avión de mis emociones. La euforia y la música me rescataban, aunque fuese pensando en lo absurdo y desubicados que estaban.

Al siguiente momento, mis pensamientos fueron interrumpidos. Agenda abierta y Roy después del típico rectángulo que dividía las cifras, escribía: 0,30.

Otro de tus números vacíos. Roy, mereces una vida... mereces más.

Conociendo la técnica: ojos fijos al frente, control asumido, bolígrafo en manos, quise escribir palabra por palabra de «Vidas geométricas» en aquella agenda. Digo quise, porque algo extraño sucedió; no parecía ser yo quien escribía. Pero sabía que había escrito palabras, lo que significaba que tampoco era Roy.

Sólo sabía que aquel mensaje estaba dirigido a él. Familiarizado con la práctica, sin poder leer lo que escribí, sólo en décimas de segundo, nuevamente le regresé el control.

Al ver a groso modo aquel escrito, que al parecer abarcaba varias de sus pequeñas hojas, casi se infartó. Se puso de pié y dio un paso atrás. Con respiración entrecortada, frente sudorosa, mano derecha sobre el lado izquierdo del pecho, vista hacia el techo y agenda en mano izquierda, dijo:

—Está es mi letra. ¿Cuándo escribí esto?—Y prosiguió.—Esta agenda es toda mi vida.

Con dedos de ambas manos entrelazados, agenda oprimida contra el pecho, sin duda, experimentó el primer sentimiento profundo que capté desde él.

—¿Qué me pasa... Dios mío?—Dijo, normalizando su respiración y se volvió a sentar.

Retomó su pose, usando el estilo que le distinguía de muy equilibrado y sereno. Concentrado en el texto: silencio y más silencio, meditación, lectura y más lectura, respiración profunda y frente acalorada evidenciaban en él especial interés. No obstante, cada minuto que pasaba, veía una y otra vez la hora en su reloj. Sabía que tenía una reunión de gran importancia. Yo lo sentía de esa manera.

Recostado en el espaldar de su elegante sillón, habiendo soltado la agenda en el escrito frente a él, pareció trasladarse a alguna parte aferrándose a su reflexión. Aunque yo no podía conocer sus pensamientos, si sus emociones, por lo que puedo asegurar que aquella lectura le había aturdido bastante.

"Vidas geométricas" movió desde tus raíces, ¿Quién lo diría? Pero, tanto aquella conversación unilateral, como su reflexión, se vieron abruptamente interrumpidas con la presencia de Allan.

—¿Listo, Roy? Ya esperan todos los invitados en el gran salón de la terraza. Todo está dispuesto según tus planes.

—¡Perfecto! Llegó el día, Allan. Ahora les daremos una dosis adelantada de su propio veneno, a nuestros competidores.

Dicho de tal forma aquello, fue imposible para mí no intimidarme. En mi vida de Terry prefería la sencillez y transparencia de mi ambiente y mi familia. Pero, estando en sus zapatos, no dependía de mí el decidir qué hacer, pues si asumía el control, destruiría seguramente sus planes. No había cambiado nada, sin embargo, acababa de tomar consciencia de que, quizá él y yo éramos Roy y lo que pensaba que era mi vida real, había sido un simple sueño.

Resumiendo pensé: ese es sólo mi secreto, no es tuyo Roy. Entonces, salíamos erguidos uno junto al otro, y me refiero a Roy y Allan. Sumándose tras nosotros, con mucho protocolo había al menos diez personas, por el pasillo.

Ascensor abierto en espera hasta nuestra entrada, respiración silenciada, transpiración nerviosa de algunos de ellos y, al abrir las puertas, estábamos en un ambiente, en el que otro nombre no podía calificarlo mejor: «El gran salón»

Desde atrás, donde salimos del ascensor por un pasillo oculto, se veían al menos 200 mesas, vestidas como elegantes damas de otra época, completamente llenas y dispuestas para un banquete, que para mí sería imposible describir, por su suntuosidad.

Muchos murmullos representaban un gran ruido. Sin embargo, en medio de las mesas y sobre mi soñada alfombra roja, al avanzar nuestros primeros pasos, de forma drástica se enmudeció el ambiente. Todos de pie, miradas, silencio, luces, olores, elegancia en blanco y negro de los trajes y ornamentos, tan creativos como naturales, destacaban en aquel espacio. Entre la gran curiosidad que se podía captar de los presentes, nos acercábamos, sin mirar a los lados, como marcando con distinción cada uno de los pasos hacia el frente.

Allí esperaban cámaras de televisión, reflectores que encandilaban, fotógrafos que pululaban; grabadoras, pequeñas cámaras en manos al aire. Todos ellos dispuestos de forma circular frente a un podio, al que con gusto llamaría patíbulo, por como me sentía. Sin embargo, Roy estaba disfrutando todo aquello, como si además de la rutina que representaba, tuviese un especial significado para su vida.

Al estar arriba al lado derecho podio, Allan extendió sus dos brazos paralelos al frente. Y desde un micrófono que tomaba con su mano derecha, dijo:
—Gracias por venir. Todos pueden tomar asiento.—E inició su discurso con una deferencia.—Distinguidos invitados!

Entonces, comenzó a leer una larga lista de nombres, precedidos por sus cargos. Eran representantes de diferentes sectores del país, delegados de otros países, que tenían relación con asociaciones afiliadas al ramo industrial, en el que se desenvolvía la Empresa y representantes de diversos medios.

Después de mencionarlos a todos, culminó con:
—¡Compañeros de trabajo y amigos! Tal como se les indicara en la agenda de invitación, nuestro distinguido señor presidente, Roy Bernardi Azcona, hoy develará ante ustedes los novedosos planes que se implementarán en este nuevo año.

Bien, sabía algo más de Roy, su madre se apellida Azcona. Debe ser de origen español y, posiblemente, de Logroño o cerca, pensé. También sabía que el discurso duraría exactamente 20 minutos, bien cronometrado como todo lo de Roy.

Allan proseguía erguido y, de forma muy protocolar y respetuosa, extendió finalmente su mano izquierda, para señalar a Roy, quien se encontraba sobre el podio, dispuesto a iniciar su intervención. Continuó:
—Con ustedes, el señor presidente de las Industrias MERLINTOY.

Me parecía ver a tanta gente como en un estadio, en un encuentro final de dos equipos muy importantes.

Muchos ojos miraban mi cara, haciéndome sentir pánico y estrés. A la vez, disfrute y ansiedad para iniciar la intervención, eran las sensaciones que provenían de Roy. Un reflector dirigido a mis ojos, hizo que me perturbara sólo pensando: concéntrate Terry, no dejes que el susto inmovilice tus ojos.

No debía interferir en el control de Roy. Él tenía que cumplir sus objetivos y si ponía mis ojos fijos, me convertiría en su parte consciente y, seguramente, sobrevendría un desastre empresarial con mi intervención.

En resumen, el elegante y seguro presidente, sin leer, anunció en su discurso, de 20 minutos exactos, que en las Industrias MERLINTOY habíamos establecido un nuevo record de ventas; cambiando la historia para el mercado internacional de juguetes. Aclarando:
—Las ganancias obtenidas este año, triplican las del año anterior. Abarcamos ahora, el 78 % del mercado local y 40% del internacional.—Mientras me escuchaba a mi mismo en la voz de Roy, pensaba: «¿Y despedirías al 25% del personal, porque descendieron las ganancias?» Al momento asocié aquello con la intervención de Germán en la junta de *staff* ampliado y proseguí.

Ahora entiendo, porque aceptaste tan fácilmente, la propuesta de Germán!, me dije internamente. Cuestionaba la frialdad con la que había mentido en aquella junta.

¿O quizá estás mintiendo al mundo entero, a través de los medios de comunicación?... No te atreverías... la competencia te desmentiría... ¿Qué podrá ser peor?

Al tiempo que pensaba aquello, yo identificaba, en cada palabra, el contenido del documento que Allan me había dado. Al mismo tiempo, las caras atentas, apenas iluminadas que poco se distinguían; algunas muy sonrientes, otras de envidia, iluminación focalizada en Roy, ideas coherentes dichas una tras otra, y regocijo intenso al expresar su último anuncio:

—Quiero aprovechar la ocasión, para anunciar formalmente el lanzamiento de nuestra campaña de humanización: **«Ayudando a ayudar»**. MERLINTOY anunciará dentro de un mes, el 24 de Octubre, su nuevo producto, que además de distraer a los niños, desarrollará su imaginación. Toda organización que adquiera productos para realizar acción social, contará con un descuento inmediato de 30% del precio fijado para la venta de este nuevo juguete.

Redoblando instrumentos musicales al fondo: proyección alusiva a lo comentado, movilidad de imágenes, video de niños de todos los colores y razas jugando, en pantalla gigante, tecnología de punta haciendo un gran alarde.

Aplausos, aplausos y más aplausos, gran cantidad de mesoneros desplegados simultáneamente, champaña en cada copa y Roy dispuesto a presidir el brindis, aún desde aquel podio, mientras la luz nuevamente lo iluminaba todo.

—Por la felicidad de nuestros niños...**«Ayudando a ayudar»**.

Afirmé entonces para mis adentros: «¿Tienes corazón después de todo, Roy? Aunque conociéndote, puedo asegurar que algo macabro debes tener en mente.»

Allan acompañándonos, descenso desde el podio, gente agolpada al paso y típicas zalamerías, una más elaborada que otra... dejarse llevar en medio de la gente y saludar a muchas personas, en mesas seleccionadas, sin duda, a conveniencia.

Un poco más tarde: los tobillos tensos, cansancio, la silla vacía junto a la de Allan Garófalo y... a sentarse. ¡Espera! Qué interesante, Roy... ¿Estás saludando a las personas de esta mesa, con afecto sincero?, pensé al sentarme finalmente, mejor dicho, cuando Roy finalmente decidió sentarse en una mesa en particular.

¡Si!, definitivamente él tenía sentimientos, aunque ocultos, La mirada dirigida a su reloj, agenda en manos, página abierta, reencuentro con «Vidas geométricas», reflexión evidente, suspiros, bolígrafo en mano y anotó: 1,00. Su emoción era muy grande y, aparentemente, sólo yo podía percibirlo.

Allan susurró casi a su oído:
—Años que no escribías en tu agenda Roy. Miradas cruzadas muy ejecutivas, sonrisas discretas y en respuesta a sus mudas palabras, Allan prosiguió:
—¡Sé lo que, «hoy», significa para ti... créeme!

Yo acababa de conocer a Roy y le había visto escribir en su agenda dos veces.

¿Allan Garófalo sorprendido porque escribe en su agenda?, me preguntaba y no entendía.¿Qué sentido tiene?, continúe pensando. Tampoco es lógico el tipo de anotaciones que realiza en ella. Sólo cortas cifras y nada más. Al momento Roy interfirió mis pensamientos:

—Tienes razón, Allan, mi cronómetro de felicidad ha estado suspendido mucho tiempo continuo.

Yo no podía creerlo; lo que Roy decía develaba una locura inimaginable. Hoy sé que sólo lo entendí por estar en su mente. Él, dueño de las Industrias MERLINTOY, el millonario al que no le faltaba nada: Medía con un cronómetro su felicidad, en minutos y segundos. Y en toda su vida, en esa pequeña agenda, apenas dos páginas y medias estaban escritas.

¿Ser rico es ser feliz?, me pregunté finalmente.

Y allí estaba otra vez yo, pero el Terry al que desconocía. El que se burlaba de todo y de todos. Riendo internamente a carcajadas de Roy y decidido a tomar su control; fijaba la mirada para averiguar sumando las cifras: cuántos minutos de felicidad había vivido aquel millonario en 55 años.

Mi madurez prevaleció, dejando a Roy el control, al notar que en aquella mesa, sentados junto a mí estaban: su padre, madre, Dorothy que era su esposa, sus dos hijos, el padre de Allan, su madre, su esposa y también su único hijo.

Sólo faltaba, y así lo percibía desde el fondo de Roy, era aquella adorable chica de piel muy blanca y cabellera negra, quien significaba algo tan importante para él, que, siendo yo testigo, registró en su agenda los momentos de felicidad que le atribuía.

A pesar de la ausente, él estaba muy a gusto. Todos ellos, uno a uno le abrazaban muy sonrientes y luego levantaban sus copas. Ese fue un día definitivamente muy especial. Yo, orgulloso en medio de ese ambiente. Ambas familias parecían una sola. Entonces, entendí porqué eran los únicos a los que había saludado, con verdadero afecto.

Más adelante, cuando el protocolo iba desvaneciéndose y los invitados se terminaron de retirar, todos fuimos al hogar de Roy, la moderna mansión donde vivía. Allí, continuó aquel encuentro. Hablaban y citaban historias y recuerdos.

El padre de Roy, Giuseppe Bernardi, estadounidense nacido en Italia, llegó después de la segunda guerra mundial, había empezado su lucha por la sobrevivencia en un país extraño, vendiendo carritos de juguete, hechos por sus propias manos, en madera. Empezó vendiéndolos junto al padre de Allan.

Largo pasillo, decoración contrastante con el resto y ambos padres reían. En blanco y negro amplificados y enmarcados, niños retratados recibiendo carritos de madera, cada uno era un único recuerdo para ellos. Se habían dedicado a hacer cada carrito al gusto de cada niño. No tenían competencia.

Los precios eran establecidos acorde al nivel de detalle que el carrito exigía. Y los clientes le pagaban en varias partes o cuotas. Por lo que Pietro, el padre de Allan, era el encargado de las compras de materiales, el mantenimiento y las cobranzas, mientras Giuseppe, el padre de Roy, era el que elaboraba el producto y lo vendía.

Paraaquellosdosjóvenessolterosyemprendedores, ese fue un trabajo que les llenó de grandes satisfacciones. Sin embargo, a la hora de pagar sus gastos, el dinero no era suficiente. Por lo que, Pietro se empleó como obrero en una imprenta.

Manteniéndose muy unidos, Giuseppe no tardó en enterarse de que Pietro estaba enfermo e imposibilitado para trabajar. Plomo en la sangre, mala alimentación, ritmo arduo de trabajo, hipertensión, accidente cerebro vascular e inmovilidad del lado derecho de su cuerpo. Como Pietro no tenía familia, ni en Italia ni en su nuevo país, inmediatamente Giuseppe se hizo cargo de su amigo.

Pasaron años para que Pietro retomase su movilidad, sin embargo, en medio de ese proceso, conoció a su futura esposa, quien lo ayudó con mucha dedicación a mejorarse. Su recuperación no fue completa, Pietro debió aprender a usar un bastón para apoyarse y a dar gracias a Dios por haber concebido a Allan, su único hijo, en contra de todos los diagnósticos.

El negocio de Giuseppe creció progresivamente, ajustándose a las exigencias del mercado, año a año. Galpones, oficinas, trabajadores, empleados, maquinarias, equipos, vehículos, tecnología, muchos clientes satisfechos, hasta convertirse en las Industrias MERLINTOY.

Apenas Prieto pudo colaborar, se instaló en un escritorio, apoyándole en el manejo del área administrativa y así pasaron muchos años.

Qué interesante para mí el enterarme de eso. Pietro aún le agradecía a Giuseppe, ya que incluso, pagó todos los estudios de Allan como administrador, tratándolo como a un hijo más y dándole los mismos privilegios que le dio a Roy.

Pietro balanceándose sostenido en el bastón, Giuseppe caminando junto a él, Roy a su lado, risa y risa, recuerdos y recuerdos. Me enteré, incluso, de que hasta las bodas de Roy y Allan fueron planificadas por ambos, para el mismo día.

—¿Recuerdas que el mismo día en que nos presentaste a Antonieta María, fijamos la fecha para ambas bodas, la tuya y la de Allan?—Preguntó Pietro, riendo y mirándome a los ojos, a los ojos de Roy.

—Nunca nos importó el dinero ni la apariencia física, pero era la chica perfecta para ti Roy. Y aún en verdad lo sigue siendo.— Continuó diciendo Giuseppe, con gran picardía, al desviar sus ojos hacia Pietro.

Roy escuchaba, tratando de encontrarse en los recuerdos. Ellos platicaban y Allan se hallaba en otro salón con el resto de la familia. Era evidente que Roy y Allan fueron el fruto de lo que sus padres habían planificado.

¿Quién podría criticarlos? pensé, porque eran padres que habían sufrido mucho, y deseaban sólo lo mejor, para sus únicos hijos. Por eso, era evidente que trataron siempre de no dejar nada al azar.

Para mí fue, sin duda, una velada maravillosa, finalmente entendía porque Roy confiaba tanto en Allan. Descubrí desde mis sentimientos cómo la persistencia, la solidaridad, el amor, el coraje y la voluntad convierten a un emigrante hambriento en un millonario. Sin embargo, mi parte inquieta e inmadura estaba aburrida de tantas historias y recuerdos. Por lo que casi me sentí arrastrado hacia un espejo colgado en un rincón.

Ahora tomaré el control de las mutaciones, era mi pensamiento, en medio de picardías y sonrisas que provenían de mi yo desconocido. Así que, después de buscar mi reflejo, con la firme intención de salir hacia mis días de Terry, noté que esa no podía ser mi propia intención, ya que, siempre había tratado de olvidar aquellos días.

No obstante, después de los síntomas que ya podría considerar normales: mareo, frío, nauseas, giro desde posición horizontal y algo de tos, me encontraba sentado sobre el suelo y con mis piernas cruzadas. Sin saber dónde, aún con los ojos cerrados, pude escuchar una discusión muy acalorada:

—El señor Roy debe enterarse de esto, Robert.
—Yo soy el vicepresidente y decido quién debe o no enterarse, Germán.
—Podría ocasionar algún incidente e incluso muertes, debes advertirle.
—Lo único que debe importarnos es que, de enterarse, Industrias MERLINTOY tendría perdidas multimillonarias, así que has el trabajo para el que se te paga y no olvides que «aquí el que piensa soy yo.»—Respondió Robert, prácticamente gritando.

De repente, silencio intenso, libro sobre mis rodillas, página abierta en «Vidas geométricas», ambiente en degradé de azules, vacío, resequedad en los labios y boca, respiración cortada, rigidez en mi cuerpo, rostro reflejado en aquella página, nauseas, giro de retorno y, nuevamente, estaba en la mansión de Roy.

Allí, luego de inhalar profundamente pensé: no es cuando tu quieras, Terry. Aunque mi Terry emotivo estaba muy molesto, entendí que el mensaje de aquel libro aún no había cumplido su misión. Yo tampoco podré salir de esta pesadilla, a menos que cumpla algún objetivo. Y concluí lo de siempre: Déjate llevar, déjate fluir y no pierdas tiempo en pensar.

Pero, era muy difícil y hasta imposible dejar de recordar aquella discusión entre Robert y Germán, por lo que proseguí pensando: Deberé estar alerta, evidentemente, es algo que podría meter a Roy y a la Empresa en grandes dificultades. Quizá mi misión sea alertar o prevenir eso.

Por lo visto, la noche ya se despedía y en una habitación similar a la del día anterior, pijama colocado, almohada gigantesca, luces apagadas, fragancia de roble endulzado en aroma de rosa y jazmín y Dorothy, afortunadamente ya dormida, a un lado de la cama.

La mañana siguiente o, mejor dicho, al poco rato, aún sin salir el sol, Roy ya estaba listo para salir de casa.
—¿Tampoco hoy desayunaras en casa, con nosotros?
—No Dorothy, no tengo tiempo.—Él, nunca tenía tiempo para los suyos, por lo visto.

Lo siento, Roy, pero debes aprovechar el mensaje de "Vidas geométricas."

Puerta de la habitación ya cerrada en mi espalda, pasos detenidos totalmente, mirada fija al frente, pequeña agenda color caramelo en mis manos y decidí hacerle leer aquello, pero esta vez, sintiendo profundamente su contenido. En ese momento, la sorpresa fue impresionante, porque aunque no estaba consciente cuando escribí aquello en la pequeña agenda, esperaba leer «Vidas geométricas» completo, sin embargo, lo que aparecía allí era un resumen:

_1.- La principal regla es ser feliz, aprovechando cada instante junto a quienes amas de verdad.

_2.- Identifica tus sentimientos, fingir no cambia lo que sientes.

_3.- Sueña con lo que realmente quieres, no lo que crees que debas querer.

_4.- Has lo que en verdad amas para ti y ama lo que hagas por los demás, para ayudarles a conseguir sus propios sueños.

_5.- Ser frío y calculador termina lastimándote a ti mismo.

Al leer aquello, supe que no había sido escrito por mí. Mi mente no resumía nada de esa manera, ni el lenguaje manejado era usualmente utilizado por mí.

Concluí entonces con desconcierto que no fui yo quien lo escribió. Le regresé el control y, finalmente, él había internalizado todo el contenido del resumen después de leerlo. Culminando la lectura, con gran sonrisa, sólo respiró profundamente. Parecía sentir que estaba naciendo con una vida nueva. Regresó a su habitación, buscó a Dorothy que aún estaba recostada, inhaló su fragancia de roble endulzado en aroma de rosa y jazmín, la tomó de los hombros y le dijo:

—Perdóname, Dorothy, debemos separarnos.

—¿Lo dices de verdad?

—Si, de verdad!

—¿Por qué cambiaste de opinión?

—No lo sé, pero siempre has tenido razón. Ya hemos fingido demasiado.

—¿Y qué sigue ahora?

—Reuniremos a la familia y les informaremos nuestra decisión. Nicola y Antonieta entenderán, te lo aseguro.

Podría decir que no entendía nada, sin embargo, sería mentir. Desde su mente, mientras hablaban, paseaban ante mis ojos línea a línea de aquella agenda. Las cifras asociadas a Dorothy, escritas en ella, eran muy pocas. Parecían apenas unos buenos amigos, a los que la vida había atado, por sus hijos. O quizá simplemente, una pareja planificada por sus padres, como realmente sucedió.

Eres un cobarde, Roy, ¿Por qué esperaste tanto? ¿Por qué tuviste a tus hijos si no la amabas?, pensé, incluso con un dolor inesperado. Tanto que, de repente, me sentí inmerso en un fuerte ahogo por falta de oxigeno; los ojos se me abrían y cerraban incontrolablemente. Pero, aún con mi agonía interior tan pasajera, podía percibir que a ellos, el matrimonio, no parecía importarles nada, se veían hasta felices, e incluso se despidieron sonrientes con un abrazo.

Fuimos entonces directo a la oficina.
—Wendy, por favor, ¿Puedes venir?
—Inmediatamente, señor Roy.—En alta voz, se escuchó provenir desde el teléfono.
—Wendy, por favor llámala y dile que quiero verla aquí
—¿Cuándo, señor?
—Apenas pueda.
—Disculpe, señor Roy, pero su agenda del día de hoy empieza exactamente en cinco minutos y no tiene ni un segundo libre, hasta las once de la noche.

—Ah, gracias por recordármelo, casi lo olvido; por favor cambia para mañana mis compromisos del día de hoy.
—¿Cómo dijo, señor?—Preguntó horrorizada Wendy.

Roy sentía que ella era como la mujer maravilla, sólo que muy estirada, ejecutivamente vestida y siempre impecable. Incluso parecía que pestañear era un lujo, que no debía darse. Por eso, complementaba perfectamente el día a día de Roy: siempre puntual, nunca un retardo, jamás suspender una reunión; imperdonable, reprochable, intolerable e infinidad de expresiones alusivas a la inflexibilidad son las palabras que podrían describir, mejor, la personalidad de Wendy. Sin embargo, también estaba entrenada para obedecer, sin dudar ni cuestionar al jefe. Así que después de ligeras variaciones en el rostro, descendió entonces la mirada y dijo:
—Inmediatamente, señor Roy.

Apenas salió de la oficina, le repicó el teléfono y, tomándolo al oído, Wendy decía:
—Señor, ella está en la línea y me indica que le es imposible reunirse con usted ahora.
—Por favor, dile que entonces hablaremos por teléfono en este momento.
—Inmediatamente, señor.

Comunicándose entonces con ella dijo:
—¿Hola, cómo estás? ¿Cómo te sientes?
—Sabes muy bien lo culpable que me siento, Roy.
—¡Se acabó, mi amor!
—¿Se acabó? ¿A qué te refieres?—Ella preguntó, con voz temblorosa e insegura.

—Terminamos ya, nuestra relación.

—Sabes cuanto me duele, Roy, sin embargo también sabes que ha pasado mucho tiempo, en el que aún en contra de mis sentimientos te he pedido precisamente, eso. Así que sólo puedo desearte lo mejor. En verdad te amo, y lamento que sea un imposible nuestra relación, Roy.

—¡No! No me refiero a que terminamos tu y yo; terminamos Dorothy y yo.

—¿Qué dices? ¿Y tus padres? ¿Y tus hijos? ¿Cómo pudieron?

—Ha sido fácil... sólo utilicé la regla número uno.

—¿Qué regla número uno, Roy?

—Ser feliz, aprovechando cada instante junto a quienes amas de verdad.—Y prosiguió.—Ahora es tu turno, debes hablar con él y explicárselo.

—Para ti ha sido fácil, porque Dorothy y tú han sido sólo amigos y tampoco te amaba, pero en mi caso... Aunque mi relación no funciona, yo no sé como actuar.

Presencié desde adentro aquella conversación, sin embargo, incluso hoy no podría comprender cómo un resumen tan insignificante, de algo que es obvio, pudo generar tal reacción. No obstante, la respuesta es evidente. Esa relación estaba a punto de explotar; cualquier detalle iba a producir una reacción similar. De hecho, eso era un pasado que ya estaba escrito, ya había sucedido incluso sin el resumen. Así que entonces, seguro que, de manera indirecta, el mensaje era para mí. Algo debía aprender de todo aquello.

En todo caso, la conversación continuaba. Mientras Roy aún sentía que estaba soñando, de pronto había tomado una decisión tan importante, como si se tratase de comprar un par de calcetines. Su corazón parecía saltar en pedazos, en un segundo, circulaba por sus venas toda la sangre que poseía.

Estaba emocionado, aturdido y muy feliz. Así, sintiéndose el maestro de todos, en la filosofía de la vida, leyó su agenda y respondió a su amada:
—Tú mereces ser feliz, sólo aplica la regla numero dos: «Identifica tus sentimientos, fingir no cambia lo que sientes.»

Al parecer, llorando de felicidad, bastante perturbada con la emoción que Roy le transmitía, ella respondió:
—Esta bien, tienes razón, si tú pudiste yo también puedo y debo hacerlo, porque tampoco él merece que lo engañe.

Se despidieron con ese compromiso, haciéndome sentir terriblemente mal. Dorothy no había sufrido, pero había un esposo y probablemente hijos, en el caso de la chica de cabellera negra, y seguramente ellos si sufrirían.

Allan tocó la puerta y apenas entró en la oficina de Roy, sentí cómo, con un gesto muy peculiar, aparentemente informaba a su buen amigo lo sucedido, sin hablar. Inmediatamente, preguntó:
—Esa cara... No me digas que... ¿Lo hiciste?—Con rostro inmutable dirigiéndose a Roy.

—¡Si, lo hice!—Respondió con gesto que entremezclaba alegría con susto.
—Me alegra por ti, pero no me hubiese gustado estar en tus zapatos.

Evidentemente, la relación entre ellos era también de confidentes. De manera involuntaria, al instante me descubrí pensando: «Entonces por qué Allan desconoce lo del investigador?» Además: «Debo volver a mi vida normal, cumplir la misión, objetivo, cosas pendientes, dudas o cualquier cosa por la que estoy aquí.»

Meditando en ello, decidí cerrar todos los aspectos pendientes, con la ilusión de que una vez concluido, de la misma manera que empezó, esa experiencia se terminaría.

Entonces, retomé el control de Roy y dije:
—¿Allan, podrías por favor revisar junto a mi la oferta del investigador?
—¿Ya? ¿No quieres que hablemos un poco de lo que sientes como de costumbre?—preguntó, asombrado por mi tranquilidad ante lo sucedido.
—Estoy bien, Allan, sólo ayúdame a cerrar esta etapa.—Expresándome fuera de contexto, haciéndolo sin darme cuenta, con mis intereses de Terry. Ambos de pie, con maletín abierto, carpeta, hojas, oferta de servicios del investigador y...

No lo puedo creer, pensé mientras Allan se dejó caer sentado sobre un sillón, con manos en la frente.

—¿Has pensado seriamente en esto?—Dijo Allan, Disgustado, mientras yo pensé: Ven aquí amigo Roy... ¡Defiéndete!

El Terry travieso salió a flote, nuevamente, y reía internamente por dejar a Roy con su enredo. De todas formas, tan obscura como la noche que entraba, estaba mi mente respecto a ese tema. Yo no podía tomar decisiones en su lugar. Roy mirando a Allan, respondió entonces:

—Si he pensado. Simplemente le diré al investigador que no necesitamos sus servicios. Aprendí que «ser frío y calculador termina lastimándote a ti mismo.» Esa es una de mis nuevas reglas.

El investigador presentaba la propuesta de forma tan disimulada que, en mi vida de Terry, jamás hubiese imaginado el servicio que realmente estaba vendiendo. Afortunadamente, siendo quien era en ese momento, podía entender que ofrecía el servicio de robo industrial.

Él se encargaría de investigar a la Empresa de juguetes que competía con las Industrias MERLINTOY, para averiguar cuál sería el próximo producto que lanzaría al mercado. Así, MERLINTOY lo copiaría, lo mejoraría y lo vendería antes que ellos. Utilizándolo, como era de esperarse para su campaña: «**Ayudando a ayudar**».

Se trataba entonces de un «supuesto profesional» muy inescrupuloso, al que habían contactado Robert Gunsh, vicepresidente de logística y producción, y Danna Solís, la rubia gerente de Recursos Humanos. A ambos les convenía que las ventas mejoraran, porque los resultados de la gestión de Robert dependían directamente de las ventas, mientras Danna debía contabilizar la cantidad de niños beneficiados con el 30% del descuento ofrecido. Roy, por su parte, dependía sólo del poder y de las apariencias, lo que le motivó a aceptar que le enviasen la propuesta.

Bien hecho, Terry, creo que develaste otro secreto. Cumpliste tu misión y seguramente regresarás a casa..., pensé con una inmensa fiesta interior. A la vez, música ruidosa y muy alegre, brisa acariciante y aroma de pino silvestre.

Simultáneamente, mirando a los ojos de Allan, anteojos, cristales, rostro luminoso reflejado; zumbidos, rigidez corporal, respiración forzada y, finalmente, para regresar grité muy entusiasta:
—¡Terry... allá voy!

La inocencia

En ese tercer día, temí más que nunca. Corazón con latidos ensordecedores, zumbido lejano e invariable, inmóvil, hormigueo y pulsaciones en toda la piel, iluminación incandescente en amarillo tenue; pensé morir. Al desvanecerse esas sensaciones, el tope de un escritorio empujando mi cabeza hacia delante hizo que, lentamente, recuperara mi consciencia.

Fue emocionante sentir nuevamente mi cuerpo, mientras mantenía los ojos fuertemente cerrados, por miedo a regresar otra vez a la vida de Roy. Tampoco fue tan malo, a pesar de todo, me fue útil para saber que no me gustaría ser rico, pensé y en instantes me descubrí sentado, con las piernas cruzadas sobre el suelo.

Allí descubrí que sólo me acompañaban el escritorio, paredes hasta el techo, vidrios, procesadores de escritura de otra época y el horror de saberme nuevamente en esa detestable etapa de mi vida.

—Dios qué pesadilla! Dije entre dientes, aprovechando la movilidad de mi boca, mientras podía sentir como mi cuerpo se iba desentumeciendo.

¿Terry, qué comiste anoche? Debe ser una indigestión. ¡Quiero despertar... Quiero despertar...! Pero, por Dios... ¿Quién eres... Quién eres, Terry? Resignado, después de pensar en esa secuencia, me levanté del suelo, mirando a todos lados. Y, nuevamente, estaba con aquella terrible depresión invadiendo mis emociones, de manera incontrolable.

Como una luz de alerta intermitente, mi mente parecía pasear archivo por archivo, mis recuerdos. Sin embargo, la luz seguía su ritmo; la búsqueda aunque incansable, no era fructífera. No lograba recordar la causa de mi lamento, angustia, ansiedad, estrés y absoluta depresión.

A pesar de estar tan distraído e inmerso en mis pensamientos, reaccioné al ver sobre aquel escritorio; allí estaba mi libro, coqueteándome y abierto. Estaba precisamente frente a mí, invitándome a leerle.

Terry el travieso salió a flote como ya era costumbre, hacía chistes pesados e ironizaba con las cosas que me angustiaban o que simplemente no entendía:
—Bien... al menos en todo esto tú me acompañas...
—Besando y abrazando frenéticamente aquel libro, dije riendo y brincando, cual nativo bailando sobre brasas ardientes.—En verdad, me gustaría saber quién eres.—Dije también sonriendo (bajo el control del travieso), al mirarle como si se tratase de otro ser humano.

¿Serás una hermosa chica con muy sensuales curvas y matices?, pensaba, semisentado en el tope de aquel escritorio, piernas estiradas, pies entrelazados contra el suelo y libro en manos.

Mi cerebro estaba construido como un rasca cielos. Tenía muchos niveles de pensamientos, según lo experimentaba. Podía pensar, al mismo tiempo, cosas diferentes, de forma involuntaria e imperceptible. A esa conclusión llegué, gracias a las apariciones repentinas e inesperadas de mi parte inquieta, juguetona y traviesa cual adolescente. Pensaba, decía, actuaba y sentía en un nivel, mientras me juzgaba, asombraba, horrorizaba y me desconocía en otro. Así que yo, Terry, me había convertido en una caja de sorpresas para mi mismo.

Al nacer venimos al mundo con la obligación de preservar la especie. Una especie que debemos convertir en inmortal, construyéndola sólo con los más fuertes. Por ello, en medio de mi reflexión recordaba a alguien que dijo: «Si a un recién nacido le diéramos la fuerza de un hombre, destruiría todo a su paso.» Concluyendo eso que, por instinto, sólo debemos sobrevivir a todo y a todos. Sobrevivir incluye las facetas de nacer, crecer y reproducirse.

Sin embargo, a través de los años, la familia y nuestro entorno nos van moldeando, al mostrarnos con su ejemplo lo que debemos o no hacer. Así que al parecer, mis instintos naturales habían sido distorsionados e inhibidos al menos en algunas facetas de mi vida y, en esa extraña experiencia, el Terry que salía a flote, inesperadamente, debía ser entonces el verdadero Terry. No el que yo creía ser, sino el que en realidad yo quería ser.

Demasiado profundas mis reflexiones, pensé y dije en voz alta:

—Seré el Terry que quiero ser... Pero el Terry que creo ser... no soporta más esto.—Eso lo dije muy en serio, porque ya estaba perturbado por mis actuaciones impulsivas, inmaduras e incontrolables.

En este momento supe que debería perdonarme por no haber disfrutado los momentos tan refrescantes y el humor tan creativo que me ofrecía mi otro Terry, en sus breves intervenciones. Pues, siempre que lograba aparecer, mis emociones ya eran presa de circunstancias desconocidas y ajenas a mi voluntad.

Así que si me tocara vivirlo nuevamente, al menos reiría a carcajadas ante sus pensamientos, quiero decir, ante «mis» pensamientos respecto al libro, particularmente este:
¿Serás una hermosa chica con muy sensuales curvas y matices? Sin embargo, aunque hubiese reído, seguramente no habría dejado de preguntarme:¿Por qué nuevamente aquel libro? Y esa fue la misma pregunta que hice y que me impulsó a recapacitar: ¡no pensar es lo mejor, dejarme llevar es lo que puedo hacer y eso haré nuevamente!

Esa vez, el título resaltado en la página abierta de aquel libro, sí había cambiado.
—¡Evidente! Cumplí la misión anterior. Y... ¿Ahora qué seguirá?—Murmuraba en voz alta.

Con todo el cuerpo relajado: sonido de llovizna y de hojas rozándose con brisa, olores de azahares y de tierra mojada, sensación de caminar sobre aguas muy tranquilas y tenue claridad color melocotón, comencé a leerlo todo, desde su título: «El verdadero amor de Lisa» Y el texto:

«Hermoso bosque al que decían jardines, por costumbre de siglos, los vecinos de casa. Jardín tan grande y tan fastuoso que, por sus dimensiones, aparecía en el mapa.

Rodeado de inmensos pinos, extendidos a lo largo en aquella explanada, y de grandes caminarías, que de un verde exquisito servían de guía a viajeros que le usaban para alcanzar la entrada, como única manera de evitar extraviarse y llegar a la casa.

Los pinos en su entorno despejaban la vista, para mirar tan lejos como ésta les llegara. Mirando plantas de todas las especies que, con flores hermosas, siempre derrochando colores al paso, le adornaban.

Eran muchas visitas de cercanos amigos que, llegando felices, siempre de cuando en cuando, venían a visitarles. Pero era tan solo una, la hermosa joven Lisa, la sobrina del amo, que de visita en visita, en todos los veranos, cabalgaba al galope, horas y horas continuas, sin parecer notarlo.

Entre caminarías del inmenso jardín, solían verla detener su caballo y abrazando sus brazos, soltaba allí las riendas, al detener el paso. Pues por escalofríos bajaba la mirada y sólo transmitía tener sobre si misma, un control muy escaso. Lo que Lisa sentía era una brisa helada. Eso escuchó un empleado, que oculto en un arbusto asomó su mirada para saber por qué, al detener el paso, abrazada a si misma sonreía saludando, aunque allí no había nada. Comentarios surgieron porque, nadie entendía. Convirtiéndose en hábito el vigilar a Lisa, pues todos los veranos igual era la historia, que siempre repetía. Y "espeluznante" llamaron, al descubrir que al moverse solamente una rama, Lisa algo respondía.

Así, ante la caída de una hoja directo hasta su mano, como hablando con alguien, con inmensa dulzura, otra cosa decía. O con un único árbol de aquel inmenso bosque, al que una brisa intrusa, tan solo a él le movía, o pequeñas lloviznas, que mojaban directo a un solo punto, sin saber de dónde provenían. O con intensos rayos de sol, directamente sobre Lisa, cuando éste se había ocultado, tras el ocaso, en aquel momento de ese día.

Y así, también parecían ser instrumentos para comunicarse, los pájaros trinando canciones que, por ser tan antiguas, ya no se conocían. No se sabe, cuántos otros medios usaba Lisa, porque además del miedo de quienes escondidos vigilaban sus pasos, algo extraño impidió averiguar más de Lisa, durante aquellos días.

Hoy, cuando ya han pasado muchos años, sólo queda el recuerdo del fin de aquel verano, cuando Lisa se iría. Y después de su partida, recordamos, también, la carta de su hermano, avisando que Lisa por un grave accidente quizá, se moriría.

Por lo que al día siguiente, al escuchar todos la gran algarabía que se formó en el bosque, entre dos de los árboles que Lisa prefería, con lloviznas, brisas inmensas y soles al haber pasado el día, con el trinar de aves, entonando hasta en coro algunas melodías, supimos que ya Lisa estaba entre nosotros, regresando al encuentro de aquel amor eterno, que conoció en silencio, y entendimos que ahora, nunca más partiría.»

Después de suspirar profundamente, quedando impactado por la simpleza y hermosura con la que se describía algo tan inolvidable, me dije a mi mismo:
—¿Qué historia? De los cuentos románticos y de fantasmas, sin duda alguna, debe ser la más triste.

Al tiempo, discurriendo   lágrimas desde mis ojos, pensé: debo sobreponerme ante mi propio llanto, después de todo, ni conozco el motivo de mi tristeza.

«El verdadero amor de Lisa» representaría para mi, un nuevo aprendizaje. Conclusión que, por supuesto, tenía sus bases en mis experiencias recién vividas.

No obstante mi actitud analítica y reflexiva, prevaleció mi parte irónica y juguetona, diciendo:
—Vaya! Creo que el mensaje de «El verdadero amor de Lisa» es que, tendré que «morir» para reencontrarme con mi vida real.

Entonces... debo escribir un libro titulado: «Mil formas diferentes para suicidarse, si quiere vivir», pensé e, incontrolablemente, me carcajeaba en voz muy alta. Pero, la risa fue disminuyendo, a medida que percibía el sonido que caracterizaba normalmente a mi oficina.

Afortunadamente, en este tercer encuentro con mi libro, ya había aprendido que en mi cerebro quedaba grabada una fotografía de la lectura, cuyo contenido de forma involuntaria afloraba en mi mente en el momento oportuno. Es decir, estaba consciente de que, quisiera o no, aprovecharía el aprendizaje correspondiente.

Eso disminuía mis niveles de ansiedad y de estrés; mientras podía formar parte de la nueva realidad que me envolvía, de manera natural.

Lo que percibía en aquel ambiente indicaba que era hora de regresar a casa, todos salían de la oficina e iban despidiéndose entre ellos. Yair pasó a mi oficina y dijo:

—¿Terry puedo irme en tu vehículo?

—Claro!—Respondí, pensando muchas cosas a la vez.

Tantas que, incluso, me pareció tener una nueva oportunidad para vivir. Era volver a ser joven. Significaba que, con suerte, y logrando extraer de mi cerebro las experiencias anteriores, definitivamente podría ser mucho más exitoso y feliz de lo que seguramente había sido.

Nada opacaba aquel entusiasmo; la posibilidad de cambiar mi futuro era genial. Sin embargo, hoy entiendo que de haberlo logrado, hubiese construido una vida ajena. Y digo «de haberlo logrado», porque mi ilusión se vio interrumpida por Yair, quien empezó a gritar:

—Terry... Terry... ¿Dónde estás?

Mientras me paraba frente a él y abanicaba con mis manos, a cinco centímetros de distancia de su cara, diciendo:

—Aquí, Yair...—Él no me escuchaba, ni me veía. Pero ya nada me extrañaba.

Ahí... Vamos de nuevo, pensé y dije en voz alta:

—Vamos a ver... ¿Quién eres?

Al tiempo que trataba de ver mi rostro reflejado en cualquier parte, pensando: imposible saber quién soy, lo único que podría asumir es que, estando en mi oficina de hace veinte años, al menos debo tener alguna relación con el Terry de esa época. ¡Que bueno que jamás tuve una mascota! No me gustaría haber sido su perrito y ver mi peludo hocico, en el espejo.

Sonriendo, reclinado hacia atrás sobre el sillón, mirando mi reflejo en el reloj, respiré muy relajado y hoy diría que hasta resignado. Sin duda, aunque agotado, era Terry, el joven Terry.

Me refiero a m resignación porque prefería una vez más no pensar. No obstante, por lo visto, Terry el travieso, desconocía el significado de dejar la mente en blanco. Actuó de tal forma que, aún hoy, me causa gracia recordarlo.

Sentado en el sillón, estiró las piernas y los brazos abiertos y extendidos y dijo, o mejor dicho, dije:
—Ahora, como no me ven, soy parte del sillón. Así que esperaré hasta que una hermosa y protuberante chica se siente a descansar en mí.

Aunque simplemente el escucharlo no causé tanta gracia, su risa a carcajadas, lágrimas incontrolables, tos de tanto reír, estrepitosa caída del sillón hasta quedar con la mejilla contra el suelo y abdomen adolorido por compresión. ¡Eso si causa gracia!

Paradójicamente, un momento de erotismo involuntario lo inició todo, haciéndolo más chistoso e inolvidable para mí. En verdad sentía que me reía de mi risa. Eso si es indescriptible. Yo el depresivo de la época, el que no quería ni recordar esa etapa de mi vida, moría de tanto reírme de mi mismo. Al menos, de mi otro yo.

Súbitamente: ligero mareo, sensación de levitar y mucho escalofrío que se apoderaban de mi cuerpo, mientras mi mente me trasladaba desde el sillón de mi oficina hasta mi hogar. Aunque parecía un simple recuerdo, éste era tan nítido que me hacía revivir cada momento.

Acababa de llegar a casa y Susan atendía a nuestros niños, mientras preparaba la cena para todos. Freddy y Sophia, de cinco y dos años respectivamente, reñían por quitarme un nuevo diseño que había llevado a casa dentro de una caja. Se trataba de un juguete prototipo, diseñado por uno de mis compañeros; básicamente, como siempre yo le apoyaría evaluando el nivel de aceptación de los clientes potenciales, la funcionalidad y, podría decirse que principalmente, su durabilidad.

Una vez suspendida la riña de los niños por el juguete, yo debía colocar rápidamente dentro de la lavadora toda la ropa sucia, incluyendo la que había usado durante ese día. En casa, esa era la actividad que me correspondía realizar en ese horario según nuestro cronograma. Luego, justo antes de dormir, compartiríamos en familia; descansaríamos, pero, no sin antes cumplir las tareas asignadas para cada quien.

Era una de las semanas a las que Freddy y yo habíamos bautizado como «celestiales.» Las cenas le correspondían a Susan y solíamos decir secreteando entre él y yo que en lugar de usar recetas de cocina, usaba varitas mágicas. Cocinaba exquisiteces y adornaba la mesa como para un banquete con invitados especiales. Manteles bordados a mano, candelabros, bajilla completa, cubertería de lujo; todo lo que nos regalaron el día de nuestra boda. Lo que evidenciaba que «Susan era la experta ama de casa.»

—Somos los invitados más especiales del mundo Terry.—Respondía siempre cuando yo hacía mi pregunta habitual.
—Susan, los niños rompen todo sin querer, ¿Por qué no usamos una bajilla plástica y guardamos la lujosa para ocasiones especiales, mi amor?

Claro que era una pregunta que realizaba sólo en el momento justo en el que Susan tenía el cuchillo en manos. Así que, frecuentemente, de forma juguetona y con gestos intimidatorios me respondía aquello, simulando que me asesinaría. Y reíamos...

Por supuesto, siempre mirábamos sigilosamente hacia los lados, ya que si uno de los niños aparecía, cambiábamos inmediatamente de actitud.

Aunque no pude recordar con precisión aquel momento en particular, uno de los chicos debió estar al alcance de nuestra vista, pues Susan respondió de manera seria y hasta solemne a nuestro juego.

Ese mismo día, ya sentado con los niños en la mesa para empezar el banquete, Freddy y yo mirábamos a Susan, con picaresco asombro. Nunca supimos si era un talento que poseían todas las damas o sólo ella. Sin embargo, al menos yo sabía que nunca lograría imitarla, ya que, al mismo tiempo, hacía cosas diferentes, con cada parte de su cuerpo, para terminar más rápido. Es decir, hacía en cinco minutos lo que normalmente me tomaría a mí hasta una hora para hacerlo.

Con la mano derecha, sacaba el vaso de la licuadora e iba sirviendo copa a copa; mientras, con la mano izquierda estaba lavando alguna olla, para dejarla limpia antes de la comida. A la vez usando una rodilla, cerraba la puerta desde donde había sacado el detergente de lavaplatos y, con uno de los codos, trancaba la puerta de la nevera.

En verdad era increíble, además usaba el hombro, la barbilla, los pies y hasta las caderas. Yo le decía a Freddy: ¡Claro, ella es mi esposa...! Y él me respondía riendo: ¡Es mi mamá, papá,... es mi mamá...!

Finalmente se sentaba frente a mi, en la cabecera de aquella mesa que aunque rectangular, sólo tenía cuatros puestos.

Como era costumbre, tomados de las manos, yo debía agradecer a Dios, en voz alta, por el alimento de ese día y todos responderíamos: «amén.»

No obstante, por primera vez, ella se adelantó a mi rezo y dijo:
—Te agradecemos señor, por estos y todos los alimentos que nos has permitido compartir, dentro de esta hermosa familia y muy especialmente por la salud...

Y aunque parecía que Susan continuaría aquel rezo con algo más, su nariz enrojecida, ojos muy apretados, labios duramente entre mordidos, ambas manos temblorosas apretando muy fuerte a las manos de los niños y, lo que percibí inconscientemente como un tenue olor a formol, fueron los que me impulsaron, sin tiempo a meditar, a responder simplemente: «Amén.»

Los niños respondieron lo mismo. Pero Sophia soltó nuestras manos de manera molesta y con una de ellas, se dio masaje en la otra.
—Mami, mala, me duele. Dijo con el lenguaje propio de su edad, mirándose la pequeña mano, que correspondía al lado de su madre.

Realmente ese fue un recuerdo aislado, al que no le di mayor importancia. Eran horas, días, semanas, meses y, podría decirse, que hasta años, abarrotados de muchos sucesos y actividades programadas. Si no estábamos trabajando en la oficina, lo estábamos haciendo en casa.

En aquella época, llegué a pensar que, quizá, Susan estaba saturada; a pesar de ello, no me preocupó, ya que teníamos muy presente la importancia de compartir y comunicarnos, para lograr nuestros objetivos familiares y ser felices.

Sin lugar a dudas, yo era un hombre inteligente, intuitivo y, sobre todo, muy modesto. Una noche, sabiendo que Susan había rebajado tres tallas de su ropa, en apenas los dos últimos meses, y que en la cena nuevamente no había comido casi nada, era obvio que debía reemplazarla limpiando todos los utensilios de la cocina, dejándolo todo impecable para el día siguiente. Sabía que eso relajaría y reanimaría a mí esposa.

Mi esposa, mi amor, mi rubia, mi compañera, mi amiga, mi tesoro y mi flaca bella también hace actividades por mi cuando me debilito, pensé sonriendo mientras me ocupaba de la cocina.

Ese fue uno de los pocos días en los que creí que era del sexo fuerte. Sin embargo duró apenas una hora esa afirmación ya que, como era costumbre, Susan tuvo que ayudarme para terminar antes del amanecer, según sus palabras.

Media hora más y ya disfrutábamos del salón sentados en nuestros cómodos muebles, con los niños recostados sobre la alfombra. Ellos estaban cumpliendo su rol. Estaban evaluando el juguete que había llevado a casa.

Sin embargo, Freddy dijo:
—Papá, mira... si halo la nariz, el muñeco se sienta.
—Si, hijo.
—Es genial, papá.
—¿Por qué?
—Por que cuando pinocho miente, la nariz le crece.
—¿Y eso que significa, Freddy?
—Que la mamá de este muñeco es como mi mamá, porque cuando el niño le miente, lo castiga sentándolo.

Mientras yo era un padre privilegiado, siempre estaba orgulloso de la inteligencia de nuestros hijos.

Momentos después de la afirmación de Freddy, Sophia, quien previamente había salido del salón sin que lo notáramos, atravesaba la puerta con algo peludo entre sus dientes. Gruñía como un cachorrito, mientras gateaba con sus rodillas y sus manos.

Susan corrió a quitarle de la boca aquel peluche negro. Yo no reconocía aquel peluche, desde donde estaba sentado. No recordaba cuándo lo compramos.

—¿De dónde sacaste ese peluche: Sophia?
—No lo sé.—Respondió inmediatamente Susan y continuó diciendo.—Dámelo nena.—Mientras, la niña hacía que Freddy y yo riéramos a carcajadas.

Aunque era imposible dejar de reír, en un minuto, Freddy mostró el mismo rostro tierno y comprensivo que siempre brindaba a cualquier animal. Sophia parecía estar participando en una carrera de caninos bien adiestrados: el peluche negro, los dientes de Sophia sobresaliendo, carrera en cuatro patitas y Susan corriendo inclinada detrás de la niña.

Llegó la nena, manos sobre mis rodillas, sentada desde el suelo como un cachorro, ojos mirando a los míos, aliento a leche y caramelo, respiración acelerada, dientes aflorando una hermosa sonrisa y peluche en mi entrepiernas desde su boca.

—Susan, ¡mira! No es un peluche...—Dije, mientras lo tomé en mis manos, desconociendo aún de qué se trataba.

—Es una peluca.—Dijo ella.

—¿Una peluca, dices? ¿Y para qué?

—Es de Danna, Terry. Debe haberla olvidado entre mis cosas.—Dijo, mientras la niña volvía a soltarse bruscamente de las manos de su madre, para sentarse en el piso.

Hasta ese día, ni imaginaba cómo era una peluca o, al menos ese tipo de pelucas. Sophia eligió un mínimo mechón, lo haló desde su base y parecía sacarlo, mientras miraba fijamente como otro mechón a un lado se encogía. Un mechón se encogía y el que ella halaba se alargaba. Sonrió, primero abiertamente, rió, tomó la peluca por un mechón, colocó la otra mano en su cintura y dijo:

—Papá, nariz... muñeco...—mientras puso la peluca sobre mi pierna y halaba la nariz del muñeco. Aquella pequeñita, definitivamente, estaba comparando el mecanismo de funcionamiento del muñeco, con el movimiento de los mechones de la peluca. Eso si que, era increíble.

Qué orgullo nuestros hijos, realmente son geniales, pensé. En segundo plano, reflexionaba: quizá sólo se trate de una nueva generación, con pensamiento mucho más veloz. Algo así como que vinieron con nuevos procesadores mentales. Una versión humana más avanzada que la nuestra.» Y proseguí con mi reflexión: claro, la otra opción para explicar la diferencia entre el comportamiento nuestro, cuando éramos pequeños, y el de nuestros niños no está sujeta a consideración. Sólo sonreí hasta notar que los niños ya tenían el juguete prototipo en sus manos.

Cuando digo en sus manos, me refiero a que ya había un pedazo de juguete, en cada una de las cuatro manitos. Así es, mis secretas herramientas evaluadoras de diseños estaban trabajando. Aquel prototipo no había pasado la prueba de durabilidad. Ya podía recoger las partes del juguete y llevarlas a la oficina. La conclusión era obvia, los clientes potenciales lo aceptarían y lo disfrutarían si mis herramientas de evaluación, Sophia y Freddy, también lo hacían. Los juguetes se venderían a niños como ellos, por eso para mí era muy fácil saber la respuesta de los clientes, si lo sometía previamente al proceso de evaluación de mis hijos.

Para ese juguete, entonces, lo elemental del mecanismo de funcionalidad era óptimo, porque contribuiría a desarrollar la imaginación de los niños; un simple cordel deslizante, un poco trabado en dos puntos y listo.

Sin embargo, la corta durabilidad, debía ser evaluada por Germán y, finalmente, sentenciado por Robert, quien siempre comentaba:
—Mientras menos les dure el juguete, más deberán comprarnos.
—El valor de la marca en el mercado tiene un precio, mientras más dura, más mantendremos nuestra imagen de buena calidad.—Replicaba siempre Germán, ante Robert.

Entonces, la evaluación de la durabilidad tendría que pasar otra serie de filtros, para los cuales, las opiniones del equipo de diseñadores no significaba mucho.

Definitivamente, sin darme cuenta me llevaba el trabajo también a casa. Aunque mi cuerpo estaba en casa, mi mente permanecía en la oficina. Por si fuese poco, usaba a mis hijos como instrumentos de trabajo. Eso pude notarlo aunque no textualmente, cuando miré el rostro de mi esposa; ella se veía realmente extenuada: ojeras, palidez, más delgada que cuando fuimos novios, triste y silenciosa.

—Terry debemos hablar
—Dime, ¡amada mía!...—Le respondí, poniéndome de rodillas en forma juguetona, al sostener su mano derecha con la mía.
—Hay algo muy importante que debes saber, Terry.
—A veces... en la vida mentimos Terry. Y lo hacemos para dar alegrías o evitar el sufrimiento de quienes amamos.—Dijo mirándome a la cara, casi llorando, mientras iba metiendo cada pedazo del juguete dentro de la caja, nerviosamente.
—¿A qué te refieres, amor?—Pregunté empezando a preocuparme por su actitud.

Ella aún con la peluca en manos, dijo:
—Algunas veces la vida nos cambia un amor por otro. Debemos entenderlo. Nadie tiene la culpa
—¿La culpa de qué? Susan, ¿qué pasa?

—La culpa de mentir, Terry.—Parecía llorar cuando lo dijo, colocando la peluca junto a la caja, dejándolo todo sobre el sofá.

Al principio de nuestro matrimonio podía engañarme, pero ahora no. Ya conocía sus trucos. Siempre hablaba en doble sentido, para jugar y burlarse de mí, porque yo siempre entendía una cosa por otra. Y siempre se refería a lo más elemental.

¿Qué será?, ¿a qué te refieres?, ¿mentimos para dar alegrías?, ¿cambiar un amor por otro?, ¿mentir?, pensé y concluí que necesariamente se trataba del juguete.

—¡Te atrapé, Susan!... te refieres a que mentimos a los niños y los hacemos amar más a los juguetes que a sus padres...—Yo reía y reía.
—¡Esta vez no pudiste engañarme!—La abracé riendo, mientras decía eso y continué—Susan, no engañamos a los niños... sólo los hacemos felices tanto como a sus padres. Los padres descansan cuando sus hijos están entretenidos con uno de nuestros juguetes.

Ella era dura de rendirse y siempre trataba de confundirme, y esa vez no fue la excepción.

—Terry, por favor entiéndeme, debemos hablar. Es muy serio.—Dijo aparentando estar muy seria, cuando entró Sophia cabalgando sobre Freddy, quien tenía la peluca colocada en su cabeza.

Obviamente, ese fue el fin de aquella conversación. Cuando volví a ver a mi esposa aquella noche, ya estaba agotada y muy dormida en nuestra cama. Entonces, a mí me correspondió ese día acompañarlos a hacer sus tareas rutinarias, antes de dormir.

Aún puedo percibir que fue un recuerdo muy largo, incluso, continuó hasta el día siguiente, cuando le correspondió a Susan llevar a los niños a su escuela; yo debía ir directo a la oficina, después de terminar mis labores matutinas y domésticas.

En la empresa, ya dentro de las Industrias MERLINTOY, al tomar el ascensor en planta baja, también entró Danna Solís, la rubia gerente de Recursos Humanos. Ella era prima de Carlos, un exnovio de mi esposa, por lo que se conocían desde hacía años.

—¡Hola, Terry!
—¿Hola, Danna, cómo has estado?—Respondí mientras toda la gente iba bajando piso a piso.
—¡Muy bien, Terry! Cuéntame de tus niños
—Están estupendamente bien, Danna, por cierto, ni imaginas anoche todo lo que jugaron con tu peluca negra.—Pude decir eso porque ya el ascensor estaba vacío.
—¿Con mi peluca negra, dices?—Preguntó Danna, con cara de tal asombro que hasta me asustó.

Evidentemente aquella peluca, debía tener un valor incalculable para ella. Así que la tranquilicé diciéndole:

—Tranquila Danna, ellos sólo jugaron dibujando en una hoja tu peluca, porque Susan no les permitió que la tocaran.

—Tranquilo tú, Terry, que yo nunca tendría una peluca negra. Imagínate que mi cabello natural es negro y siempre me lo he teñido de rubio. En verdad detesto el cabello negro. Sonrió y sin poder continuar la conversación, se despidió al abrir la puerta del ascensor, en el piso donde trabajaba.

—Nos vemos, Terry, cariños a los niños.

—Nos vemos, Danna.

¿Si la peluca no es de Danna, de quién es?, fue el único pensamiento que cruzó por mi mente en ese segundo. La conclusión era simple, mejor era preguntarle a Susan. Por lo que, apenas arrancó mi día de trabajo, llamé a su extensión y después de caer la grabadora varias veces, me atendió Lucy, una de sus compañeras de trabajo.

—Hola, buenos días, quería hablar con Susan, por favor...

—Ella no está, Terry, no ha llegado.—Lucy me respondió de esa forma pues, reconoció inmediatamente mi voz.

—Pero...

—Sé lo que vas a decir, Terry, que ella es muy puntual. Sabes que últimamente pareciera que ha tenido problemas con el vehículo en las mañanas, después de algunas citas con su médico.

—Ah... si... si... claro. La llamaré al teléfono móvil, para ver si necesita algo, Lucy. Gracias.

Inmediatamente, se detonaron miles de pensamientos simultáneos en mi mente. Yo no estaba enterado de que el auto estuviese dándole problemas, menos aún, de que estuviese atendiéndose con algún médico. Muy angustiado, pensé, pensé y me pregunté: ¿Susan está enferma? ¿Por eso está tan delgada y agotada?¿Mentir para que no sufra... significará que no me lo ha dicho y que va a morir? ¿Será cáncer y por eso necesita la peluca?

Aún hoy me pregunto: ¿Cómo no me dí cuenta de lo que estaba pasando?, ¿por qué en lugar de llevar a casa mi trabajo, no me ocupaba de mi familia? La iba a perder y tendría que seguir mi vida sin ella. Sin ella no podría vivir. Me preocupaba especialmente que, ella llevaba a los niños a la escuela, y si estaba enferma existía mayor probabilidad de accidentarse junto ellos. Me sentía culpable de todo. Era evidente que, ya Susan no tenía fuerzas para hacer nada y yo le dejaba encargarse de muchas actividades.

Sin embargo, recordaba sus frases: «Nadie tiene la culpa». Al recordar esa frase, también recordaba su mirada; en cierta forma, aunque no sabía ni cómo ni por qué, me tranquilizaba.

Finalmente, en medio de tantas reflexiones, pude comunicarme con ella al teléfono móvil:
—Susan, qué bueno que me atiendes. ¿Dónde estás, mi amor?
—Aún en el estacionamiento, Terry.
—¿Qué haces allí? ¿Te sientes mal?

—Si, Terry, me siento en verdad muy mal y, además, el neumático perdió todo el aire.

—¿El neumático?

—Si, Terry, el neumático está pinchado.

—Pero, mi amor, si esos neumáticos tienen apenas un mes de uso, porque los anteriores estaban gastados y perdían el aire siempre.

—Está sin aire, te dije...—Gritó, como nunca antes lo había hecho.

—Te entiendo, Susan, tranquilízate. Ya bajo a cambiar el neumático y así subes a tu oficina y te relajas.

Pasé por la oficina de Germán y le dije:

—Debo bajar sólo unos minutos, ya vuelvo Germán.

En ocasiones normales no era preciso notificar a Germán y, menos aún, pedir autorización para ausentarse de la oficina, ya que para él lo único que importaba era que cumpliéramos nuestros objetivos. Sin embargo, en ese momento estaba pautada una reunión, para compartir los resultados de la evaluación del diseño que me habían entregado el día anterior.

Al bajar encontré a Susan con el baúl del vehículo abierto, lloraba sentada frente al volante.

Reclinándome sobre ella, sólo la abracé y le dije:

—Tranquila, ya estoy aquí y busqué inmediatamente, en la parte de atrás, el neumático de repuesto. Lo primero que vi fue la peluca negra sobre la alfombra.

—La traje para entregarla a Danna, Terry.—Dijo habiéndose bajado rápidamente, para quitarla de allí y guardarla en su cartera.

Sólo Dios sabe cuánto dolor sentía por su mentira. Pero, el dolor era mucho mayor por no haber notado que su rostro estaba cada día más demacrado. Estaba de pié, con el cuerpo erguido, lágrimas, brazos cruzados, cabello húmedo, maquillaje corrido, tacones juntos, cartera agarrada con tanta fuerza como para aferrarse a la vida misma. En cambio, yo, muriéndome con un gigantesco sentimiento de culpa, como nunca.

En ese estado, decidió ir a la empresa. Camino a la entrada de las Industrias MERLINTOY, de repente frenó, parecía pelear contra ella misma; volteó con un manantial de lágrimas que bañaban todo su rostro, inhaló fuertemente, en medio de una brisa que le movía la falda y con voz interrumpida me habló:
—Terry, esta noche al llegar a casa, debemos hablar muy seriamente.
—Así será, mi amor. Lo prometo. ¡Tranquilízate!—Dije aquello, como teniendo piloto automático para responder, porque el tono de voz que ella utilizó me transmitió un mensaje de desconsuelo muy penetrante.

Así que mi mente voló demasiado lejos. Recuerdo que, entonces, con un gran nudo en mi garganta me pregunté, muy horrorizado: ¿Y si Susan me estuviese traicionando?

Terminé de cambiar el neumático y... allí estaba otra vez... comenzando a vivir el día más largo de mi vida. Sentado aún en aquel sillón, con frío, rigidez pulmonar, tristeza, dolor, angustia, olor muy penetrante de algún medicamento, tic-tac tipo metálico, zumbido de fondo, voces muy lejanas y luz gris pálida brillante. Es lo único que puedo describir de aquella transición.

Al menos ya no entraba en ataques de pánico, ni al vivir los procesos de ir y venir, ni entre mutaciones y recuerdos. Empezaba a entender de qué se trataba todo. Concluí que, aunque no estaba completamente desquiciado, quizá la muerte de mi Susan me habría obligado a asistir a terapias de hipnosis o algo parecido. Entonces, debía repetir la experiencia para superarlo todo y volviendo a aquella época lograría sanar emocionalmente. No obstante, eran sólo suposiciones. Tal vez nunca pasaría de simplemente suponer y suponer.

—Si pagaran por suponer serías multimillonario, amigo Terry.—Dije en voz alta riendo a carcajadas de mi mismo, con el típico sarcasmo e ironía de Terry el inmaduro; mientras, lentamente, sentía cada parte de mi cuerpo, en medio de un leve mareo, que se alejaba.

Al retornar mí consciencia, sin lugar a dudas, estaba visiblemente afectado, a tal grado que carcajeaba y golpeaba mi propio cuerpo con mis manos. Pues, aún contra mi voluntad, estaba tocando o, al menos, intentando tocar tambores o baterías, con el ritmo de rock sobre mi cuerpo.

Aunque esta vez estaba tan deprimido como las anteriores, al menos creía entender la causa de mi depresión. Lo que le eliminaba un considerable nivel de incertidumbre a mi experiencia.

Tal vez el llegar a ese punto permitió que, por primera vez, controlara mi consciencia e identificara sensaciones que antes no percibía en mi cuerpo. Sentía ardor y hormigueo en las muñecas, las manos, el cuello, el pliegue del codo y las piernas, causados de tanto tocar rock sobre mi cuerpo. Así que cerré ligeramente los ojos, concentrándome para alejar de mí al Terry inmaduro. En pocas palabras, decidí suspender el concierto de rock corporal.

Después de abrir mis ojos, encontré la misma oficina, sillón, escritorio, libro y el título de: «El verdadero amor de Lisa». Extrañamente sentí vergüenza por no haber cumplido ninguna misión en esa visita a mi pasado. Ni una mínima frase de «El verdadero amor de Lisa» había aflorado a mi consciente, en consecuencia, el aprendizaje había sido nulo.

Como de costumbre, lo que realmente me molestaba era que mientras más tiempo me tomara el cumplir la extraña misión, más tiempo me mantendría alejado de mi realidad y viviendo en esa imitación de pesadilla.

Espera un momento, ¡Lo recuerdo todo!, pensé y, a pesar de mi disgusto, con mi usual estado depresivo, me llené de alegría al descubrir que tenía acceso a mis archivos de memoria respecto a lo recordado. Sabía todo lo recién revivido. Lo que significaba que, por una parte, al parecer, nunca tendría la posibilidad de intervenir y cambiar nada de mi pasado y, por otra, que, la misión aún podría ser cumplida, si consistía en aprender de los errores para no volver a cometerlos.

De ser así, podría aplicar el mensaje que me brindaba la lectura, analizando las circunstancias vividas y sus posibles causas y consecuencias. Partiendo de esa convicción, creí estar seguro de que ese libro formaba parte de las herramientas de autoaprendizaje que yo debía usar, seguramente de acuerdo con las instrucciones de mi psiquiatra. Eso encajaba perfectamente con mi nueva teoría. Era mi herramienta de autoaprendizaje y, además, el favorito de mis libros, durante muchos años. Aquella coincidencia, en lugar de hacerme vacilar, fue una razón adicional para leerlo y confiar ciegamente en él.

Permaneciendo aún en mi oficina, me concentré en leer con gran detenimiento el contenido de «El verdadero amor de Lisa», para condensarlo en recomendaciones. La metodología del resumen me había funcionado muy bien, tanto en el caso de «El arco iris negro», cuyas recomendaciones escribí en la primera de las cuatro únicas páginas vacías de aquel libro, como en el de «Vidas geométricas», las cuales escribí en la pequeña agenda de Roy. De tal suerte que, aprovechando el vacío de la antepenúltima página de aquel libro, registré en ella mi resumen de «El verdadero amor de Lisa».

1.-Asume como guías las casualidades recurrentes y/o manifestaciones inusuales, que puedan obedecer a una causa común.

2.-Intercambia tu posición con el otro, siente por él y hazle sentir por ti.

3.-No desperdicies ningún medio disponible para comunicarte.

4.-Sólo grandes amores sacrifican hasta la vida por hacer feliz al ser amado.

5-Ser feliz, no es dejar de vivir, por temer a sufrir.

Muy reclinado mi cuerpo en aquel sillón, con las manos unidas sobre el pecho, el libro bajo las manos y el pecho hundido; deprimido, con exhalación profunda, libro abierto en su antepenúltima página, ojos fijos y la agudeza al concentrarme en la recomendación número «uno» de mi resumen, marcaron el inicio del proceso de identificación de: casualidades recurrentes, manifestaciones inusuales y fines comunes de esa fase recién experimentada en mi vida.

Concentrándome de forma muy metódica, comencé a pensar: Poco apetito, adelgazar, rostro demacrado, llanto, agotamiento, pérdida del buen humor, peluca, sin duda alguna obedecían a una enfermedad y muy probablemente se trataba de cáncer. Conclusión excesivamente estremecedora!

Pero... ¿Manifestaciones inusuales en los últimos dos meses?... Llegadas tardes a la oficina, expresiones extrañas, tales como: «algunas veces la vida cambia un amor por otro y nadie tiene la culpa», visitas inusuales al salón de belleza. Analizándolo todo junto, entonces susurré, no pudiendo controlar mi llanto:

—Mi amor... intentaste disimular tu enfermedad y trataste de prepararme para tu muerte.

De forma imprevista, sin embargo, vino a mi mente una información que había omitido y pensé: cirugía estética, implantes de senos, compra de ropa interior de encajes muy costosa. Mis ojos parecían sobresalir desde mi rostro, con respiración acelerada, dolor en el pecho, puño cerrado junto a mis labios... Algo no encajaba... ¿Por qué...?

—Y... el ganador del Oscar... al más inocente del mundo es... «Terry Peña Waith»—... grité cuando, simulando el ritmo de magnos anuncios, retumbaban mis manos golpeando sobre mi cuello y de inmediato me carcajeaba desaforadamente.

Claro, debo decir que fue Terry el sarcástico quien lo hizo, porque yo me sentía morir.

Aunque sé que me encontraba dentro de mi cuerpo, podría asegurar que me veía a mi mismo, desde la parte superior de mi cabeza, horrorizado por aquella escena de burla ante mi inmenso dolor. Hoy reconozco que pasó quizá apenas un minuto, pero me pareció que eran varios años. Quedé inmerso en un mar de sensaciones que me aturdían, sin embargo, se apoderó de mí una personalidad más analítica que la usual y, a toda velocidad, paseaba piso a piso el rasca cielo de mi mente.

Entendí que, si hubiese puesto en práctica la recomendación número dos de mi resumen de «El verdadero amor de Lisa», seguramente no habría pasado nada de eso; cualquier pareja que esté atravesando situaciones particulares podría aprovecharla.

Aunque me duela decirlo, concluí que hubiese sido más inteligente intercambiar mi posición por la de mí Susan, día a día, asegurándome de lo siguiente:

¿Era amor lo que la unía a mí?;

¿Se sentía atada a mi, básicamente por los niños?;

¿Sentiría temor al fracaso y a volver a empezar?;

¿Cuál o cuántas de mis actitudes o aptitudes, le hizo sentir que ya no me amaba?;

¿Quién podía hacerle sentir el amor que dejé de inspirarle?;

¿Qué sentía al obligarse a fingir felicidad, estando junto a mi?;

¿Se sentía muy infeliz y yo no lo notaba?;

¿No supo que yo le amaba, porque mi oficina absorbió tanto mi vida que, incluso, la trasladé a mi hogar?;

¿Sentía que me amaba desde el inicio y al transcurrir el tiempo algo cambió?

De esa forma, aún en medio de mi tristeza, me propuse planificadamente a evaluar sentimientos, tomando en cuenta la misma recomendación. En aquel momento, el rostro de Susan llegó a mi mente. Estaba tan concentrado que podía verla, de nuevo mirándome a la cara. Tenía la misma mirada de la noche anterior, cuando al meter nerviosamente los trozos de juguete en aquella caja, decía: «A veces en la vida mentimos, Terry.

Lo hacemos para dar alegrías o evitar el sufrimiento de quienes amamos.»

Entonces, al identificar cómo había interpretado aquello, entendí que en verdad merecía ese «Óscar al más inocente del mundo», el cual mi otro Terry había mencionado.

—¿Cómo pude?...—dije, colocando cada mano, lado a lado de mi rostro.

En ese momento, extrañé la típica burla e intervención sarcástica de mí otro yo. Aún no logro comprender cómo pude percatarme de ello. Supongo que sus intervenciones forzadas eran muy recurrentes, especialmente en los momentos menos deseados, así que parecía imposible que en ese caso no apareciera.

—¿Le estoy extrañando? ¿Qué me pasa?¿Y si estoy perdiendo el control de mis propios actos, sin ni siquiera percatarme de ello?¿Y si mí supuesta experticia en metodología de pensamiento está siendo dirigida por mi otro yo?

Yo era diseñador, pero en mi vida sólo fui metódico para cumplir horarios. Mi carácter innovador venía de allí, de no guiarme por lo que estuviese previamente establecido. Así que existía, realmente, la posibilidad de que, mi otro yo fuese quien analizaba por mí todas las cosas, metódicamente. En función de ello, decidí estimularlo a aparecer y dije en voz alta:

—Qué inteligente soy, ahora entiendo todo... y proseguí o, mejor dicho, me respondí—¿Inteligente, dices? ¿Lo tenías en tus narices y no lo viste?

Con la mano derecha me bofetee la mejilla derecha. Claro está que todo aquello lo hizo mí Terry intruso, ¡no era yo!

Bueno, al menos esta vez has sido útil. Me ayudaste a conocer lo que en verdad pasó. Continué pensando: Dios mío, por qué? ¿Si mi yo interior era yo mismo y podía entenderlo todo, por qué yo no lo comprendí?

Nunca hubiese imaginado que una metodología fría y calculadora pudiera aplicarse para medir la durabilidad de algo tan sensible, como el amor. Una vez más, mi amigo el libro me mostró que nada es tan sencillo ni tan complicado como pueda parecer a simple vista. Acababa de aprender que, como seres humanos, debemos dar mayor importancia al centro de nuestra vida: «La familia».

La primera parte de la recomendación número dos de «El verdadero amor de Lisa» me mostró mi desatinada vida. Para ello, bastó sentirme en el lugar de Susan y tratar de responderme, apenas unas pocas preguntas.

Ahora sabía que al continuar con el próximo resumen, me sometería a una dura prueba, pero debía cumplir con esa misión. Era imposible evadir la conclusión de que, seguramente, mi error estuvo en no haberle transmitido todo lo que sentía. No supe la importancia de hacerle sentir por mí.

—¡Toma el control, intruso Terry! Será más objetivo y real si tú lo guías.—Comenté nervioso y angustiado, recordando la importancia de ceder el liderazgo a las personas que poseen el talento requerido, para cada momento.

—¡Será un placer seguir avergonzándote, si es tu deseo!—Me respondí a mi mismo.

Hoy no podría negar que lo que más me obsesionaba era descubrir si Susan sabia que la amada. Entonces, mi otro yo, Terry el sarcástico, es decir supuestamente yo, hice una lista mental de algunas de mis actuaciones más resaltantes:

-Nunca le dije lo qué sentía por ella, porque pensé que era obvio que lo sabia;
-Al verla con ropa nueva, me hacía el indiferente aunque me encantara su vestuario;
-Nunca le dije que ella era la mejor madre del mundo;
-Jamás la elogié cuando volvía del salón de belleza;
-Sólo le decía que no podría vivir sin alguien que atendiera la casa como ella y la traté como a una empleada domestica, incluso ajena a la familia;
-Nunca la escuchaba cuando me hablaba, porque era más importante mi oficina y mi empleo;
-Siempre que realizaba las tareas que me correspondían en casa, la humillaba, gritándole incluso frente a los niños;

-Cuando algo me salía mal, frustrado, quebraba las cosas contra el suelo;

-No dediqué ni un minuto para estar solos y disfrutar;

-Nunca dejé que los niños compartieran con otras personas para estar juntos;

-Jamás hubo una segunda luna de miel para los dos;

-No viajamos juntos ni compartimos como cuando éramos novios;

-Nunca vimos juntos una película tomados de la mano, aunque de novios nos encantaba;

-Hacía mucho tiempo que ni hablábamos de algo diferente a nuestros niños;

-Jamás le pregunté qué sentía en su trabajo;

-Siempre, desde que llegaba de la oficina era yo el único que hablaba y le contaba todo;

-Siempre, al trabajar en casa le gritaba muy molesto, para que retirara a los niños que me interrumpían;

-Siempre en casa decía todas las malas palabras, vulgaridades o groserías que ella tanto odiaba;

-Siempre al manejar el vehículo, escondido de los demás, escupía hacia fuera, y a ella le disgustaba tanto que ya no subía conmigo;

-Siempre exigí que ella se ocupara de mí como si fuese mi madre;

-Siempre que ella se enfermaba debía curarse sola y si yo me enfermaba ella debía ser mi enfermera, de tiempo completo>;

-Siempre que pasábamos un momento agradable, al instante, cambiaba de carácter y la maltrataba sin pensarlo.

Si que fue rudo Terry el intruso:

—Listo todos los «siempre, jamás y nunca», que no podrías negar. Qué doloroso reconocerlo.—Respondí.

Pude ser menos rígido, pensé al inicio, sin embargo, no hubiese bastado ser menos rígido.

—El principal problema no estaba sólo en lo que yo hacía, sino más bien en lo que había dejado de hacer.—Eso susurré y proseguí con una nueva lista mental:
-Nunca le dije lo que sentía; siempre consideré evidente que ella lo sabía;
-Nunca le hice sentirse en mi lugar, tal como la recomendación número dos especifica;
-Distorsioné el sentido de nuestra relación, golpeando cada momento su autoestima con mis actuaciones. Ella era maravillosa, debí decírselo. Debí decirle cuánto la amaba, era tan fácil y lo hice sólo de novios y de recién casados.»

Paulatinamente, me iba sintiendo como una olla de presión por tantas emociones; estaba a punto de estallar. Tenía una resaca moral que ya no soportaba, así que, tal como diría un experto en el comportamiento humano, estaba atravesando las típicas etapas de un duelo. Involuntariamente, empecé a justificarme: «No tenía tiempo para hacerlo, cuándo decírselo?»
—¿Tiempo?—Dije en voz alta con la ironía de mi yo intruso.

Y prosiguió éste diciendo:

—¿Leíste bien las recomendaciones y «El verdadero amor de Lisa»?

—Si, lo hice

—Entonces la pregunta sobra, porque aunque leíste no entendiste nada.—Y en tono de reprimenda, con el mismo timbre de voz con el que gritaba a Susan normalmente, prosiguió gritando—Cuando quieres comunicarte, no existen barreras ni fronteras. Incluso el tiempo no existe. Para comunicarte pudiste usar cualquier momento o cualquier manera. Así que tu recomendación número tres de «El verdadero amor de Lisa», que específica: «No desperdicies ningún medio disponible para comunicarte»... no te sería útil, ni siquiera estando muerto.

Podría jurar que mi otro yo estaba más molesto conmigo que yo mismo, si no fuese porque, mientras lo gritaba, iba metiendo mis dedos en cada agujero de mi nariz, una y otra vez, como si estuviese tecleando las palabras en una computadora de esa manera.

En fin, molesto o no, también tenía razón. Cada instante era una oportunidad para comunicarme con ella y no me interesó. De hecho, nunca pensé en la importancia de hacerlo. Una cosa lleva a la otra; sólo me dejé llevar por la inercia, como si se tratase de un marinero a la deriva.

Obviamente, ahora, cuando recuerdo todo en su contexto, también puedo entender que Susan debió sentir un gran amor por nuestra familia. La recomendación número cuatro explica que sólo grandes amores sacrifican hasta la vida por hacer feliz al ser amado y ella debió sacrificarse, en medio del silencio, tolerando todo hasta dejar de amarme.

Así que, confundido en medio de una extrema depresión, divagando entre reflexiones, me sentí lleno de ira.

—¡Ella tuvo la culpa! ¿Por qué no me dijo nada?

Hoy, supongo que esa explosión emocional, formó parte de las fases del duelo que estaba viviendo, sin lugar a dudas. Duelo que mi otro yo, Terry el sarcástico, no respetaba:
—¿No te dijo nada... o no quisiste escucharla, ni mirar en sus gestos? Te lo dijo todo! ¿Qué querías? Mira, si hubieses sido Lisa, vivirías eternamente.—Fueron las palabras que, envueltas de su típica ironía, surgieron desde mi otro Terry.

Mientras tanto, seguía haciendo alarde de su personalidad juguetona e inmadura, estirándome ambos parpados hacia arriba, con los dedos índice y pulgar de ambas manos.

Lisa murió feliz porque iba al encuentro de su amado, al cual pudo conocer e identificar, incluso con la caída de una mínima hoja desde un árbol. En cambio, Susan casi gritaba lo que sentía, y yo no quise escucharla. Él tenía razón: «viviría eternamente», pero eternamente arrepentido de mi desacierto.

Sin más rodeos, llegó la peor parte, debía pasearme por la recomendación número cinco: «Ser feliz no es dejar de vivir, por temer a sufrir» y eso fue precisamente lo que motivó a Susan para tomar esa difícil decisión. Por eso sufrió tanto, lloró y frenó, para decirme que esa noche hablaríamos seriamente. Luchó contra ella misma. Pero eligió ser feliz de verdad o, al menos, intentarlo.

Fosas nasales casi obstruidas, boca abierta tratando de inhalar, frío en pies y manos, cuerpo adolorido, techo blanco y la voz de Susan llamándome desde muy lejos, eran las sensaciones que parecían bombardeadas hacia mí, desde la nada.

Mientras tanto, yo pensaba: No me enteré, porque, sencillamente, traté de cerrar los ojos para no ver lo que era evidente. No quería reconocerlo; me negaba a aceptarlo.

No obstante, ocultarlo ante mi mismo fue innegablemente inútil. La mencionada noche, de todas maneras, llegaría y debía hablar con ella. No aceptarlo no había servido de nada, cosa que reconocí en medio de mi gran indignación.

Meditando sobre su infidelidad, la culpé de todo. Recuerdo incluso que; llegué a odiarla de forma inhumana

¿Por qué no es cáncer? ¡Mereces morir! ¡Te odio!, eran mis pensamientos en esos momentos.

Mi mano derecha se desplazó hacia mi hombro, palmeándome como para calmarme. En medio de mi ira, sabía que era Terry el burlón, así que me enfurecí de manera increíble incluso contra él. Tanto que, comencé a golpear mi mano derecha con la izquierda, hasta que no pude más y exploté en llanto.

No estaba enojado con mi otro Terry, ni con Susan, era con migo mismo. Qué vergüenza.... quizá todos lo supieron siempre, excepto yo. Soy el culpable por no querer notarlo, terminé pensando.

—Dios mío!... ¿dónde has estado...?—Dije, mientras recordé el llanto de Susan, al dirigir por primera vez la oración en la cena de la noche anterior.

Ella sentía dolor y valoraba nuestro hogar. Al menos eso creí: «Quizá no sea nada tan definitivo, tal vez podamos negociar lo que ella necesite y volvamos a ser una hermosa familia.»

—Hablaremos en la noche y lo arreglaremos.—Susurré, dibujando una débil sonrisa en mi rostro, cuando aún estaba humedecido en lágrimas.

De vuelta mi nivel consciente y en mi sillón, algo delirante entre ambas realidades, trataba de animarme con la ficticia posibilidad de arreglarlo todo con Susan. Pero no lograba salir del desmedido estado depresivo que me invadía. No obstante, me sentí alegre al notar que había descubierto la causa de mi estado anímico. Tal vez el objetivo de la hipnosis que me aplicaba aquel psiquiatra, según mi última teoría, era superar aquel dolor.

Entonces, el secreto para regresar a mi vida, probablemente consiste en superar ese trauma, pensé.

—Amigo Terry, eres malo para vivir los duelos, ¿no...?—y continuó—Aceparlo fue el paso que seguramente nunca diste. «Amigo Terry», esa era la forma de mencionarme que utilizaba Terry el sarcástico, cuando al hablar se dirigía a mí.

Aunque me avergonzaba o me disgustaba con muchas de las cosas que decía, generalmente eran grandes verdades. Esta vez no fue la excepción. Mientras le escuchaba conversando desde mi boca, sentía que mis emociones se debilitaban. Lentamente, se alejaba esa voz de mis oídos, hasta dejar totalmente de escucharla.

Dolor agudo en la mandíbula, imposibilidad para tragar, sonido de pulmones inflándose y desinflándose fuera del cuerpo, claridad muy intensa en la que flotaba, fragancia de azahares, rosales de múltiples colores y una niña.

Qué bien, finalmente podía dormir dentro de esa vivencia.

—Al regresar debo agradecer al psiquiatra. ¡Qué amable y dulce de su parte el dejarme descansar, soñando ahora esto!—Susurraba, ironizando, mientras miraba a mí alrededor. Obviamente era mi parte inmadura, o mejor dicho: mi parte sincera, que ya estaba fastidiada ante lo vivido.

Inmediatamente, pude ver, sobre una pequeña loma cubierta de césped verde, una niña de aproximadamente cinco años, sola y llorando. Vestía como las niñas de mi época. Me refiero a la época donde encontré a Roy en su camisa de cuadros, en aquel parque. Así que el corazón comenzó a latirme exageradamente y pensé: Grama verde, flores, rosales, niña vestida de la época.

Al instante, miré hacia los lados descubriéndome nuevamente en mi mundo.

—¡Ya cumplí mi misión!—Grité mientras decía—¡Si!, ¡Si!, ¡Lo logré!, ¡Lo logré!, ¡Lo hice!, ¡Volví!

Brincaba dándole movimiento a los brazos, como un militar en pleno entrenamiento. La emoción era impensable, en especial, porque no era sólo la mía. Era también la emoción de Terry el sarcástico.

—¿Tu no has visto a Lockie?—La niña me preguntó con voz muy triste. Sin saber cómo, interrumpió mi escándalo.
—No. ¿Cómo es Lockie?
—Es un *poodle* blanco, es mi único amigo y se fue.
—¿Sabes cómo o con quién se fue?—Pregunté a la chiquilla tomándola de la mano, al entender que se trataba de un cachorrito que se había extraviado.
—Sólo sé que estoy muy enferma desde que Lockie se fue y como mamá dice que ahora el vive con los ángeles, yo también quiero mudarme junto a él.

Terry el travieso si que tenía razón: «Debía darle las gracias al psiquiatra al regresar».Como si no fuera suficiente toda la angustia que había vivido, hasta en mis sueños tenía que sentir dolor. Porque aquella niña realmente sufría.

¿Qué hago? pensé, mientras levantaba una ceja, arrugando la boca, en los zapatos de Terry el sarcástico, para murmurar:
—Lockie, qué bien que estás con los angelitos... Sino... yo mismo te enviaría con ellos, para que me dejes al menos dormir en paz.

En ese momento, la iluminación iba cambiando en algo. Arriba, en la parte superior de aquella pequeña loma, algo asomaba. La niña, tomada de mi mano, se recostó en mis piernas con mucho susto; dando la espalda a lo que yo miraba. Muy erguido, se acercaba caminando un perrito muy blanco, parecía acabado de salir del salón de belleza. Caminó hacia nosotros y, para rematar mi pesadilla, creí entender lo que en voz adulta y vibrante aquel perro decía:

—Explícale a la niña que yo estoy muy feliz. Dile, por favor, que no sufra por mí. Que debe estar con su familia, porque yo estoy finalmente junto a la mía.

Brincó hasta mis brazos, entendiéndose que yo debía decir aquello a la niña, mientras le permitía acariciarle por última vez.

No obstante, la niña también había escuchado lo que dijo aquel perro. Y, acariciándolo entre mis brazos dijo: —Te amo, Lockie, gracias por decírmelo. ¡ Sé feliz!—La niña me miró estando ya sonriente. Era obvio que yo debía colocarlo en el suelo.

Entonces, Lockie, el *poodle* blanco de aquella niña, se alejó hasta la cima, donde se colocó en el medio de otros cuatro perros. Aunque eran de la misma raza, se diferenciaban por sus colores y porque todos, excepto él, tenían vistosos lazos. En un momento estaban todos mirándonos y me atrevería a decir que hasta sonriendo y, al siguiente, ya no había nada. Y al decir nada, me refiero a «nada.»

Vacío, silencio, tenue claridad azulada, músculos distendidos, sensación de caricias en los brazos, una suave música instrumental y la inocencia de quien sólo confía.

Ahora podría decir que era música celestial, probablemente, porque en aquel largo momento no pensé en nada. Sin temor a equivocarme, fue el mejor descanso de toda mi vida y sin ningún tipo de jactancia, el más merecido, pues había sido sometido a niveles de estrés demasiado elevados. Estaba emocionalmente agotado.

Las apariencias

La segunda parte del tercer día se iniciaba en medio de un gran asombro, para mí. Al retornar del merecido descanso, me descubrí sosteniendo en manos una cinta azul.

—¿De dónde salió esta cinta azul? ¿No fue un sueño?—Me pregunté, al momento de leer la inscripción que estaba escrita en la medalla, sujeta de aquella cinta.

En ella, podía leerse claramente: Lockie Macknamara Peña, el que seguramente fue el nombre del *poodle* blanco de la niña.

Mi parte traviesa interrumpió aquel momento de meditación:
—¿No fue un sueño, dices? Es que tu vida definitivamente es sólo eso, amigo Terry. Tu vida es un sueño o, mejor dicho, una pesadilla.

Poniendo en evidencia, con mi voz del sarcástico, un gran disgusto. Lo que era perfectamente comprendido y compartido por mi. Se refería a que el sueño, al igual que el resto de la experiencia, había sido tan real que resultaba imposible escapar de ello o negarlo, ya que, en mis manos, tenía las pruebas de su existencia.

No obstante, con la medalla frente a mis ojos, dije en mi típico tono reflexivo:

—Quizá, hasta yo, sea simplemente un sueño o, tal vez, esto sea parte de la vida después de la muerte. Ya no sé que pensar; esta es una vivencia parecida a la del libro, sólo que en ésta contacté al mundo de los muertos y en el libro, al de los vivos de otro tiempo, solamente.

—¿Solamente, dices? ¿Te parece poco ir de un tiempo a otro?

—¿Qué quieres que diga sarcástico?—Le respondí con esa pregunta, en tono muy elevado, ya que estaba desconcertado y molesto.

Luego, seguí diciendo:

—¿Acaso piensas que debo estar muy coherente, después de todo lo vivido? Un perro, una niña, y... ese libro...

—Ahora que lo mencionas, amigo Terry, aquí lo tengo...

Al percatarme de aquello, allí estaba, en mi otra mano y abierto sobre las piernas. Evidentemente, ese fue un inesperado comentario, en tono muy sarcástico de mi otro yo.

Al voltear y detallar lo que veía, sin duda se trataba del mismo libro. Pero, ahora estaba abierto en una página que se titulaba «El encuentro inolvidable.»

—¡Qué bien! Se avecinan acontecimientos que requerirán asesoría.—Dije sonriendo en señal de resignación.

En fin, preocuparme no tenía sentido, porque sabía que, cada vez que el libro aparecía, a alguien ayudaba.

Pero, regresar a mi vida seguía siendo mi objetivo. Aunque cada vez era más racional esa aspiración.

Meditando en ello pasé algunos instantes. Sin embargo, Terry el sarcástico interrumpió:
—¡Úselo! ¡Es muy económico! ¡No pierda la oportunidad!—Exclamaba, dándole entonación de comercial publicitario, mientras reía abanicando la página seleccionada frente a mi rostro.

En fracción de segundos: olor a tierra húmeda, sonar de gotas de lluvia y de campanillas movidas por la brisa me acompañaban, junto al fugaz resplandor de luz violeta, para envolverme. Simultáneamente, leía:

«"El encuentro inolvidable" Marionetas de seda y luces destellantes son las que deleitan cada instante de una vida, vida que de vida tan solo tiene un cuerpo, el aire de pulmones y el recuerdo de todos cuantos yacen ya muertos. Tan solo rebosantes en orgullo tienen vida y se volvieron millonarios en desprecios, y son vidas en las que, sin saberlo, también convierten en harapos sus finas vestiduras, por creerse los únicos que viven, en un mundo de muertos.

Mirada erguida y superioridad manifestada por hombros tensos, que convertidos en regadío del descrédito, presencian un mendigo que, estirando la mano pidiendo caridad, se acerca y le da encuentro.

Negación absoluta con gestos, ante la súplica del que, osado, hasta pronunció palabras para pedir dinero del perverso, deseando visitar a su madre enferma que, en otro lado, clama por verle antes de que haya muerto.

Teatro y malignidad al burlarse del harapiento que caridad ha pedido, cuando con voz de enfermo le hace saber que, igual que él, pelea contra lo adverso, para alcanzar a su familia, antes que sea imposible desenterrarlos desde su propio huerto.

Ironías de la vida, en sus entretelones y manjares de Dioses entre temores, que hacen nuevos sucesos, poniendo en manos del hambriento el dinero para alcanzar su anhelo, y revertir ese nuevo dolor que le tiene deshecho.

Ironías de la vida y diamantes en bruto en medio del desierto, son los que actúan en el alma tan noble de ese buen harapiento, haciéndole sentir todo cuánto creyó que duele al recién conocido, al buscar su familia enterrada en un huerto.

Dulce mirada y gentiles destellos de suavidad, salen del rostro de aquel burlado por su pobreza y estado ya irreverso, cuando estirando el brazo hacia el reencontrado le entrega en manos, todo el dinero que otros le habían donado, con un amor inmenso.

Y es así que dolor y angustia, arrepentimiento y desconcierto, deseos de llorar y barbilla temblorosa, al sentir algo como una inundación en el desierto, le hacen sentir al vivo, hoy, mucho peor que muerto.»

Después de leer, debí pasar unos diez o quince minutos respirando profundamente. Parecía buscar, en el aire que inhalaba, las mejores reflexiones que se acomodaran a «El encuentro inesperado.» Porque si de algo seguía convencido, era de que, la metodología del resumen de recomendaciones había funcionado muy bien las veces anteriores. Pero, tal como ya había reconocido, yo no era experto en hacer el resumen de nada. Debía invitar a mi parte irónica para hacerlo. Animándolo a escribir, me hablé a mi mismo.

—El experto en metodologías eres tú.—Toqué mi mejilla con la mano derecha, dando palmaditas.
—No es que sea experto, es que tú eres en verdad pésimo, amigo Terry...—Palabras que aunque salieron de mi misma boca, es fácil adivinar de quien procedían.

De tal suerte que comencé o, mejor dicho, comenzó a escribir el resumen de las reflexiones correspondientes, en la penúltima página vacía de aquel libro:

1.- Guíate por las demostraciones, las apariencias podrían engañarte.

2.-Sorprende tú a la vida, no permitas que la vida te sorprenda.

3.-El verdadero valor del hombre es su valor.

4.-El dinero puede dar felicidad algunas veces, pero la paz siempre lleva consigo la felicidad.

Bien, ya hice la primera parte. ¿Ahora qué seguirá?, pensé, al sentir alivio por haber escrito el resumen en aquella página vacía.

Al siguiente momento, estando aún en el sillón, asomó a mi mente un recuerdo; fue tan real que podía ver y percibir todo cuanto sucedió un día muy singular. Supe que, muy tarde una noche en mi misma oficina, escuché una conversación.

—¿Por qué lo invitaste sin mi consentimiento a la junta de *staff* ampliado... Danna?

—Porque estaba tan molesta contigo como lo estoy ahorita, Robert. ¿Qué querías... que te felicitara por andar con otra mujer?—Respondió ella, gritando a la agresiva pregunta. Continuaron en el mismo tono.

—Era «mí esposa», Danna.

—Si... ¿verdad?...Y Germán era y es... «tu empleado», Robert. Un empleado muy eficiente.

—Mira, rubia inescrupulosa, tú sabes muy bien que Germán lo que quiere es mi cargo en la Empresa y tú le apoyaste para dañarme.—

Dijo Robert entre dientes, cuando al parecer, la tomó fuertemente por un brazo, pues ella con voz de odio le contestó.

—Suéltame el brazo, me estás lastimando.

—No cambies el tema, eres una víbora, intencionalmente trataste de dañarme apoyando a Germán, ¿verdad?

—Qué bien que entendiste claramente cuál es mi idea.... Y no olvides que si vuelves a presentarte en público junto a «tu esposa», seguiré apoyándolo. ¡No lo olvides Robert!

La conversación o el recuerdo fueron para mí tan interesantes, como saber que podía continuar adentrándome y apoderándome cada vez más de lo ya vivido. Lograba también recordar mi experiencia en la posición de Roy, por lo que, asociar la conversación recién revivida con aquella junta de *staff* ampliado, no fue nada difícil.

«¿Germán sabría que gracias a los celos de Danna logró implementar el proyecto titulado: MIENTRAS MÁS DAS, MÁS RECIBES?», me pregunté intrigado.

Al instante, mi mente se convirtió en el escenario de teatro más versátil del mundo, subían los pisos, rodaban las paredes, cambiaban de color todos los telones y no podía distinguir qué era real y qué no lo era.

En palabras de mi otro yo, podría definirse como si los conectores neuronales de mi cerebro sufrieron un cortocircuito.

El asunto era que Danna y Robert, dos personas a las que sólo les unía el empleo, fríos objetivos empresariales y, al parecer, únicamente el laborar en el mismo edificio, secretamente, eran amantes.

¿Cómo podría haberlo imaginado?, pensé mientras levantaba mi ceja izquierda e inhalaba profunda y lentamente en medio del silencio.

Como era de suponer, ese silencio se vio interrumpido ya sabemos por quien, al decir en voz alta:
—¿Cuál es tu asombro? Si el presidente de las Industrias MERLINTOY, Roy Bernardi Azcona, también tenía una amante y lo más increíble era que estaba en «tú» propia casa e, inteligentemente, nunca lo imaginaste.

Al escuchar eso, revivió tanto mi dolor como obviamente mi ira, la cual pagué conmigo mismo, en mi faceta defensiva, gritándome.
—¡Ya basta! ¿No te parece suficiente todo lo que me he reprochado y he sufrido por la misma causa, para que sigas ironizando con ello, haciéndome sentir más imbécil? ¿Crees que no lo sé?

Hoy pensándolo bien, sonrío tan solo al imaginar que, para alguien que estuviese observándome en aquel momento, yo era simplemente un loco que peleaba consigo mismo.

Pero cuando enfoco mi análisis hacia el aspecto serio del asunto, pienso en la escasa imaginación que tenía usualmente; donde menos lo esperes pueden existir relaciones ocultas. Unidas en secreto, logran ser tan dañinas como beneficiosas para cualquier integrante del entorno, sin ni siquiera suponerlo. Lo que implica, por otra parte, que, al parecer, quizá nunca sabemos dónde estamos parados.

Podríamos estar parados sobre arenas movedizas, que en cualquier momento decidirán apoderarse de nuestro último aliento de vida y, sin embargo, creer que estamos de pié sobre un piso tan sólido como el acero mismo.

Debo reconocer que las apariencias engañan, no solo en el ambiente familiar, como sucedió en mi caso, cuando me sentía muy seguro de la estabilidad de mí matrimonio. También, esa es una sensación muy característica de algunos gerentes o supervisores que se sienten todopoderosos, porque circunstancialmente alguien de la organización les protege, perdiendo de vista que no todo lo que parece, necesariamente, es así. Peor aún, cerrando los ojos a la posibilidad de que todo puede cambiar de un momento a otro.

En conclusión, es fácil entender que la primera recomendación de «El encuentro inolvidable» que indica: «Guíate por las demostraciones, las apariencias podrían engañarte», tiene muchos y variados asideros, absolutamente reales. Lo más cruel es que, al aplicarla de manera fría y calculadora, perderíamos la confianza en todas las personas que conocemos y eso identificaría que hemos llegado al final del camino. Cuando no confías en nadie más, la civilización ha perdido su esencia, los seres humanos se mantendrían totalmente aislados y nuestra especie no tendría la posibilidad de sobrevivir en este planeta.

En tal sentido, que difícil sería que todas las personas llegasen a estas conclusiones, ya que tendrían que caminar en la cuerda floja, como un acróbata de circo, para lograr mantener la confianza en los demás, pero, sin perder de vista que, no siempre es cierto todo lo que aparentan.

La cuerda floja significaría el límite entre creer absolutamente en alguien o no creer en nadie. Pues, entonces, para lograr sobrevivir debemos aceptarnos tal como somos; debemos dejar de lado la capacidad de asombro y asumir que cada quien, en el lugar del otro, actuaría de la misma manera. Aunque el primer impulso al descubrir que alguien nos ha engañado suele ser, simplemente, botarlo de la Empresa, de la familia, del entorno, de la especie humana e, incluso, si estuviese en nuestras manos, lanzarlo fuera del planeta.

Nacer, crecer, llegar a ser adulto y lograr envejecer son etapas de la vida a las que todos quisiéramos llegar. Sin embargo, algunas personas podríamos atravesar todas esas etapas, sin desarrollar la malicia que nos permita ver más allá de lo evidente. Y ese es mi caso, ahora que lo pienso.

Después de todo ese análisis, me pregunté algo que nunca tuve la inquietud de preguntar: ¿Robert y Germán eran enemigos y nunca lo supimos?, ¿Germán se habría aprovechado de los celos de Danna, para ir a esa junta de *staff*?

Al momento recordé, claramente, que Germán y Robert estuvieron juntos frente a nuestro equipo de diseño, sólo en una reunión. En ella, no se percibía ninguna rivalidad entre ambos. Por el contrario, Germán hablaba muy bien de Robert y por su parte, éste había elogiado la gestión de Germán ante nosotros, varias veces, en esa reunión.

Germán provenía de orígenes humildes y, siempre, había experimentado gran inquietud por ayudar a los menos privilegiados. Aparentemente, dedicaba gran parte de su tiempo libre a estudiar temas referentes al comportamiento humano. Tenía pasión por conocer los secretos que le permitirían motivar a los demás efectivamente. No sólo a sus colaboradores de la Empresa sino, también, a cualquier persona que le rodeara en las diferentes facetas de su vida.

Recordé además que, a veces, parecía que no existía tema del que Germán no manejase información valiosa, especialmente cuando se trataba del ser humano, sus estímulos y sus reacciones. Sin temor a ser juzgado por expresar mi verdadero sentimiento, puedo decir que ¡al ir adentrándome en los recuerdos de mi vida como Terry, día a día, Germán se convertía más y más en mi ídolo!

Era un gerente que no temía a la superación de las personas que trabajaban en su Equipo. Insaciablemente, se dedicaba a apoyarnos para que lográsemos superarnos, actuando siempre de manera coherente con lo que decía. Esmerándose además, por enseñarnos la importancia de ver las cosas tal como son, evitando distorsionarlas con o sin intención.

Nos reiteraba la importancia de ser objetivos, de no dejarnos llevar por lo que, a simple vista, pudiésemos pensar respecto a algún tema en particular, aclarando, especialmente, que para opinar con seguridad, respecto a cualquier asunto, debíamos conocer tanto los detalles como el contexto situacional. Es decir, todos los aspectos vinculados y el entorno que estuviese asociado con el asunto de interés.

Algo inolvidable fue una oportunidad en la que Germán nos contó una anécdota sobre unos burros, con la que nos reímos hasta el cansancio. Recuerdo, incluso, la forma tan peculiar en que se sentó: silla invertida, piernas abiertas colgando a ambos lados, manos cruzadas sobre el espaldar de la silla y mentón sostenido sobre las manos, mientras decía:

—«En un antiguo camino empedrado, entre montañas muy boscosas, se daban cita cuadrúpedos de carga. El radiante sol, apenas podía apreciarse al despuntar, en medio de las copas de algunos árboles. Eran cuadrúpedos provenientes de diferentes lugares, todos ellos tenían como destino llegar al último poblado que se encontraba, subiendo la cuesta hasta la cima.

La carga era pesada y cada animal la llevaba de diferentes tipos; todas ellas se complementan entre sí, para poder satisfacer las necesidades del poblado.

Los dueños de estos animales, cómodamente y sin vigilancia, los mandaban en fila, uno tras otro, a cumplir su misión de entregar los pedidos. Eran animales de costumbre, conocedores de la ruta que se repetía diariamente, en una zona resguardada por un gran bosque y muy tranquila.

Así, cuenta la anécdota que entre aquellos animales se hallaba detenido, a un lado del camino, un pequeño burro de color cobrizo, muy fornido llevando una inmensa carga encima.

Además, había un sacerdote que, con gran melancolía, miraba a aquel pequeño burro detenido. Le tomó la cara con sus manos e intentó hacerlo andar halándole por las cuerdas, que se encontraban atadas a cada lado de su cabeza, pero todo fue inútil. Aquel animal se negaba a caminar.

Al siguiente momento, el sacerdote, con inmensa nobleza, creyó entender que el problema que tenía aquel pobre burro era el peso tan grande de la carga. Sin dudar, llamó a su monaguillo para que le apoyara a resolver el problema.

Juntos comenzaron a desatar la carga, quitándole paulatinamente el peso que tenía aquel cuadrúpedo. Con cada parte de la carga que bajaban, se escuchaba el típico relinche del animal, lanzando patadas hacia atrás; mientras, el sacerdote evadía las patadas, tratando de hacerle caminar por aquel empedrado, que estaba casi totalmente cubierto con el húmedo liquen que caracterizaba aquella la zona. Sin embargo, seguía siendo inútil cada intento; el burro era tan testarudo y difícil de manejar, que parecía tener las cuatro patas enterradas en la tierra.

Mirándose las caras, el sacerdote y el monaguillo, decidieron continuar con su labor, hasta bajar toda la carga. No obstante todo el esfuerzo, el sacerdote se resignó por no lograr que el burro continuara con su marcha.

Ya había pasado mucho tiempo desde que culminaron el proceso de descarga, la revisión de las cuerdas, los masajes en la cara y en todo el cuerpo de aquel burro. Incluso el monaguillo, con tanta carga encima, goteaba sudor por todo el cuerpo y el camino, haciéndose evidente el temblor de sus piernas por estar tan cansado; el sacerdote entonces clamó a Dios, extendiendo sus manos hacia el cielo.

Al mismo tiempo, coincidencialmente, se escucharon pasos de cuadrúpedos subiendo hacia ellos, por el mismo camino. Llegó al sitio otro animal que al parecer venía muy retardado, y, según palabras del cansado y sonriente sacerdote, «ocurrió un milagro», pues aquel pequeño y muy fornido burro simplemente miró hacia el otro animal y este reanudó su marcha, como si no hubiese pasado nada.

Mientras tanto, el sacerdote y el monaguillo corrían detrás del burrito, tratando de regresar toda la carga a su lomo y sujetarla.»

Cuando Germán culminó su historia, reíamos incansablemente al imaginarnos la carrera del sacerdote y el monaguillo, cargando muchas cosas al ir detrás del burro. Pero, después de un momento, nos miramos las caras y comenzamos a reír de nosotros mismos; no entendíamos lo que Germán pretendía con aquella anécdota. No obstante, como era costumbre, él lo aclaró.

—Aunque es mucho lo que podríamos aprender con esta anécdota, la reflexión principal es que no debemos guiarnos por lo que pensemos en el primer instante. Conocer las necesidades de cada quien, sus niveles de interdependencia, las relaciones y afinidades, la capacidad para sostener cargas pesadas y, principalmente, las verdaderas razones y necesidades para continuar la marcha es de suma importancia. A veces, debemos saber esperar el momento preciso y el lugar exacto para lograr lo que nos proponemos, pero ello siempre está asociado a factores que, muy probablemente, poco dependan de nosotros. Sólo debemos estar listos, con nuestros proyectos bien planificados, para que, al detectar el momento idóneo, saquemos todo el provecho, sin desperdiciar la oportunidad.—Hizo una pausa y prosiguió—Si el sacerdote hubiese tenido algo de experiencia en burros de carga en esa ruta y, especialmente, en las relaciones de aquel burrito fornido con los demás, otra hubiese sido la historia. Quizá, incluso hubiese llegado hasta la cima, montado junto a su monaguillo y la carga, sobre aquel burro. Ambos seguramente hubiesen cumplido sus objetivos, llegando a su destino descansados y sin que el burrito se viese afectado, en lo absoluto.

Obviamente, Germán se refería al ámbito laboral. Nos invitó a reflexionar preguntándonos:

—¿Cómo identificar si la carga de trabajo que tiene cada persona (u objetivos) es cubierta por sus potencialidades?

—¿Cómo identificar las herramientas necesarias para que cada persona pueda cumplir con su cuota de responsabilidad?

—¿Cómo no subestimar su potencial para llegar al destino correcto?—Y, muy especialmente, ¿Cómo conseguir el punto perfecto de equilibrio, para apoyarle y entusiasmarle a seguir adelante con la carga, pero sin quitársela de forma alguna?

Por su parte, Yair era el genio que de costumbre intervenía: cuerpo recostado en cualquier pared, brazo derecho curiosamente girando sobre su cabeza, mano derecha rascando su oreja izquierda.

—Lo más interesante es que, aunque parezca cómico, esa anécdota brinda enseñanzas muy importantes para la familia, los estudios y los jóvenes empresarios y emprendedores, como yo...—dijo Yair en esa ocasión.

Ante aquellas palabras tan serias, dichas además con tanta profundidad, hubo un silencio considerable. Parecía que cada quien se transportaba a sus lugares de interés, para ver la aplicabilidad del nuevo aprendizaje, pero fue interrumpido por Yair quien continuó diciendo...

—Cuando tenga mis hijos tendrán que cargarme a mi todo el tiempo y cuando tenga mi propia Empresa, todos trabajarán como burritos de carga para mí.—Y sonrió, al continuar diciendo—Pero... de lo que sí voy a estar muy alerta, es de cuál es el burro que debo hacer caminar más rápido para que los otros no se retrasen.—E inmediatamente todos reímos.

Así que, la recomendación número uno del resumen de «El encuentro inolvidable» que expresa: «Guíate por las demostraciones, las apariencias podrían engañar», no sólo se trataba de tener malicia para imaginar qué oculta intencionalmente alguien, cuando aparenta ser de una forma en particular, o mantener una relación específica con otra persona. Refiere también, como decía Germán, la importancia de no suponer las razones que ocasionan determinadas actitudes en los demás, como el caso del burrito, aunque creas que le conoces a la perfección.

Tal como las huellas digitales, cada persona es diferente al resto y lo que lo convierte en más diferente es que adicionalmente, con el paso del tiempo, experimentan cambios atribuibles a sus vivencias.

Qué mejor ejemplo de ello que mi propia vida; yo, en el simple rol de Terry, era quien vivía en medio de la cotidianidad normal, felizmente casado, confiando ciegamente en todos cuantos me rodeaban.

Por eso, hoy salgo de mis zapatos para ver desde otro plano a los demás e, incluso, hasta a mi mismo, intentando analizar, en medio de un forzado silencio, por qué y cómo los demás podrían estar sintiendo, pensando o aparentando hacer cualquier cosa, mientras en realidad hacen otra.

Podría pasar horas reflexionando incansablemente sobre el tema, porque tiene un alcance infinito, sin embargo, algo, como un frenazo en mi interior, me impide alejar de mi mente aquella experiencia. Es como si debo continuar el camino hasta la cima, con mi carga a cuesta. Como si no debo perder ningún detalle de lo que viví, hasta que logre contestarme a mi mismo aquella pregunta que frecuentemente me hacía: ¿Quién eres?

En función de ello, es preciso recordar que, al inicio de mi experiencia, el descubrirme en otro tiempo, otro cuerpo, o en otra vida fue aterrorizante. Pero, lentamente creía que me acostumbraba a mis mutaciones. En la nueva etapa que acababa de vivir, al menos había permanecido más estable en la misma silla, paseando entre recuerdos que, en forma de rompecabezas, parecían ser indispensables para descubrir algo importante; imprescindibles, tal vez, para cumplir la misión para regresar a mi presente.

Deambulando en medio de muchos interrogantes, temores y dudas, sin darme cuenta, lentamente fui evocando escenas que había vivido, en las que Germán y Robert también estaban involucrados.

En aquel recuerdo, yo había diseñado un juguete que, al parecer, tuvo buena receptividad por parte de los compradores, después de superar todas las pruebas exitosamente. Esperábamos que también superara todos los récord de ventas. Aunque aparentemente se trataba de un recuerdo muy agradable, lo que experimenté me hacía pensar que había algo malo: inmovilidad absoluta, dolor de fractura en todos los huesos, sirena intermitente e interminable, superficie blanca brillante avecinándose y olor a sangre.

En ese momento me dije a mi mismo:
—Calma, es sólo un recuerdo, ya esto lo viví. Debo limitarme a recordar y a entender la misión de estar viviendo esta experiencia o terapia de un psiquiatra muy obsesivo.

Como era de esperarse, mi parte sarcástica respondió, ya que no podía guardar silencio ni un instante:
—Si... claro... limítate a descubrir que cometiste más errores de los que hubieses jamás imaginado. Esas son tus sensaciones de terror y sangre. En verdad eres un desastre, amigo Terry. Ah...y no empieces a enfurecerte otra vez ni a reclamarme, porque estoy a punto de enmudecer y de no ayudarte más a organizar ninguna de tus ideas.

Dicho aquello, inmediatamente respondí:
—Ah! ¿Vas a enmudecer? Qué buena idea. Por favor, sólo dime qué debo hacer, para no sólo enmudecerte, sino para desaparecerte de mi vida.
—Fíjate que si yo supiera cómo, ya lo habría hecho. Pero creo que la parte más vergonzosa de este asunto es que tú y yo somos uno mismo.—Dijo entonces mi parte sarcástica—¿Lo recuerdas, amigo Terry? El pequeño

detalle que pareces olvidar es que, yo soy «el perfecto» y tú «el perfecto desastre.»

—Ya cállate, cada momento que pasa, te soporto menos.

—Está bien, voy a guardar silencio, tan solo para ver si salimos de esta pesadilla, que incluso a mi me está volviendo tan mal humorado como tú. Ya ni siquiera me provoca tocar mi batería, ni bailar rock, ni ver a las mujeres.

—¿Qué mujeres?—Dije en mi pose de madurez característica.

—Danna, por ejemplo, ella no se ve nada mal.

—Estás demente, dices ser mi parte perfecta y ¿no notas que Danna es una macabra, perversa?

—¿Y, tú, qué hablas?... ¿quieres que te recuerde nuevamente a nuestra maravillosa esposa Susan?

—Ya... Ya...—Grité una y otra vez desconcertado y Terry el sarcástico finalmente gritó también.

—Nunca te habrías defraudado a ti mismo, si hubieses entendido lo que significa «sorprende tú a la vida, no permitas que la vida te sorprenda.»

Inmediatamente señaló esa reflexión, con mi dedo, en aquel libro. La segunda reflexión de «El encuentro inolvidable.» Yo, sólo descendí mi cabeza, guardé silencio y luego dije:

—Tienes razón...

Al momento, mi yo sarcástico, transformó su voz, de muy explosiva a tierna y complaciente para decir:

—Siempre tengo razón, así que ya deja de culparnos y hacernos perder más tiempo, para que podamos salir de este embrollo.—Palmeando mi hombro izquierdo, con mi mano derecha dos o tres veces.

Muchos eran los momentos en los que quería desaparecerlo, sin embargo, en algunos casos, sentía que sin mi otro yo, no hubiese soportado tanta angustia. De hecho, sin darme cuenta, parecía un chiquillo con mí amigo imaginario o, tal vez, sentía que en tal intimidad hablaba con el hermano que nunca tuve. Lo cierto es que, queriéndolo junto a mí o no, en esta ocasión, como en todas las demás, siempre él estaba en lo cierto. Yo pude evitar esas situaciones si me hubiese adelantado a los acontecimientos, actuando de forma proactiva y serena; evitando que la vida me sorprendiera.

Las sorpresas que recibimos, rara vez, son enteramente a nuestro gusto, a menos que uno mismo las prepare. También Terry el travieso era una de esas sorpresas algo insoportables. Tal vez, el psiquíatra omitió algún detalle importante y ocurrió un incidente por el cual apareció el travieso.

Por ello, recordé en ese momento que, precisamente por eso, Germán tenía prácticas dirigidas a garantizar que todos los compromisos adquiridos por nuestro departamento de diseño se cumplieran a cabalidad; ningún acontecimiento inesperado debía afectar el resultado.

Entonces, murmuré lo que él solía decir:
—Valiente no es cualquiera. Si sólo nos conformamos con creer lo que una persona alardea, posiblemente

fracasaremos, sin que se sepa la verdadera causa. Por eso debemos tener muy claro que «El verdadero valor del hombre es su valor.» Su valor se mide por lo que realmente hace. Por sus acciones.

—Qué bien, amigo Terry, lo único que nos falta es averiguar que Germán es el autor del libro.

—¡Oye... no es un chiste! Lo que estoy contando pasó así, sarcástico.

—No, no lo es. Fíjate que son exactamente las palabras del tercer resumen de las reflexiones de «El encuentro inolvidable.»

—¿Si, verdad?—El pequeño detalle que pareces omitir es que, el resumen lo escribiste tú, no Germán. Ahora falta que tu no seas mi otro yo, sino el psiquiatra y estás manipulándolo todo.

Con esa respuesta, pareciera que logré impactar al Terry sarcástico. Él quedó en silencio, meditando en mi intimidad. Pues, era verdad. Germán utilizaba esa expresión reflexiva, animándonos siempre a comprender que una persona puede tener tanto valor como requiera, pero nunca debe perder de vista sus limitaciones.

Hoy pienso que el nivel de motivación con el que nos bombardeaba era tan intenso, que se veía obligado a hacernos entender que cuando uno está muy entusiasta, confiando en si mismo, puede lograr todo lo que se propone. No obstante, la forma infalible de hacerlo es apertrechándose con las herramientas necesarias, para no fracasar, para anticiparse a los riesgos y eliminarlos.

De hecho recordé que, junto a nosotros, establecía desde el inicio los aspectos que se revisarían semanalmente, para saber si necesitábamos o no su apoyo. La idea central siempre era poder cumplir a tiempo con las metas. Por ejemplo, en mi caso, semanalmente media cuántos modelos ya evaluados habían sido diseñados por mi, para comparar esa cantidad con las que debía cumplir según mi compromiso.

Germán decía en cada reunión:
—Bueno, chicos, vamos a verificar el cumplimiento de nuestros objetivos, así que empecemos a revisar los indicadores.

Mirando en sus anotaciones, nos iba nombrando, uno a uno, e iba comparando lo que habíamos logrado contra el compromiso que habíamos adquirido, previamente. Por lo que, en aquellos casos en los que alguno no lo había logrado, la persona explicaba la causa y todos sugeríamos ideas para que lo lograra. Incluso, a consecuencia de ello, la semana siguiente, quizá algún compañero tenía un objetivo adicional, para contribuir con el cumplimiento del otro integrante del equipo, que no había conseguido el resultado esperado.

Fue imposible olvidar que esa nobleza tan exquisita de contribuir con el cumplimiento de los compañeros surgió con mayor ahínco, después de que las Industrias MERLINTOY aprobaron el plan MIENTRAS MÁS DAS, MÁS RECIBES; pues ese plan significaba que cada empleado recibía su pago periódico, por el cumplimiento de su objetivo, y un bono adicional, por el cumplimiento de los objetivos del área completa. Entendiéndose que la suma de los objetivos de los integrantes del equipo, representaba el objetivo completo de la gerencia.

Germán cuidaba todos los detalles, apoyándonos siempre; estaba muy bien formado en el área de gerencia y poseía un elevado nivel de calidad humana. Por eso nos comportábamos como una familia y, desde el inicio, fuimos muy unidos.

Al ir recordando todo aquello, en lugar de estar feliz, se repetía la sensación de culpa que me hacía sentir, cada momento, peor. Esa sensación era inexplicable, no entendía qué la causaba. Pero de repente, una fugaz conclusión llegó a mi mente sin causa conocida. Sólo sabía que había defraudado a Germán de manera grave.

Recostado en el sillón, de repente pude comparar lo que sentía estando allí con lo que experimenté tantas veces, en las que incluso desconocía la causa de mi terrible depresión. Lo comparé con lo vivido al descubrir la traición de Susan. Concluí que, si no había muerto por la depresión tan fuerte que viví por mi esposa, podría superar esta sensación.

La separación de Susan fue un terrible duelo en mi vida, pero... ¿Cuánto tiempo habrá pasado desde que me separé de ella?, pensé al notar que aquella tristeza comenzaba a disiparse. Pero... Si Susan y yo estamos separados, ¿por qué escucho su voz llamándome?

La especie de terapia psiquiátrica, a la que estaba sometido, jugaba con mis emociones, a medida que mi mente navegaba en el tiempo. Me hacía seguir los mismos pasos que había dado, aunque no tenía idea del tiempo que transcurría, entre un evento recordado y otro.

Susan, mi hogar, mis hijos.... Ellos pasaron frente a mis ojos, uno al lado del otro. Inmediatamente pensé en el juguete. Sin saber porqué, estaba seguro de que mis hijos, o herramientas secretas de evaluación, habían aprobado ese diseño con gran entusiasmo.

Sentía que era buena la comunicación con mis niños: Freddy y Sophia. Pero, también, tenía la sensación de que ya no éramos una familia completa; por las razones obvias y circunstancias que desconocía de esa época, Susan ya era tan solo un recuerdo distante.

—Mis hijos, indudablemente, debieron ser lo único que me mantuvo con deseos de vivir. ¿Y Susan?... Eso ya ni importa. Han pasado veinte años. Mis hijos seguramente ya están casados y Susan quizá también lo esté.—Lo que, dicho en voz baja, fue interrumpido por Terry el sarcástico.
—¿No has pensado que todo el odio que experimentaste contra ella, al desear que muriera con cáncer o algo parecido, pudo convertirse en realidad? Ya que, aunque no pudiste inyectar en Susan el cáncer que deseaste, quizá si lograste, de otra forma, tu cometido de extinguirla. Así que... hoy el psiquiatra pudiera estarnos haciendo esta terapia, desde una cómoda celda en una cárcel.—A título

de conclusión prosiguió—En cuyo caso, cumplir la fulana misión para regresar a nuestro mundo real, sería una locura. Definitivamente, mejor estaríamos en el pasado, «libres», aunque sea sólo para mirar de cerca lo sucedido y, brincando de época en época, como en una máquina del tiempo.

Luego, como ya era típico en él, estalló en risa. Comenzó golpeando rítmicamente con sus manos sobre mis piernas, como si fueran unos tambores o baterías de un conjunto de rock. Mientras, cantaba una loca canción rockera, que hablaba o, mejor dicho, «gritaba» algo así como: «No volveré, no volveré, tendrán que correr muy rápido para atraparme, pero les aseguro que nunca volveré...»

Cuando finalmente se calló, pude apenas balbucear:
—Sabes... Me asustas...—Y luego de respirar profundamente continué—Qué curioso, ahora me doy cuenta de que aunque trate de concentrarme en mis recuerdos más recientes es imposible. No recuerdo nada de mi vida actual. Es como si se hubiese borrado de mi mente, casi toda mi vida. Pero... ¿Cómo saber si en verdad estamos encarcelados?

Imposible saber si lo que parecía un chiste de mi otro Terry, era o no real. Entre uno y otro comentario y pensamiento, se iba desapareciendo de mi mente la testarudez de conocerlo todo. Paso a paso, terminó de mejorar mi estado anímico. Entonces, ante la alerta de mi parte analítica y metódica, aunque por lo demás pedante, enderecé mi cuerpo diciéndome a mi mismo:

—¿Quieres tu vida actual? Pues a cumplir la misión. A descubrir el verdadero pasado, conociendo lo que sucedió con Germán, Danna y Robert, para volver a mi vida actual.
—¡Caray, qué relajado estás, amigo Terry! ¿No entendiste definitivamente que podríamos estar en prisión? Mira, lo que debemos hacer, antes de seguir adelante con tu historia Empresarial, es saber qué tan drástica fue tú *o nuestra* actuación hacia Susan, cuando nos separamos de ella. ¿Entiendes? Es decir, debemos averiguar si vale la pena o no, volver al presente. Es decir, debemos saber si somos «Un asesino preso.» ¿Entiendes?

Taquicardia, sirenas de ambulancias, respiración cortada, transpiración exagerada, luces incandescentes en mis pupilas, y un increíble susto.

—¿Yo... un asesino? ¿Sería capaz de haber matado a la mujer que tanto amaba?

Eso había pasado muchas veces, a través de la historia. ¡Un asesinato pasional, qué terror! En ese momento, aún recostado en mi sillón, noté que tenía el libro en mis manos y en él pude leer la cuarta reflexión escrita del resumen de «El encuentro inolvidable», que decía: «El dinero puede dar felicidad algunas veces, pero la paz siempre lleva consigo la felicidad».

Me recriminé al darme cuenta de lo poco que debía importarme lo de la cárcel en ese momento. Sólo pensaba en lo desubicado que estuve toda mi vida porque lo único que me preocupaba eran los ingresos de la Empresa y el éxito que pudiera tener al atinar con un diseño que enloqueciera a los compradores. Qué experiencia, qué libro, qué mensajes. Esa reflexión número cuatro hizo que la sangre de todo mi cuerpo se fuese hacia mis pies. Sentí estar justo dentro de un super cohete en el momento de despegue, yendo a la luna.

Después de unos momentos: leve mareo, circulación sanguínea regularizada, respiración serena, música de rock suave en mis oídos y de nuevo al mundo real, mejor dicho, al mundo irreal en el que estaba viviendo.

Volví al mundo que me producía permanente sobresalto y desconcierto. Un mundo al que, a pesar de estar acostumbrándome, deseaba abandonar.

Así que debía retomar mis planes y averiguar lo que realmente sucedió, entre Susan y yo al separarnos. Pero... ¿Cómo recordar exactamente lo que me interesaba, si no era dueño de la selección de mis recuerdos?

Sin saber cómo ni por qué, por instinto, apreté mis propias manos fuertemente, mientras cerraba los ojos lo máximo que pude. Tanto que me dolían. Entonces, comenzaron a pasar imágenes titubeantes ante mi vista. Eran como películas en forma de collage, en la que podía ver sólo un pedazo de cada uno de los recuerdos.

Entendí que debía hacer un barrido visualmente, mirando uno a uno de los pedazos de recuerdo, hasta elegir al que tuviese relación con mi separación de Susan.

Después de algunos momentos, en un recuadro arriba a la derecha, pude observar las puertas del ascensor de empleados de las Industrias MERLINTOY, en su lado interior. Alcanzaba a mirar un sobre grueso de color azul, que me hizo decidirme por esa imagen, sin saber por qué. Así que, como si se tratase de seleccionar en el menú de una computadora, procedí, aún con los ojos cerrados, a parpadear mirando fijamente a ese recuadro.

—Funcionó!—Casi grité emocionado, porque estaba dentro de aquel ascensor el cual se encontraba totalmente vacío. Nadie me miro como a un loco, por estar hablando solo.

Era un recuerdo tan nítido, que parecía estar viviéndolo. Mientras subía el edificio hacia mi oficina, el ascensor se detuvo en el piso 12 y allí subió Yair, mi buen compañero y amigo de oficina, como nos llamábamos, ya que el tiempo no nos alcanzaba para compartir ningún momento fuera del trabajo.

De repente noté que mi cabeza estaba totalmente inclinada hacia el suelo, era el momento en el que no quería que nadie me mirara, sentía dolor, porque probablemente, sin saberlo, acorde a lo que sentía, estaba a punto de perder el verdadero amor.

Yair, quien me conocía muy bien, no quitaba su mirada de mi rostro. Tanto que atrajo mi atención, haciéndome mirarle directamente a sus ojos.

—Terry ¿Sigues con esa gripe, verdad?—Dijo disimulando frente al resto de las personas que habían subido justo después de él al ascensor. Con esa pregunta, justificaba lo rojo de mi nariz y la humedad que podía apreciarse fácilmente alrededor de mis ojos.

Entonces, entendiendo su intención, mirándole tímidamente respondí, con voz entrecortada:
—Si, Yair, realmente molesta mucho esta gripe.

Mientras llegábamos al piso donde trabajábamos, otras personas   iban bajando en diferentes niveles. Las únicas palabras que decíamos eran acordes a las despedidas que utilizaban, los que salían del ascensor.
—Hasta luego
—Feliz día
—Un placer
—*Okay*

Finalmente, después de subir a aquel edificio en ese ascensor, cual viaje interminable, llegamos al piso 34 donde funcionaba el área de diseño. Cuando bajamos, Yair, pasando su brazo sobre mi hombro, me guió hacia una pequeña cafetería privada, que apenas tenía dos sillas para sentarse en momentos breves.

Se sirvió té con limón en una taza y, antes de colocarle azúcar, me preguntó:

—¿Para ti, como siempre, un café, verdad?

—Si Yair, sólo un café.—Respondí sin ánimo de hablar.

—Y... esta vez imagino que quieres mucho azúcar, ¿verdad?

—Si... mucho azúcar, Yair, mucho azúcar.—Fue todo lo que dije y exploté en llanto.

Yair, tomando su té muy lentamente y de pie, sólo dijo:

—¿Deseas hablarlo?

Con mis gestos le indiqué que no, y balbucee tocándome con un dedo la garganta:

—Es que no podría.

Yair, como siempre tan comprensivo como Germán, pareció entender perfectamente lo que sentía y sólo dijo:

—Nos vemos ahora, Terry, sólo relájate, descansa un rato. Y si me lo permites, me gustaría contarte una historia que un día me contó Germán y a mí, particularmente, cuando me siento como tú, en este momento, siempre me ayuda. ¿Quieres escucharla?

Yo aún no podía ni hablar, tenía totalmente congestionadas la nariz y la garganta de tanto llorar, aunque llorar era algo que nunca había hecho, excepto cuando era un niño. Además, estaba muy avergonzado a pesar de que Yair era mi buen amigo. Sin embargo, conteniendo mi vergüenza, simplemente asintiendo con la cabeza, le indique que «SI» quería escucha esa historia.

Y comenzó diciendo:
—«Cuenta una leyenda que en un reinado muy lejano vivía un rey muy guerrero, que siempre quiso adueñarse de todas las comarcas y naciones que le rodeaban, por lo que era mayor el tiempo que estaba combatiendo fuera de su reinado que el tiempo que se encontraba en casa.

El rey tenía apenas un hijo varón de 17 años, el cual se había dedicado tan solo a estudiar dos materias: cómo combatir y nociones de guerra. Al parecer, esas eran las únicas materias que el rey le permitía estudiar. Sin embargo, el hijo nunca había tenido ninguna misión ni responsabilidad en el reinado.

Pero en una oportunidad, el rey había regresado de una guerra, hacía apenas cinco días, y no le dio tiempo para revisar la administración de su reinado, así que se preocupó al enterarse de que un combatiente cercano estaba preparando el ataque para derrotarlo e invadir su territorio. No le quedó otra opción, sino salir de su castillo a toda prisa con sus hombres vestidos con sus típicas armaduras, para adelantarse al ataque y triunfar, como era su costumbre.

Cuando todos marchaban alejándose, la reina y su hijo les miraban desde la puerta del castillo, pero de repente el rey detuvo el paso y volvió; deteniéndose inmediatamente el resto de sus hombres. El rey se

Gioconda Casales Quiñones

regresó exclusivamente, hasta pararse frente a su hijo, y sólo dijo:

—Quedas encargado de todo el reinado, hijo mío.

—Padre... pero... si yo no sé nada de cómo se maneja un reinado

—Eso es lo que tú crees, hijo mío.

—Padre, no podré hacerlo sin ti.

—Créeme que podrás, hijo mío. E inmediatamente dio la vuelta, tomando fuertemente las riendas de su caballo y comenzó a galopar, emitiendo los típicos sonidos metálicos de su ropaje y el del caballo, yendo hacia el frente de la formación de sus guerreros.

Mientras, su hijo con las manos en la cabeza en signo de desesperación, corrió a pie detrás de su padre y le gritaba:

—No podré sin ti, padre... No podré sin ti padre.... No... podré...

El padre frenó su marcha y retornó hasta donde se encontraba el príncipe en ese momento y le dijo, mirándole fijamente:

—Créeme que podrás.

—¿Padre y si se presentara un problema muy... muy grande?

—Lo resolverás, eres mi hijo.

—¿Y si fuese tan grande que ni tu pudieses resolverlo, padre?

—En ese caso, hijo mío, y sólo en ese caso, deberás abrir este cofre...—Le entregó un cofrecito metálico, de color negro.

—¿Dentro encontraré todas las respuestas, padre?

—Absolutamente todas las respuestas...— Respondió y se alejó cabalgando, mientras su hijo tenía recostado contra su pecho el cofrecito negro, con gran alegría.

Pero en un momento, el rey volteó su cabeza, sin dejar de cabalgar, y le gritó:
—Pero... no lo olvides... es sólo al final que lo usarás, cuando sientas que ya no hay otra alternativa...—Y el rey se alejo en la distancia.

Pasaron muchos días, y cada caso que requería la intervención del rey era resuelto por su hijo, unas veces con mayores dificultades que otras. A medida que transcurrían los días el príncipe se hacía más y más diestro en tomar decisiones y siempre tenía escondido, junto a él, el cofrecito negro. Sin embargo, tal como lo había indicado el rey, no lo había usado.

Un día, ya habiendo pasado cerca de 6 meses después de la partida de su padre, se presentó un problema de una magnitud incontrolable. El príncipe agotó todo su ingenio y su experiencia reciente, más sin embargo, nada logró. Llegó un momento en el que, ya desesperado, temió que nada de lo que hiciera resolvería aquel problema. Así que no le quedó otra opción que acudir al cofrecito negro.

Sentado, tomó la llave que estaba incrustada dentro de un forro en la parte inferior del cofrecito y lo abrió, en busca de la mágica respuesta que pudiera resolver el gran problema. Al abrirlo, comenzó a escuchar una música sumamente relajante. Dentro, estaba cubierto de un lujoso terciopelo rojo; de él, emanaba un olor a incienso inolvidable, sobre el terciopelo se encontraba un pequeño pergamino muy envuelto.

El príncipe actuaba como si estuviese cumpliendo con un sagrado ritual, establecido paso a paso. Por lo que, finalmente, retiró con suma serenidad la cinta que rodeaba el pergamino envuelto y comenzó a estirarlo, hasta poder leer en el que sólo decía: "Esto también pasará".

Al leer aquella nota, el príncipe se quedó horas sentado, en profunda meditación, y de repente, se puso de pié con el rostro iluminado. Lleno de mucha paz diciendo una y otra vez: "Esto también pasará"... "Esto también pasará"».Y así es la vida Terry..., todo pasa...—Diciendo eso, Yair salió de aquel pequeño espacio y, cerrando la puerta con cerradura desde adentro, me dejó completamente solo.

Eran demasiadas y muy dolorosas las cosas que ese día había descubierto y, antes de tomar decisiones en crisis, debía conversarlo con alguien de confianza, ya que me sentía asfixiado. La primera opción era conversar con Germán, sin embargo, sabía que él estaba en una reunión que duraría hasta muy tarde ese día. Así que se simplificó mi duda, cuando, aproximadamente, media hora después de dejarme solo, Yair volvió para ver cómo me sentía.

Él siempre tuvo una forma muy especial de ver la vida y consideraba que todo lo que sucedía, siempre tenía una explicación lógica. Así que decidí pedir su ayuda y contarle todo, pero mi vergüenza sólo me permitió contarle de forma recortada lo de la peluca en la cajuela del vehículo y lo de la conversación con Danna.

Yair se limitó tan sólo a escuchar y rompió el silencio únicamente para recomendarme visitar a un psicólogo, que había sido su amigo desde pequeño.
—Él podrá ayudarte a enfrentar y, más aún, a identificar lo que realmente estas viviendo.—Dijo Yair.

A pesar de mi renuencia a acudir a especialistas de ese tipo para casos de parejas, afortunadamente, esa tarde entendí que no tenía otra alternativa; sentía que estaba agonizando. Salí directamente a conversar con el especialista, que me esperaba, gracias a Yair que telefónicamente me concertó una cita inmediata.

Sólo puedo recordar que una vez que salí de ese encuentro con el especialista, estaba aún más devastado. Las reflexiones que él estimuló en mí fueron en verdad muy duras. Me hizo concluir con mucho dolor que, sin notarlo, yo mismo había generado simplemente que Susan me traicionara, debido a mi comportamiento diario. Podía hacer muchas cosas en casa, pero luego, reprochaba a Susan y reclamaba a gritos que era ella quien debía hacerlo.

Así que, también en el pasado, sin usar las reflexiones de mi libro, había entendido mi grado de culpabilidad.

De no ser por mi descubrimiento y la recomendación tan oportuna de Yair, hubiese permanecido en la total ignorancia, desconociendo absolutamente a lo que se refería Susan, cuando me dijo:

—Terry, esta noche al llegar a casa debemos hablar muy seriamente.

—Así será, mi amor. Lo prometo. Yo le había respondido. Por tal razón, esa noche decidí llegar tan tarde como nunca a casa y preferí caminar por la ciudad, como un vagabundo, para evitar que tuviésemos la conversación que habíamos acordado.

Al día siguiente, me dediqué tan solo a trabajar más que nunca, para no pensar en nada. Yair pasó por mi puesto para saludarme de manera normal, sin ni siquiera hacer referencia a lo ocurrido. Me saludó brevemente, palmeo mi hombro, despidiéndose hasta el día siguiente.

Así que ese día entré en casa más temprano que de costumbre, sabía perfectamente que había una conversación pendiente, desde hacía dos noches. La anterior, cuando se suponía que debíamos hablar, llegué demasiado tarde, con la excusa de que estaba trabajando con Germán en el diseño nuevo.

Esa tarde temprano, Susan acababa de llegar, supuestamente de la oficina. Los niños vendrían luego, acompañados por una vecina latina llamada María, quien también tenía sus hijos en el mismo colegio. En casos de complicaciones, nos apoyábamos mutuamente, trayendo a casa a los niños de cualquiera que tuviera un contratiempo. Por eso, como ese día me correspondía a mí llevarlos a casa, solicité a María que lo hiciera en mi lugar.

Sentado en el sofá, estaba en una etapa en la que creía que era posible que nos reconciliáramos, tan solo con conversar lo sucedido como adultos. En ese momento, sentí a Susan llegar de la manera usual. El sofá siempre había dado la espalda hacia la entrada, por lo que para verla, tuve que voltear hacía la puerta.

La idea de voltear a verla, era saludarla como de costumbre, como si no estuviese sucediendo nada particular. Sin embargo, la sorpresa fue tan inmensa que me movió por dentro; ella venía con su cabellera negra, es decir cargaba puesta la peluca.

La sensación de desengaño fue indescriptible, ahora, quizá sería yo el que ya no estaría interesado en retomar la misma vida que llevaba junto a ella. Seguir con ella, sería pedir demasiado de mi hombría. Y pensé: se quitó la máscara, lo que significa que viene dispuesta a no mentirme más.

Inmóvil, garganta reseca, zumbidos y sollozos, luces intermitentes, truenos retumbando en mi pecho y olor a carne quemada desde mi cuerpo fue lo que sentí, mientras ella se acercaba hasta el mismo sofá.

Después de colocar su cartera en el otro mueble, yo seguía inmóvil. Se sentó a mi lado y se aferró a mi mano. Usaba un vestido azul claro que, estando de pié, le llegaba apenas sobre las rodillas, zapatos de tacones altos, maquillaje muy recatado pero acentuado como nunca, piernas tan unidas como una sola.

Entonces, me miró a los ojos y, pasando su mano derecha por mi cabello, dijo:
—¡Cuánto lo lamento, Terry! Sé que ninguno de los dos merecemos esto.

¿En qué estaba pensando, cuando creí que ella sabía cuánto la amaba? Reflexioné en silencio, teniendo su mano sobre la mía.

Ella se limitó a abrazarme como nunca; parecía que fracturaría todas mis costillas, era como si deseara pasar a formar parte de mi cuerpo, enterrándose dentro de mí. Yo correspondí a aquel abrazo, a pesar de mi dolor.

Hoy puedo recordar que, incluso, hubo un instante en el que sostuve la ilusión de que perdonándola se mantendría nuestro matrimonio; al abrazarla traté de transmitirle precisamente eso.

Ellallorabadeformadesbordadaytanamargamente que corrí al baño en busca de una caja de servilletas, volví a sentarme junto a ella y comencé a pasárselas una a una, para secar sus lágrimas.Definitivamente debía desahogarse para conversar serenamente; lo más insólito era que, en lugar de estar enfurecido con ella, estaba disgustado conmigo mismo.

Seguía cuestionándome con gran dureza, agrandándose el nudo que crecía más y más en mi garganta, al verla sufrir tanto. Su llanto, la iluminación difusa, mi culpa, el calor de un ambiente cargado de angustia y mi ilusión de lograr que aquella otra relación desapareciera, en el pasado, me animaron a sostener mi calma.

Pasaron quizá... una, dos o tres horas, en las que el llanto de Susan no cesaba. La idea era conversar en el sofá, pero, llegaron los niños y tuve que atenderlos inmediatamente. Alejándoles de su madre, les dí de comer, les puse frente al televisor de su habitación y, después de una interminable discusión entre los ellos, para seleccionar el programa que a ambos les gustara, continúe haciendo todo lo que estaba a mi alcance para distraerlos y evitar que se percataran de mi angustia.

No obstante, Freddy, con cara desencajada sentado en un lado de su cama, preguntó:
—¿Qué sucedió hoy, papá?
—¿A qué te refieres, hijo?
—¿Por qué fue María a buscarnos al colegio?
—Nos complicamos en los trabajos y tuvimos que salir de la Empresa mas tarde que de costumbre, Freddy.
—¿Y si salieron tan tarde, por qué llegaron a casa antes que nosotros, si para llegar a casa deben pasar por la calle del colegio?

Qué difícil responder a ese pequeño de apenas 5 años, sin mentir, pero tampoco sin decirle la verdad. Pensé: Freddy es...«genial»... o todos los niños de su generación lo son! De forma contraria, yo desde niño tengo algún tipo de retraso mental.

Eso, obviamente pasó por mí cerebro sólo en breves instantes. Sin responder a Freddy nada más, volví con Susan.

Ella seguía llorando, pero ahora en la habitación. Trataba de hablar con la servilleta tapando su nariz, pero sus lágrimas brotaban a chorros impidiendo que pudiera articular palabras. Busqué un vaso con agua y una pastilla, en respuesta a los gestos que me hacía.

Evidentemente era una de las pastillas que había visto anteriormente, creyendo que se trataba de medicamentos para cáncer. Pero eran tranquilizantes o antidepresivos; aparentemente los tomaba con frecuencia. Eso me causó gran dolor, ya que seguramente sufrió mucho y por mucho tiempo. Por supuesto, sin que yo siquiera lo imaginara.

Al tomar la pastilla, habiendo transcurrido unos diez minutos, el llanto se detuvo, se veía más calmada, aunque obviamente con respiración muy congestionada. Entonces, le pregunté:
—¿Cómo te sientes?
—Me duele mucho la cabeza.—Respondió y abrió la boca mirándome a la cara, mientras parecía intentar articular palabras; el temblor en sus labios no le permitía decirme nada.

Era evidente que Susan había decidido confesarme toda la verdad. Sólo le dije:
—No tienes que decirme nada, creo saberlo todo. ¿Deseas irte de casa o prefieres que sea yo quien lo haga?

Hubo asombro, desconcierto y alivio entremezclados. Sólo se señaló al pecho con su dedo índice de la mano derecha, diciendo con gran vergüenza:
—Yo... pero me llevo a mis hijos

—¿Tus hijos... dices?—le respondí casi infartado—Son «nuestros» hijos. Mira, vete sola, por ahora, y cuando estemos más calmados llegamos a un acuerdo, en el que lo único que importe sean los niños y su estabilidad.
—Tienes razón, Terry, en verdad lo lamento mucho, pero...
—Pero nada, Susan... ya hablaremos, ahora cálmate.

Con aparente serenidad la cubrí con una manta sobre la cama y le retiré los zapatos, para que descansara.

Salí de allí sintiendo que había muerto. Tenía deseos de lanzarme desde la azotea, pero, de repente, los gritos de los niños nuevamente peleando lograron rescatarme de mi locura. Me recosté con ellos aparentando ver televisión y los besaba, una y otra vez, en sus cabezas, aprovechando que estaban entretenidos, mientras lloraba y lloraba.

Al día siguiente, muy temprano, después de haber pasado toda la noche sin dormir ni un segundo, ví levantarse a Susan y, apenas salió del baño, tomó el juego de maletas nuevas, que nunca supe para qué las compramos porque nunca viajábamos, y comenzó a meter todas sus cosas en ellas.

Al ver aquello, salí hacia la habitación de los niños, a los que aún les faltaban dos horas para levantarse, y me quedé con ellos mirando al techo petrificado, hasta que escuché la puerta de salida, abrió y luego cerró.

Corrí a la habitación, a la cocina y a todos los espacios, buscándola desesperadamente, enmudecido para proteger el sueño de los niños; ella ya no estaba.

Susan me había abandonado y con ella se había ido toda mi vida. Manos empuñadas, lágrimas descendiendo por todo mi cuerpo, ojos cerrados fuertemente, dolor en el pecho al respirar, piernas temblorosas; gran oscuridad y un aroma silvestre envolviendo mi ambiente y abrazando mi cuerpo me hacían imaginar la voz de Susan diciendo como de costumbre: «Descansa amor, aún es temprano.»

El legado

Empezando el cuarto día, abrí los ojos nuevamente, estando muy relajado. No recordaba nada y, obviamente, ni lo notaba. Supuse que era sólo un día más; me sentía seguro de estar acostado sobre la cama, en mi vida real. Soñoliento y estirando los músculos, quise ir al baño a cepillar mis dientes y darme una ducha, cumpliendo con mis hábitos rutinarios, pero fue imposible.

La realidad era otra. Al verme nuevamente en el sillón de mi oficina, me sentí como el extraterrestre que muestran algunas películas, en la escena en la que, está transfigurado y contorsionándose, investigando sobre nuestro planeta. Fue como absorber instantáneamente toda la información existente sobre el planeta, de todas las generaciones.

Es decir, sentí como una detonación nuclear en mi mente. Recibí de forma simultánea un inmenso chorro de información, que fluyó hacia mi consciente. Era recordar todo lo vivido, inicialmente eran escenas sobrepuestas, todo incomprensible para mí, en ese momento.

Quedé aturdido por unos segundos: codos sobre mis piernas, cabeza inclinada, mentón sostenido entre mis manos.

—¡Epa....! Hola, soy yo... tu yo sarcástico... ¿Por qué esta vez, sentimos así? Mira que no te puedes enfermar aquí. Bueno, al menos eso creo. Imagínate que si nos enfermamos y...

Hablaba sin parar, me atormentaba. Antes de que continuara, tendría que interrumpirlo; pero, dolor de cabeza y en algunos puntos focales de mi cuerpo, me hacían sentir fobias de todo tipo. Me volví fotofobito, Terry fóbico y todos los fóbicos que se le puedan colocar a cualquier palabra.

Con voz tan suave que, si él no hubiese estado dentro de mí, no lo habría escuchado, dije:
—Déjame solo, por favor. Al menos un rato. ¿Si?
—Eh... bien... me gustaría complacerte amigo Terry, pero... En verdad, si pudiera dejarte solo, ya lo habría hecho desde el inicio.
Por si no lo sabes, creo que estás enfermo de la cabeza y... creo que, a mí, las personas con trastornos mentales siempre me han asustado.

Habló mi parte sarcástica; en esta oportunidad tuvo la gentileza de hablar tan suave como yo. Así que me resigné a su presencia en mi interior.
—Tienes razón. Perdona... no me expresé correctamente. Lo que quise decir es que... ¿Podrías callarte cinco minutos solamente?... Mira que tenemos mucho que hacer y ya no te puedes dar el lujo de perder el tiempo... Cada vez queda menos. Permíteme recuperarme, para ver si, finalmente, podemos cumplir con la misión.

—Eh... Claro... lo hubieses dicho antes... Te entiendo, amigo Terry! Relájate!

Cerré los ojos en señal de disgusto y finalmente guardó o guardé silencio. Entonces: «¿Por qué mí amigo Terry dice que queda poco tiempo?, ¿Será que sabe algo que yo ignoro?» Meditó, con el buen ánimo característico de mi parte sarcástica.

—Oye, amigo sarcástico, creo que soy de principios y valores bien formados, por eso estoy en la obligación de recordarte que también sé lo que piensas.—Dije, cuando ya me había recuperado totalmente.—De hecho por sino estuviste en el recuerdo reciente, te puedo afirmar que, no estamos presos. No asesiné a Susan. Por lo que, si existe un psiquiatra tratándonos, debe estar en su consultorio, no en una cárcel.

—¡Qué sorpresa!... pero... ¿Qué me cuentas?... si eres yo mismo, ¿Cómo podría no saberlo?

—Bien, ahora dame el libro, por favor. Salgamos de esto rápido, ya sabemos que vale la pena regresar, no volveremos a ninguna prisión si no a la vida libre y normal, de prisa... Terry sarcástico.

—Aquí lo tengo en manos. ¿Es que no lo ves?

—Ah... si ya lo veo, pero algo borroso y pareciera que mis manos están insensibles.Pero... está cerrado. Continué diciendo.

—Si, ya observé eso, amigo Terry.

—Con tu capacidad analítica podrías decirme: ¿Qué significa eso?, ¿Cuál es el tema que nos guiará por el camino correcto el día de hoy? O es que.... ya terminamos y regresaremos al presente.

—Yo he estado preguntándome lo mismo, en medio de mi revolución musical, pero como has notado, tampoco se puede abrir. No hay página abierta, ni podríamos escribir en la única vacía que queda en el.

Entonces, como ya era habitual en mí, sentí temor y ganas de salir corriendo. Quise huir o despertar de esa terrible pesadilla y pregunté:

—¿Estaremos perdidos en el tiempo y en el espacio?,¿El psiquiatra cometió un error con la hipnosis y quedé para siempre divagando?

—¡No lo creo!, mira...

—¿Qué?

—La portada del libro, dice algo.

—Claro, sarcástico, dice el nombre del libro.Todos los libros tienen un nombre. ¿O es que no sabías eso, tú que se supone que representas mis únicas neuronas vivas?

—Lee... mira el nombre del libro es «El legado.»

—Si ¿Y?

—Que «El legado» significa: «herencia.»

—Qué fácil, el acertijo ahora si que nos arregló la vida.—Lleno de ira por no entender nada, mirando al libro grité—¡Mi nombre es Terry, y el tuyo no me interesa para nada... Sólo quiero volver a mi vida, no me interesa ningún legado! Libro de pesadilla!

—Libro de pesadilla dices amigo Terry. Creo que el mensaje, esta vez, es que todo lo que tiene, escrito adentro es tu legado. Igual que una herencia, deberá pasar, de generación en generación, en tu familia. Quizá les ayude, como a nosotros. Hasta ahorita nos ha apoyado en todas las situaciones a las que nos hemos enfrentado.

—Qué fácil, no? Tú, el Terry Peña Sarcástico, y Yo, Terry Peña, que estamos perdidos y navegando entre distintos tiempos y recuerdos, tomaremos este hermoso y colaborador libro que aparece y desaparece a su antojo y lo llevaremos a mi vida actual. ¿Fácil, no? Ah, entonces, por supuesto, lo tomaré ahorita en mis manos y lo entregaré a mis hijos como herencia. Me parece muy fácil y elemental.—Y proseguí indignado—Si ni siquiera yo mismo puedo brincar, llevándome a mi vida actual.

—¡!Cálmate! Pareces un profesor de gimnasia rítmica, tratando de crear una coreografía con 30 boxeadores de los más rudos y jubilados.

Como era usual en él, debía hacer alguna de sus locuras y, esa vez, comenzó a brincar con los brazos y piernas abriéndolos y cerrándolos, como un soldado en pleno entrenamiento. Mientras decía:

—Le-ga-do. Le-ga-do. Le-ga-do.

De repente me lanzó en el sillón y con las manos en la cabeza dijo:

—¡Claro... es eso! ¿Cómo no se nos había ocurrido antes?—Estaba notoriamente eufórico. Mientras, yo, inmutable dentro de mí, sólo observaba todo.

Él siempre tenía buenas ideas, pero era demasiado extrovertido, sarcástico, irónico y juvenil para mi gusto. Pero, ya había aceptado mi nueva realidad, él y yo éramos el mismo, simplemente debía aceptarlo; tal como se acepta un pene miniatura e insensible, cuando deseas que, al menos, tuviese el tamaño promedio.

Además, por si fuese poco, debía entender que, tal vez, era mi verdadero yo, el reprimido desde la niñez.

Todo eso que hoy describo con tal amplitud fue un pensamiento muy breve. A pesar de sus brincos, gritos y demostraciones, mí yo sarcástico ya había descubierto el nuevo enigma, sólo pregunté, con tono de indiferencia:
—¿Qué debemos hacer?, ¿Cómo empezamos?

A lo que inmediatamente respondió:
—¿Desde el inicio me dijiste que ese libro te había acompañado por muchos años verdad?
—Si, así es.
—¿Y recuerdas si aún lo tienes en tu vida actual?
—Recuerdo que estuvo en mí poder hasta el día en el que cumplí 30 años.—Y proseguí adentrándome en mis recuerdos con esfuerzo... diciendo—Recuerdo que habiendo pasado tres años desde mi separación de Susan, asistía a terapias psicológicas para superar el duelo que experimentaba. Cuando nos separamos tenía 27 años, así que esperaba que al convertirme en un divorciado de 30 años, estaría libre del duelo y dispuesto a rehacer mi vida junto a otra mujer. Entonces, había decidido regalarme, para mi cumpleaños número 30, un crucero por el caribe. Eso es lo único que recuerdo.
—Perfecto... Qué bien que recuerdes eso... Podría darnos alguna información que próximamente sea útil... pero...—Enfatizó aquella palabra y alzó la voz para preguntar—¿Qué hiciste con «EL LEGADO»?

Nervioso, sólo pude contestar:

—Dios... Preguntándome así me asustas... es como si no supiese dónde deje a mis hijos o algo parecido.

—¿Lo recuerdas o no?, amigo Terry. Piensa bien. Mira que debemos volver al momento en que te separaste de el, e ingeniarnos por qué sería importante que en el presente pueda llegar a manos de tus hijos. Recuerda: es «El legado.»

—¿Cómo puedes estar seguro de eso, sarcástico?, ¿Por qué lo dices en ese tono?... ¿No serás tú el loco psiquiatra que está metido en mi mente, haciéndose pasar por mi otro yo?

El sarcástico Terry, estalló en carcajadas, incontrolable e inmaduro como era costumbre.

—¿De qué ríes?—Pregunté.

—Yo sé lo mismo que tú. Todo lo que he dicho «es sólo una idea»...

No estoy seguro de nada. Pero, si... tienes una mejor idea, no me negaré a apoyarte.—Y cerró su intervención en tono de disgusto y asombro—¿Con todo lo que hemos vivido, cómo puedes creer que estoy seguro de algo?

La reacción equilibrada de mi parte sarcástica, generó en mí cierto tipo de arrepentimiento. Era injusto juzgarle, gracias a él había superado muchas etapas desconocidas para ambos.

De forma comprensiva, aunque sin excusarme, acepté:

—Está bien... es sólo una idea... Bien... y no tenemos otra. Entonces... debo llegar al momento en que me desprendí de mi libro...

Recliné mi cabeza, con esa sensación de tener los ojos abiertos, pero, sin estar mirando nada. Mientras tenía el libro en mis manos: remolino marino de viento y sonido acariciador, de pie sobre la cresta de una ola, suave desplazamiento entre paisajes coloridos e inolvidables; ola deteniéndose, silencio.... y a la altura de mis ojos un borroso hueco cúbico, «El legado» con vida propia entró al hueco.

Letárgico y relajado, inhalé y exhalé, como en el mejor de los sueños de mi vida, sintiéndome acompañado por mi amada Susan. Inhalé una, dos, tres veces. Sentí dolor en el tórax y tosí.

Respiración interrumpida, ojos parpadeantes, iluminación blanca borrosa con movimientos, susurro de voces, inmovilidad corporal y, al instante, me levanté asustado. Respiraba como una locomotora de película que huía, a toda velocidad, de los bandidos del oeste.

Los latidos de mi corazón fueron tomando su ritmo normal, paso a paso. Una vez calmado, tuve consciencia de todo cuánto había vivido y, especialmente, de que no debía abrumarme ni por la época de mi vida en que estaba viviendo, ni por las cosas extrañas que presenciaba.

A pesar de esa meditación, me confundía que aunque sólo revivía mis experiencias de 20 años atrás, la reciente visión marina era totalmente nueva para mí.

De allí, desconcertado una vez más, comenté a mi parte sarcástica:

—Fui en busca de la respuesta que me pediste y lo que conseguí fue un nuevo acertijo. ¿Será que esta pesadilla nunca terminará? Todo sucede de una forma tan incoherente que, después de ver lo que sucede claramente y paso a paso, otra vez siento que nunca entenderé lo que ocurre globalmente y enloqueceré.

—Paciencia, amigo Terry. ¿No has notado que lo que en un momento pareciera un acertijo, simplemente forma parte de un rompecabezas? Ese debe ser el método que utiliza el psiquiatra, para inspirarte a indagar, a medida que nos adentramos, más y más, en tu vida. Cada cosa que hemos experimentado y que pareciera no tener relación con nada, luego encaja perfectamente. ¿No te das cuenta?... Sólo esperemos y, tal como siempre dices, «dejémonos llevar», ya encajará «el legado» con su paisaje marino en alguna parte. ¡Ten paciencia!

—¿Sigues pensando que es un psiquiatra?

—Más que eso, amigo Terry. Creo que es tu cerebro.

—¿Y el psiquiatra?

—Quizá está haciendo un esfuerzo por ordenar la información que está en tu mente, en los diferentes niveles: consiente, subconsciente e inconsciente.

—¡Me impresionas! ¿Cómo sabes tanto de eso?

Las carcajadas descontroladas del sarcástico, esta vez, fueron tan lejos que me salpicó el cuerpo de saliva, mientras apenas se le entendía:

—Sólo estoy inventándolo...

De repente, el sarcástico detuvo su acostumbrada risa, al mirar capciosamente a su alrededor y preguntarme:

—Perdona, ¿Estás seguro de que estamos 20 años atrás?

—Si.

—Ya... ¿viste a tu alrededor?

Estaba en la misma oficina, pero no era el mismo sillón. De hecho el material de las paredes era diferente. Era de vidrio transparente. Las paredes que dividían mi oficina de la contigua ya no llegaban al techo. Con modernos procesadores o computadoras en lugar de las anteriores.

Así que, me detuve a meditar en voz alta:

—Es la misma oficina, estoy seguro.

—¿Qué dices?

—Es la misma, pero 10 años después de separarme de Susan. Es mi misma oficina, sólo que remodelada. Me la asignaron nuevamente cuando regresé a MERLINTOY.

—¿Cuándo regresaste? O sea que ¿Te despidieron de MERLINTOY? ¿El presidente te quitó tú esposa y también tú empleo?—Preguntó mi parte sarcástica, que, en ese momento estaba serio y asombrado.

—¡No! no me despidieron.—Fue todo cuanto dije, sin darle más explicaciones al respecto.

Aún hoy, como Terry, tampoco contaría lo que recordé, porque era algo íntimo para mí. Lo más importante era que, gracias a las terapias que recibí, superé tanto aquella separación, que pude regresar a las Industrias MERLINTOY. Habiendo trabajado en otras siete empresas, durante 10 años. Cada Empresa nueva de juguetes que abría sus puertas para competir, allí estaba yo.

Por supuesto, regresé porque no me habían despedido; había renunciado. Decisión muy bien fundamentada, no sólo porque Susan me había abandonado por el presidente de la Empresa, sino porque, dos semanas después, Allan, la mano derecha del presidente, me llamó personalmente, junto a Danna Solís, para ofrecerme -por instrucción de Roy-, un ascenso, con el que mis pagas periódicas serían diez veces las que recibía en el momento.

Sólo después de recordar ese ofrecimiento fue que comprendí porque Roy, estando yo en su cuerpo, hablaba de mí como si me conociera. Aunque lo que dijo a Robert fue que podían exigirme más, fui tan inocente que hasta me emocioné. Creo que es lo más estúpido que he hecho.

No era a mí a quien conocía, era a Susan. Entonces pude concluir que, en ese momento, seguramente me detestaba y, luego, cuando Susan me abandonó por él, trató de mostrarle su lado bueno, ofreciéndome una mejor paga por mi trabajo.

Obviamente, esa fue una conclusión a la que sólo llegué en ese momento; sin embargo, ahora entiendo que no trataron de humillarme con aquella oferta, sino de compensar en algo el dolor que me causaron. Pero, jamás me arrepentí, ni me arrepiento de haber renunciado, inmediatamente, ante aquel ofrecimiento. Así que, recordé claramente que trabajé en siete empresas distintas, en apenas 10 años.

—Terry, deberías pensarlo mejor. Tienes un alto nivel de rotación de empleo para desempeñar las mismas funciones. ¡Acá te necesitamos... no renuncies!—Fueron las palabras finales de la directora de Recursos Humanos, de la última Empresa a la que renuncié. Recomendándome además que tratara de permanecer más tiempo en los cargos, porque sería mal visto en cualquier Empresa un empleado con ese record de cambios o transferencias.

El tema era que no me adaptaba al estilo de gerencia que manejaban los jefes que me asignaron en las otras corporaciones. Aunque quería trabajar en equipo con los compañeros era imposible, porque se comportaban como grupos de rivales, que sólo se envidiaban y competían incansablemente, poniendo zancadillas entre ellos, una tras otra.

Definitivamente, la formación gerencial de Germán era única e incomparable. En verdad lo extrañaba. Un día, mientras meditaba en eso, encontré casualmente a Yair en la estación del metro. Después de sorprenderme mucho el encuentro y alegrarme, por tratarse especialmente de él, a quien consideraba mi buen amigo, nos saludamos muy afectuosamente.

Luego dijo:
—Regresa, que ya ha pasado el tiempo suficiente, para que no te afecte. Y dijo además—¡Olvídalo! No disimules

conmigo. Sé que volviste a renunciar ayer. No conseguirás a otro gerente como Germán, no tan fácil como esperas y, si no vuelves, vivirás estresado y maltratado.—Y sonrió al continuar—Además, tampoco encontrarás jamás a otro equipo de trabajo como nosotros. Ni las remuneraciones que percibimos. Y eso es importante.

—Yair, pero... ¿Tú crees que exista alguna oportunidad de volver?

—¿Por qué crees que estoy en este lado de la línea del metro, si yo debo subir por el otro lado para ir a casa?

—No lo había pensado. ¿Aún vives en...?

—Si... sigo viviendo en el mismo sitio. Siempre te veo desde el otro lado y te conozco bien, tú detestabas viajar en el metro; siempre andabas en tu vehículo.

—Si... es verdad. Ahora lo hago porque prácticamente forma parte de una terapia, para ver a más personas. Además, el vehículo lo uso sólo para salir con mis hijos, como antes.

—Te entiendo, Terry. Bien, yo hoy crucé la línea, porque acaba de retirarse Kevin. Él tuvo que mudarse a su país, por problemas familiares. Su cargo está en manos de Recursos Humanos y están en busca de un genio diseñador.

Así que... me interesaba entonces saber lo más importante y, por ello, pregunté:

—¿Quién está de gerente de Recursos Humanos?

—¿Quién crees?... la eterna rubia con sus eternos contactos.

—Gracias, Yair, en verdad lo pensaré.

—No tienes nada que agradecerme, no estoy haciendo nada que tú no harías por mí. Ah... y como imagino que quieres saber las cosas nuevas que han pasado, de lo único que podrías enterarte es que la señora Dorothy, la anterior esposa de Roy, falleció la semana pasada en un accidente de transito junto a su esposo. Nicola y Antonieta vivirán con Roy ahora. Te lo cuento, aunque imagino que ya te enteraste.

—No, no lo sabía. Freddy ya tiene 15 años y Sophia 12 y son tan prudentes que, cuando estamos juntos, tratan de no lastimarme con ningún comentario. Así que, no me cuentan nada de lo que pasa, en torno a su madre.

—Bien, de todas formas ya Nicola tiene 21 años y es estudiante de ingeniería de sistemas de sonido y Antonieta de 23 ya está a punto de casarse con un italiano que se graduó de médico, igual que ella, en la misma universidad.—Sonrió con picardía y prosiguió—Espero que valores el esfuerzo que hice para averiguarte todos los detalles de la cúpula del poder de la Empresa. Lo que quiero es que, cuando retomes tu cargo, no te estrese el desconocer las cosas que pudieron haber pasado en estos 10 años.

—En verdad... Eres único, Yair, eres mi mejor amigo...—y al darnos un fuerte apretón de manos le repetí—Gracias, te prometo que lo pensaré.

—No lo pienses mucho, mira que estoy seguro de que vas a regresar, pero quizá si tardas en volver, cuando regreses ya yo no estaré.

Eso me sorprendió muchísimo, sin embargo, me lo dijo con tal entusiasmo, que sabía que se trataba de algo bueno para él. Entonces pregunté:

—¿A qué te refieres?

Tocando su pecho respondió:

—A que este emprendedor, logró su sueño, y ya tiene su propia Empresa. Claro, es una mínima Empresa... ahorita. Pero, a futuro, será la más grande del país y aspiro que del continente y del mundo. Ya tengo todo legalizado, documentado y ya he empezado. Ah, lo más importante es que tengo UN súper cliente.—Y prosiguió sonriendo—Y adivina quién es el presidente... ¡Yo soy el presidente! ¡Imagínate!

Todo lo que Yair me decía me causaba una gran alegría, la cual no podía disimular. Él merecía todo el éxito posible. Entonces dije:

—Yair.... Qué buena noticia... Te felicito... Y cuéntame ¿De qué se trata la Empresa? ¿Diseñas juguetes?

—En cierta forma sí.

—¿Cómo es eso?

—Que diseño juegos, no juguetes.

—¿Juegos y juguetes no son lo mismo?

—No, en este caso no es exactamente lo mismo. Yo diseño juegos para las computadoras. Son juegos virtuales.

—Increíble! Te felicito. Sé que si te vas a retirar, es porque ya te está yendo muy bien. Eso me alegra mucho, te lo mereces.

—No, aún no me está yendo ni bien ni mal. Pero, nos irá súper bien, ya lo verás.—Me miró directamente a los ojos y dijo además—Por si nunca lo supiste... siempre te consideré mi mejor amigo, así que, si yo lo merezco como tú dices, tú también lo mereces.

Sonrió y, como de costumbre, pasando el brazo derecho sobre su cabeza, rascó su oreja izquierda con la mano derecha; mientras, con la izquierda, me entregó una lata rectangular de galletas navideña.

Era imposible no pensar... Marzo es un mes muy distante de navidad, por lo que este obsequio pudiese parecer algo extraño; pero, viniendo de Yair, nada me extraña.

—Gracias Yair, la abriré en navidad. No tengo nada para ti. Es que no esperaba volver a verte y menos hoy.—Sonreí y proseguí diciendo con picardía—Sólo espero que al abrirla no tenga el mismo efecto de aquel bolígrafo de dos puntas en cada lado. ¿Recuerdas?
—Claro, cómo olvidarlo, era en Purín, pero descuida, no te dejará ninguna mancha, en ninguna parte. Ah... y no... Terry, este no es un obsequio para navidad; es para toda la vida.—Fue todo lo que respondió al despedirse con un fuerte abrazo; dejando aquella lata en mis manos.

El lunes de la semana siguiente fui a las Industrias MERLINTOY y me trataron con gran afecto. Cuando apenas saludé a Danna, que se conservaba tan rubia como siempre, aunque con 10 añitos más encima, inmediatamente dijo:
—El cargo es tuyo, Terry.—Yo sólo sonreí. Ella continuó diciendo—Ya tenemos tu oficina lista. Es la misma oficina. ¡Puedes empezar cuando quieras! Ah, por cierto, te están esperando todos en la sala de reuniones.

Yo no podía salir de mi asombro, imaginé que Yair, como de costumbre, fue quien se encargó de hacerme más fácil el regreso, sin que nadie lo notara. Él manejaba, detrás del telón, todo y nadie sabía ni cómo ni qué hacía.

Era una especie de defensor anónimo de los desvalidos. El más analítico y solidario de todos mis amigos. Así que quería ver a Yair antes que a ningún otro amigo y, al preguntar a Danna por él, ella respondió:
—Yair trabajó hasta el viernes pasado, Terry.

Desconociendo la causa, sentí que el encuentro con Yair en el metro me permitió ver ese viernes a mi buen amigo por última vez. Y de hecho, hipotéticamente, fue así.

Había partido en busca de su bienestar. No me preocupó, ni me entristeció. Aquella lata de galletas navideñas sería un recuerdo eterno de mi buen amigo. Pensamiento que se volvió recurrente, desde el día en que me entregó ese obsequio, el jueves 30 de marzo, fecha en la cual, poco antes del anochecer, protegí aquel recuerdo, como a ninguno.

Estando ya protegido aquel obsequio, me intrigaba la frecuencia exagerada con la que recordaba a aquel detalle. Recordé y recordé. Yair era judío y yo católico, así que la navidad para él no significaba nada, comparado con el significado tan importante que tenía para mí. Así que, probablemente, mi nivel subconsciente hacía que valorara aún más aquel detalle. Mi amigo había cruzado las fronteras de nuestras creencias, queriéndome transmitir, sin duda alguna, un mensaje muy especial. Por ello, recordando sus palabras: «no es para navidad, sino para toda la vida», decidí guardar aquel presente en mi lugar secreto.

Una hermosa y antigua iglesia, muy cercana a mi casa, era el sitio al que siempre prefería visitar. El buen hombre, quien se desempeñaba como sacerdote de la parroquia, se llamaba Juan Iglesias; mi confidente, consejero y amigo espiritual. Aunque ya sólo lo visitaba para compartir anécdotas o noticias, en los primeros tres años de mi separación de Susan, alternaba la terapia del psicólogo, una hora diaria de caminata alrededor de un hermoso parque y largas conversaciones y confesiones con el sacerdote, a quien con gran cariño, admiración y agradecimiento le llamaba: «Padre Juan».

Así que, fue dentro de aquella iglesia donde, finalizando el atardecer, ese mismo jueves 30 de marzo, guardé la hermosa lata con decoraciones navideñas en mi lugar secreto.

Una columna de piedras grandes, sostenía en uno de sus frentes a una hermosísima imagen de Santa Teresita de Jesús, de la cual fui devoto desde niño. Devoción que me transmitió un italiano amigo de mi familia, que había nacido en Padova, al norte de Italia, y un día me dijo:
—Querido Terry, yo estoy ya muy viejo y aunque quiera seguir siendo tu amigo y ayudarte, siempre que necesites algo, no podré. Pero, te entrego mi devoción.—Y sacó del bolsillo derecho de su pantalón, una estampita de santa Teresita de Jesús, y continuó diciendo—No olvides nunca, que no hay problema ni tristeza que ella no pueda

aliviarte. Nunca dudes de ella. Ella te acompañará y te cuidará toda la vida.

Creo que poco tiempo después de eso él falleció. Habían pasado tantos años, que no recordaba ni el rostro de ese buen amigo italiano, sólo recordaba que se llamaba Vincenzo. Entonces, heredé de Vincenzo esa devoción y, tal como a él, a mi también me acompañó siempre.

La devoción se fortaleció, porque una tarde, después de conversar con el padre Juan, me quedé rezándole a la amada santa y me provocó ver detrás de la imagen. Detrás de la columna, había una piedra que, a simple vista, se notaba ligeramente salida. Así que, con gran curiosidad, la tomé con mis dedos a cada lado y la extraje totalmente hacía mí.

Aunque parecía una piedra cúbica, maciza y completa, no lo era. Realmente era una lámina cuadrada de piedra, que se podía sacar y volver a colocar fácilmente. Al sacarla se observaba el espacio vacío, donde seguramente alguna vez estuvo la piedra original.

Desde ese día, ése se convirtió en mi lugar secreto de la iglesia. Allí colocaba cartas dirigidas a Santa Teresita de Jesús; siempre empezaba dándole gracias por todo y luego pidiendo y pidiéndole de todo. En la siguiente visita, retiraba la carta y la reemplazaba por otra. Esa fue una práctica que me acompañó y esperanzó durante casi cuatro años, después de mi divorcio.

Coloqué verticalmente el obsequio de Yair, en el fondo del orificio de mi lugar secreto, donde encajaba de forma precisa. Y allí quedó por siempre. Constantemente, cambiaba las cartas; aunque año tras año, con menor frecuencia. Pero desde que coloqué allí el recuerdo de Yair, sólo lo miraba con respeto y no volví a tocar aquella lata, nunca más.

Por su puesto, aquella lata de galletas navideñas, que permaneció desde ese día en aquel lugar secreto, era sentimentalmente invaluable para mí; se convirtió en una ofrenda para Santa Teresita de Jesús desde entonces.

Aunque fueron recuerdos extensos, el tiempo parecía estar definitivamente detenido. Continuaba en el momento en que, reingresando a MERLINTOY, debía dirigirme a aquella sala de reuniones. Seguramente, allí me recibirían Germán y su equipo, por mi reingreso; no había entrado a ese lugar en diez años.
No sentía vergüenza, ni rabia, ni dolor, ni tristeza. Sólo una inmensa alegría. Lo que más deseaba era volver a tener a Germán como jefe.

Caminé hacia esa sala de reuniones y al acercarme a su umbral: *Piernas adoloridas, estiramiento muscular, sensación de flotar en el aire y entrar en mi propio cuerpo, música de rock suave de fondo, luz dirigida hacia mi (con el centro azul mar y las orillas blancas cristalinas). Susan llamándome: «amor... amor», igual que en otras ocasiones, pero esta vez, había otra voz femenina, más joven que la de Susan, que trataba de identificar; cantaba en inglés la letra que ajustaba a la música tipo rock, que siempre en*

*esos trances me acompañaba. Música en descenso y rápida
recuperación de la consciencia.*

Al abrir la puerta, todos estaban sentados como si
se tratase de la reunión periódica que acostumbrábamos
hacer, 10 años atrás. Había caras nuevas de jóvenes,
cercanos a los 20 años; aún quedaban dos de mis amigos,
a los cuales la frente parecía haberles crecido hacia
arriba, tanto como a mí, por la típica calvicie. Germán,
se mantenía casi igual, pero con bigote y tenía muchas
canas en la cabeza. Así que, si no hubiese conocido tanto
a Germán, habría creído que se pintaba el bigote de
negro... cabeza blanca y bigote completamente negro!

En esa experiencia, en la que identifiqué estar sólo
10 años atrás, recordé con exacta precisión, cómo Germán
me miró, sonrió e hizo un gesto invitándome a sentar, en
el mismo lugar en el que me sentaba antes. Claro que,
aunque era el mismo lugar, la sala de reuniones había
cambiado mucho, era semejante en lujo y modernidad
a las oficinas de Roy de hace 20 años. Lo cual, sólo hoy
podría comparar porque las visité al iniciar mi experiencia,
cuando me descubrí dentro de él.

En medio de mi recuerdo sólo pensé: si ahorita
estas oficinas son tan lujosas, ¿cómo serán las de la
presidencia, siendo tan famosas?

Germán interrumpió mi meditación al decir:
—Bien, chicos, hoy es un día sumamente especial para las
Industrias MERLINTOY, ya que nuevamente tenemos,
en esta gran familia, a nuestro gran amigo, profesional y

experto diseñador: Terry Peña Waith.—Y prosiguió—Eso lo digo, sólo para los que no lo conocen. Porque, para los que tuvimos el honor de trabajar con él hace 10 años, sentimos que nunca se ha ido.

Así que… guardó silencio y todos a la vez dijeron: —«Bienvenido, Terry!»

Se pararon estrepitosamente, corriendo hacía mi puesto y rayaron mi camisa por todas partes, con tinta de diferentes colores. Parecía una jauría de lobos muy hambrientos, pero en lugar de lastimarme, me transmitían gran afecto.

Mientras tanto, podía ver en un pequeño espacio que se abría entre ellos, el rostro de Germán, visiblemente conmovido. No podía creerlo. Germán el inmutable líder y modelo, derramaba lágrimas por mí. Y no una lágrima, sino muchas. De hecho, tenía la nariz roja y se le formó en torno a sus ojos un antifaz del mismo color.

Al notar que le miraba, tan sólo cerró su puño derecho y golpeó su pecho, dos veces en el lado izquierdo; aún con lágrimas en los ojos mirando fijamente hacia los míos, mantuvo su tenue y característica sonrisa y salió del salón de reuniones.

Definitivamente, muchas cosas habían cambiado. No sólo en apariencias de la edificación y el mobiliario, sino, también, en el comportamiento de Germán como líder. Él siempre había dicho que debíamos ser flexibles y adaptarnos al momento, pero era extraño que aunque su gente le siguiera respetando, tuviese mayor libertad de expresar sus emociones frente a él, de forma tan desordenada.

Lo que comento ya que, una vez culminada la labor de dejar totalmente inutilizable mi camisa, todos los compañeros de pié, formaron un círculo, dejando la mesa en el centro y, mirándome de manera seria, despectiva y riendo, uno de ellos dijo con voz muy elevada:
—¿Este es el genio que Germán nos obligó a aceptar?
—¿El que se supone que al competir va a superar nuestros diseños?—Otro complementó:

No existe palabra en diccionario alguno, que expresé mejor lo que sentí en ese momento, porque era: «Terror»... parecía una pesadilla. Se repetían las escenas que vivía, diariamente, en las Empresas donde traté de adaptarme y de las que tuve que escapar.

El área de diseños de MERLINTOY se convirtió en otra fábrica de monstruos, como el resto, seguí pensando como suspendido en el aire. ¿Y yo cambié siete veces de empleo, tratando de volver a sentir lo que es realmente trabajar en equipo y lo que consigo es éstos?

Recordé que no podía creerlo, sin embargo, esos breves momentos de reflexión parecían incapaces de transmitirme la respuesta correcta. ¿Qué hacer ahora?, ¿Volver a renunciar y elevar aún más el nivel de rotación?, Ya tengo 37 años y no puedo seguir cambiando de empleo, tampoco soy como Yair que puedo independizarse.

Rompí en llanto, cuando pensé lo peor: Dios mío, ahora entiendo las lágrimas de Germán, él me conoce y sabe cuánto voy a sufrir aquí. Por un instante, mi mente se detuvo, mientras mis lágrimas bajaban por mi rostro.

Compañeros enmudecidos, miradas cruzadas entre ellos, cabezas descendidas, rostros desconcertados y uno de ellos, manteniéndose sonriente, dijo:
—Germán ha enloquecido... ¿Cómo cree que este chico, con esa camisa tan rayada, va a formar parte de nuestro equipo?

E inmediatamente, sacaron una caja de regalo, elegantemente envuelta, en colores: amarillo tostado, azul y blanco. Yo no podía entender, qué estaba pasando cuando dijeron en coro:
—¡Ábrela!... Ábrela!... ¡Ábrela!

Entonces, aún pensándolos cual monstruos y recordando el riesgo que podría significar el abrir esa caja, sí ellos eran como muchos de los compañeros que había tenido en los últimos 10 años, titubee para abrirla. En lugar de ello, preferí salir y correr inmediatamente de aquel recinto.

El más grande y fornido de los jóvenes me detuvo por un brazo, justo antes de abrir la puerta. Y obligado a voltear hacia la mesa... pude ver que... ellos habían abierto la caja y dentro tenía una hermosísima, muy costosa y elegante camisa de mangas largas, la cual, después de verla de cerca, era justamente de mi talla. Combinaba sólo mis colores favoritos, los mismos del envoltorio del regalo.

Uno a uno, fueron abrazándome, y diciéndome cosas como:
—Disculpa.
—Sólo fue un chiste.
—No quisimos lastimarte.
—Bienvenido.
—Somos una familia.
—Nunca competiremos.
—En la unión está el éxito.

Solo, de pié, aceptaba sus palabras, en absoluto silencio; aún estaba muy consternado. Con pulmones muy llenos, y apenas aceptando lo que realmente sucedía pensé: Gracias, santa Teresita de Jesús. Sabiendo que al salir de la Empresa ese día, debía ir a mi lugar secreto a cambiar la última carta por otra, donde por primera vez sólo dedicaría su contenido a agradecerle por lo recién vivido. Además le llevaría la camisa como una nueva ofrenda que acompañaría en valor sentimental, al obsequio navideño que Yair me había entregado, hacía apenas cuatro días.

Además, recordé claramente que en el contenido de la carta que debía sustituir, le pedía a la maravillosa santa, que... si algún día moría sin alcanzar la paz, intercediera por mí ante Dios, para que me permitiese seguir disfrutando del paraíso, al que imaginaba parecido al maravilloso parque que recorría cada día durante una hora, por recomendación del cardiólogo.

Temía realmente a la muerte, a pesar de mi juventud. Pues, por una parte, los elevados niveles de angustia producidos por el divorcio y, por otra, los de estrés incontrolable, generados por mis últimos gerentes, me habían convertido en hipertenso.

Colesterol y triglicéridos se elevaban por problemas emocionales continuamente y existía riesgo de un accidente cerebrovascular (ACV) ante cualquier descuido. Así que, ese fue otro factor que tomé en cuenta a la hora de recibir la recomendación de Yair acerca de regresar a MERLINTOY.

Lo que buscaba era mejorar mi nivel de calidad de vida, por eso cambié de siete empresas diferentes, pero al no conseguirlo, el temor a morir me apresó al extremo de rendirme y pedir mi último deseo a Santa Teresita de Jesús en esa carta.

No obstante, gracias a la recomendación de reingresar a MERLINTOY, tanta alegría después de tanto terror, fue increíble. Me refiero, incluso, al terror de creer por unos minutos que, el equipo de diseño era la continuación de mi pesadilla laboral de 10 años continuos.

La única explicación que eso tendría sería atribuible a la existencia de un Germán que manejase su nuevo y muy particular estilo de gerencia, el cual, por ser en algunos aspectos totalmente diferente al que conocí, permitía ese tipo de relajos del personal.

Podría complementar esa reflexión recordando lo que en una oportunidad, hace 20 años sucedió en esa misma sala de reuniones: al entrar Germán, nos encontró, sin percatarnos de su entrada, criticando severamente a otro gerente. Decíamos que gritaba tan fuerte a sus empleados para humillarlos, que casi nos veíamos obligados a sostener las cosas del escritorio, para que no se cayesen al suelo.

Así que, a título de reprimenda, esa reunión fue iniciada por Germán diciendo:

—Les invito especialmente a no criticar a ningún gerente, con el que no estén de acuerdo en su actuación. Por el contrario, les sugiero que al igual que Yair me ha enseñado, tratemos de analizar todos los comportamientos de esos gerentes, como fenómenos conductuales. Entendiendo que todo gerente quiere hacer un excelente trabajo y si no es así, generalmente es por desconocimiento.—Y prosiguió preguntando a Yair—¿No es así, Yair?

—Así es, Germán, de hecho, yo no lo hago porque no tengo tiempo... y continuó sonriendo—Pero estoy seguro de que, algún día, saldrá a la venta un libro que se encargue de decirle a los gerentes, qué es lo que «no» deben hacer, si lo que desean es triunfar.—Y prosiguió—Porque de nada vale que un libro diga teóricamente lo que significan los conceptos, sin ni siquiera decir las prácticas positivas. Hay que preparar y formar a la gente que desea gerenciar, para que sepan de qué cuidarse y qué no hacer a la hora de dirigir empleados.

Germán interrumpió diciendo:

—Así que, a falta de un libro escrito al respecto, lo ideal es ver qué hacen mal los gerentes, para saber qué es lo que no debemos imitar.

El secreto de una buena gerencia es mantener gentes felices, como nosotros, entregando con tanto entusiasmo, hasta nuestra vida, por la empresa. Y, por supuesto, para que las empresas se vuelvan cada día más exitosas, y disminuyan las carencias sociales.

Eso dijeron Yair y Germán hace 20 años y todos sonreímos. Mientras que, por tratarse de ellos, en quienes todos confiábamos por sus estilos analíticos, se produjo un profundo interés por vigilar a los demás gerentes y las reacciones de sus empleados. Es decir, casi nos volvimos investigadores para aprender cómo no actuar a la hora de ascender, si deseábamos ser exitosos. Sin embargo, nunca volvimos a criticar entre nosotros a otros gerentes; al menos no cerca de Germán.

Hoy, desde mi verdadero yo, me gustaría decir que Yair tenía razón, afirmando que en el mercado de librerías se consigue un texto escrito por investigadores de estilos gerenciales, que al parecer piensen exactamente igual a Yair, años más tarde.

Seguramente el nombre del libro sería: «Cómo no gerenciar», el cual, sin duda alguna, ya habría evitado a muchos empleados y empresas el fracaso, mostrando a sus gerentes de qué cuidarse y cómo no hacer las cosas, si lo que desean es ser recurrentemente exitosos.

Del gerente depende el comportamiento de su equipo de trabajo y el equipo de Germán, es decir, mis compañeros, eran en verdad muy humanos y seguían su modelaje. No obstante, el Germán que había conocido distaba mucho del que reencontré 10 años después. Delante de él no hacíamos chistes, ni criticábamos a nadie.

En fin, lo importante fue que todo el susto o terror que experimenté en aquella sala de reuniones no tenía asidero. Germán no había dejado de ser un buen gerente, incluso se había adaptado a los cambios de la nueva época.

Esa era una realidad tan añorada por mí, que me regresó gran parte de mi vida, junto a la camisa que permaneció siempre en mi lugar secreto.
—¿Cuándo te pones nuestro obsequio, Terry?
—Es de tanto valor en mi vida que la tengo guardada sólo para una ocasión tan inolvidable como ninguna.
—Si, ya sabemos, el día que podamos vértela será un milagro.

Conversaciones que eran puntuales y jocosas; respondía a mis compañeros y entendían qué lejos de despreciar mi camisa de cuadros azules y cuadros blancos intercalados y delimitados por líneas de amarillo tostado, me gustaba demasiado para usarla en la oficina.

En aquel sillón, con los ojos cerrados en medio de mis recuerdos, supe que además, un día normal de mi vida en esa época, 10 años atrás respecto a mi vida actual, de todas formas no me brindaba ocasiones para vestirme con algo tan especial.

Mi vida consistía en: levantarme, asearme, tomar medicamento para hipertensos, desayunar, vestirme, caminar a la estación del metro, ir a mi oficina, trabajar diseñando juguetes, cambiarme la ropa por *sport*, tomar el metro con dirección a casa, ejercitarme una hora alrededor del parque y, algunas veces, visitar la iglesia antes de volver a casa. Además de, salir con mis hijos para: días festivos, trotar en el parque, ir al cine, hacer castillos de arena y bañarse en la playa, asistir a encuentros escolares, ir de compras y a competencias deportivas en estadios.

Recordé que esa seguía siendo la misma rutina, la que había establecido desde hacía años, después del divorcio. Pero al reingresar a MERLINTOY, ir a la oficina me llenaba de alegría, me entusiasmaba, me permitía casi brincar de la cama en la mañana sin estar agotado; ya no necesitaba las vitaminas ni nutrientes de moda para tener energías.

Lo más importante era que había recobrado mi capacidad para dormir toda la noche y ya no me despertaba a las tres de la mañana.
Entonces, me emocionaba otra vez la idea de alcanzar mis objetivos, tanto laborales como personales y me sentía feliz.

Respiré profundamente haciendo el ejercicio que me recomendó el terapeuta para relajarme, distensioné los parpados profundamente, aunque con ojos algo abierto y pude ver mi entorno aunque muy borroso.

Formas de cuerpos blancos y sin rostro, muchos ojos girando como incrustados en una rueda de bicicleta a mi alrededor, aroma mezclado con jazmín, la misma música de rock, muchos susurros que parecían humanos.

Entonces escuché una voz que parecía decir algo como:
—Biu chato.

Era una voz masculina, de alguien mayor; mientras trataba de identificarlo, los ojos se me iban cerrando solos totalmente, hasta sentir que floté hasta un cuarto oscuro y allí quedé suspendido en el aire.

La trampa

El quinto día se iniciaba con la llegada de un nuevo amanecer, después de recobrarme lentamente de aquel trance. La misma oficina, sillón girado hacia la ventana, sol despuntando, mar muy azul visto entre edificios y fugaces cantos de aves; cuerpo y mente descansados, nada de dolor, angustia, terror, ni depresión.

Aunque recién salía de mi estado semidormido, sabía perfectamente lo que estaba pasando. ¡Nuevamente, el abandono de Susan era tan solo un recuerdo! Entonces, de repente me levanté del sillón, con hombros relajados, mucho aire en los pulmones y dije sonriente:
—¡Sí!, qué hermoso amanecer, debo cumplir la misión y regresar... ¡Debo reencontrarme con mi vida!

Mano derecha en mi frente, mirada hacia el paisaje, amplia sonrisa, mano izquierda en el pantalón, pasos inquietos, olor a productos de aseo y limpieza, y dije:
—Lo sabía, Dios mío. ¡Además de no ser un asesino, soy un católico fervoroso y devoto a Santa Teresita de Jesús. Hasta tengo un lugar secreto en una iglesia... Ah! Y además, tengo un amigo sacerdote: «el buen padre Juan.» ¿Qué te parece lo que acabo de recordar, sarcástico? Me dirigí a él, sin ninguna duda de que me estaba escuchando.

—Terry, es increíble, ahora sólo tenemos motivos para alegrarnos. Gritó mi otro yo, mientras, con los píes apoyados en el suelo, lanzándose, o podría decir también lanzándome, estrepitosamente en el sillón, le hacía girar a gran velocidad al reír desaforadamente, como un loco.
—Claro, Terry travieso, ¿En qué más podríamos pensar?—Decía aquello, tratando de no escandalizarme por su exagerado e inmaduro comportamiento. Pero por si fuese poco, incrementó sus manifestaciones de euforia, comportándose ya como Terry «el rockero monstruoso.»

Esta vez sentía que martillaba mis rodillas, al golpear en ellas rítmicamente, como si se tratase de instrumentos musicales. Al mismo tiempo, cantaba a gritos o alaridos: «Si la santidad se premiara... tú... serías millonario...» Lo que repetía una y otra vez, en diferentes tonos.

—¡Ya!—Grité apenas pude dominar la escena.
—Está bien, tienes razón. Ya es suficiente para ejercitar mi garganta en la mañana, así estaré a tono todo el día, cuando te cante.—Respondió.
—¿Crees que te dejaré hacer nuevamente tus alaridos, en mi presencia?
—¿Qué otra opción tendrías, amigo Terry?
—No lo sé, pero algo inventaré.—Empezaré por esforzarme para mantener el control. Trataré de eliminar tus intervenciones impertinentes y atormentantes.
—Sin mí, nunca regresarías a nuestra vida normal y lo sabes, amigo Terry.
—¿Eso crees?

—Estoy convencido y prueba de ello la tengo acá en mis manos nuevamente...

Esa vez, el sarcástico tomó el libro del escritorio. Yo, ni siquiera sabía que estaba allí. Sólo pensé: pero... ¿Qué hago? Discutir conmigo mismo es ridiculizarme más.

Asomaron a mi mente muchas dudas pero, no tenía a nadie con quien compartirlas. Reflexioné entonces:
—Está bien, leeremos seguramente otro mensaje del libro. Continuaremos en busca del camino, para retornar a mi vida normal.
¿Pero, te has preguntado, Terry sarcástico.... qué pasaría si hasta el fin de los días permanecemos leyendo y leyendo, así como también, brincando y brincando de una época a otra, sin saber para qué y sin regresar?
—No, no me lo he preguntado. De hecho, si lo hago ¿Crees que cambiaría algo? ¿Tienes otra alternativa que no sea guiarnos por el libro? Se supone que después de tantos análisis, lo único que pareciera tener sentido es que un loco psiquiatra, en alguna parte del mundo, nos tiene encerrados en una terapia para descubrir «no sé qué cosa.» Lo cierto es que para ello, nos entrega el libro como herramienta de guía. O sea, que, definitivamente debemos tomarlo como un juego virtual. Te sugiero que hagamos lo que pareciera que debemos hacer, y dejemos de perder el tiempo. ¿Te parece?

—Sí, es verdad, fíjate que aunque no sé por qué, tengo la sensación de que cada vez se acorta más el tiempo. Pero, creo que cada lectura del libro, reflexiones y recuerdos me sumergen en un mar de emociones que me están agotando más y más, a cada momento. En cambio, aparentemente, tú lo disfrutas más y más. Ironizas a cada instante y te burlas como si no se tratara también de tu vida. Y eso, en verdad, ya no lo soporto.

—¿De qué agotamiento hablas? Y... ¿De qué vida hablas amigo Terry? El psiquiatra ha tenido el detallazo de dejarnos descansar cada vez que estás agotado y, además, ¿por qué yo tendría que preocuparme por mi vida? Si cuando recuerdas las situaciones, lo que haces es volver a vivir toda tu vida, mientras para mí nada de eso representa mis recuerdos. Es como si nunca te hubiese acompañado en tu vida normal. Pareciera que soy sólo parte de tus neuronas, pero de las que estaban siempre durmiendo sin vivir nada, o algo así. Si no me equivoco, represento quizá las únicas neuronas que te quedan y que sobrevivieron, seguramente, por descansar tanto y ser las más divertidas.—Y prosiguió diciendo muy sonreído—Trata de recobrar tu vida, amigo Terry, es simplemente eso lo que tenemos que hacer. Cumplir la fulana misión para volver a tú vida... Ah....y, por favor, ya deja de ser tan aburrido y disfruta. Mira que el preocupado debería ser yo, pues, probablemente, cuando regreses no podré alegrarte la vida y, tal vez, volveré al anonimato.

Guardé silencio, ya que se suponía que, hablara o no, mi otro yo sabía perfectamente lo que sentía y lo que pensaba. Entonces, para qué darle el gusto de escuchar que, nuevamente, haría lo que él recomendaba.

Sin ninguna explicación, totalmente ajeno a mi voluntad, con los ojos abiertos esta vez, me sumergí en un mar de sensaciones: Olor a rosas y jazmín, tierra mojada, sonido de lluvia y trinar de aves, brisa, vistas de paisajes naturales, hormigueo en todo el cuerpo, caricias en los brazos, la voz de Susan diciendo: «amor, amor», y en mis manos el libro que pasaba ante mis ojos desde borroso a nítido paulatinamente, hasta que pude ver que estaba abierto en una página titulada: «Por llegar está» y comencé a leer muy inspirado en ella.

«Por llegar está, entre truenos y ventiscas el invierno desde arriba, mientras se escucha una fiesta entre grillos y mosquitos, mientras la naturaleza se prepara, para reavivar con su magia el colorido infinito, la majestad de sus bosques y la gracia de su vida.

Por llegar también se encuentran los cantares de sus aves, Que, al reverdecer los campos, volverán a hacer sus nidos. Ríos enteros al inicio algo revueltos, que saciarán con sus aguas suelos que están por ahora muy sedientos y sufridos. Peces brincando por lograr salir del agua para alcanzar un insecto, mariposas revoloteando y haciendo gala de esplendorosos destellos, que de colores variados confrontados con la luz, simulan con mucha gracia, arco iris de los cielos.

Por llegar también están los románticos viajeros, que se niegan a escuchar noticia de algún mundo conocido. Consintiendo disfrutar el armonioso despliegue que, de soñados paisajes y de paz con un gran sosiego, ven solamente la magia, que llega con el invierno, adornando lo vivido.

En contraposición, también está por llegar, rápidamente, todo aquello que el viajero nunca ha querido escuchar. El terror de las familias a las que, ese mismo invierno, pudo dejar sin hogar.

Por llegar así se encuentra, un gran grupo del gobierno a buscar, quizá en el agua, para rescatar la gente que sufre en aquel infierno, a seres desprotegidos que con angustia aseveran, temer por sus familiares y amigos que quizá han muerto.

Los niños y su mismo susto al ver llegar las tormentas. Sus padres, como otras veces, tratando de distraerles. Contándoles alguna fabula sobre cuando Noé llegue, para llevarles flotando, al nuevo hogar que dé albergue.

Por llegar sin duda está, para los ojos de algunos, sucesos de maravillas, y en probable se transforma con mayor intensidad, en dolor y desconcierto, lo mismo... para otras vidas.»

El silencio invadió el ambiente. Identificándome en mi oficina de aquella época, supe que, aunque ya era hora de que en la Empresa todos los empleados comenzaran a trabajar, al parecer, nadie había llegado. Estaba definitivamente suspendido en el tiempo, dentro de ese espacio. Pero, con el entorno manejado por el capricho de alguien más.

Precisamente en eso pensaba, cuando mi otro Terry me interrumpió diciendo:
—Y... ¿no se te ocurre que hoy podría ser un día feriado, tal vez un domingo?

Abriendo lo ojos con expresión de horrorizado le respondí al sarcástico:
—Realmente, tal como dijiste, pudiste ser parte de mis neuronas... Pero, claro, de mis neuronas muertas, porque con esa pregunta sé perfectamente que, entonces, no formaste parte de mi vida.
—¿A qué te refieres? No te entiendo.
—A que pareciera que no sabes que el deseo de cumplir los objetivos, exitosamente, era lo único que importaba para nosotros.
—Cuando dices nosotros, ¿A quienes te refieres?... ¿Dices que a mí me importaban tus objetivos?
—No... Me refiero a nosotros «el equipo de trabajo de diseño»
Nada tenía más importancia, independientemente del día del año en que estuviésemos viviendo. Siempre trabajábamos. Aunque con Germán, al frente de nuestra gerencia, teníamos libertad de manejar nuestro horario, lo único que queríamos y, especialmente, lo único que «yo» deseaba, vehementemente, era superar a la Empresa competidora. Lograr un diseño genial que permitiera,

al menos durante una navidad, que las Industrias MERLINTOY se apropiaran del mercado de compradores de juguetes, totalmente. O, al menos, alcanzar un porcentaje histórico de ventas era mi verdadero sueño.

—¿Y... lo logramos, amigo Terry? ¿Fue MERLINTOY el de mayores ventas algún año?

—No lo sé, ahorita no puedo recordar nada de eso.

—¡Era de esperarse! Ya habías hablado demasiado. El psiquiatra te frenó, para que, al recordar lo que realmente sucedió, lo hagamos guiados por el resumen de reflexiones del libro.—Dijo el travieso, moviendo la cabeza a ambos lados y levantando mi ceja izquierda, mientras sonreía.

—Lo había olvidado totalmente. ¡Es cierto! Debemos escribir las reflexiones que se adecuen.

—¿Debemos, dices? No sabes cuánto me agrada que uses plurales, cuando el único pensante soy yo. El único que escribe el resumen soy yo. El único que te puede regresar al presente soy yo.

—Es verdad, has sido tú desde el inicio quien lo ha escrito.

—Está bien. Me gusta que reconozcas que sin mi, no vales nada.

Entonces... ¡Si quieres que escriba este resumen debes, además....... retractarte.—Dijo con su desagradable ironía característica, entre juego y burla.

—¿Retractarme de qué?—Pregunté.

—Dijiste que yo era neuronas muertas... ¿Lo recuerdas?

—Ah... era eso...

—Si... es... eso...

—En verdad, debo reconocer que no eres neuronas muertas. De hecho, pienso que eres las únicas vivas que me quedan.—Y tocando mi hombro izquierdo con mi mano derecha, pregunté—¿Satisfecho?

—Bueno... Digamos que... sí... Pero... Si me das un besito...—Y sonrió como siempre.

—¿Estás completamente loco? Sabes que ni si pudiese te daría jamás un beso. Pedazo de morboso.

—Está bien... está bien, era sólo un juego y lo sabes... Eh... la verdad... tú tampoco me atraes nada.—E inició el ascenso indiscriminado de sus carcajadas, golpeando a mis hombros una y otra vez.

Así que fue preciso interrumpirlo alzando la voz:

—Comienza a escribir, Terry sarcástico, trabaja que sin eso no regresaremos nunca.—A pesar de haber acordado lo que haríamos, no conseguíamos el bolígrafo para iniciar la escritura.

Busqué por todas partes con la mirada, hasta descubrir que estaba en el suelo, debajo del escritorio.

Me agaché y, después de agarrarlo con mi mano derecha, estando aún de rodillas, me levanté de repente, olvidando retroceder para salir de abajo del escritorio. Al levantarme, recibí en la cabeza un golpe tan contundente, que quedé totalmente inconsciente.

Después de un momento: ojos parpadeando aceleradamente, manos intentando apretar, luz incandescente blanca, agotamiento extremo, mareo, susurros en aumento, zumbido prolongado, sensación de vacío y... allí estaba yo, en el suelo, aún debajo del escritorio en posición fetal. Con un gran dolor de cabeza.

Así que prácticamente gateando, salí para subir de nuevo en el sillón.

Una vez sentado, me preguntó:

—¿Qué te pareció eso, amigo Terry?

—No sé a qué te refieres. Sentí que apenas cerré los ojos un segundo y no entiendo nada.

—¿No escuchaste al hombre que hablaba, a Susan y a los demás?

Apenas caímos en el suelo, comencé a sentir voces conversando. Alguien decía: «Bien, muchacho...Te pondrás bien, muchacho, tal como te lo he prometido. Tu familia te necesita, aquí están todos.»

Palabras que sin duda iban dirigidas a mí; era la voz de un caballero de edad madura, el cual reflejaba gran sensibilidad humana... Amigo Terry, te aseguro que mientras le escuchaba, sentía caricias en ambos brazos y me tomaban las manos. Sensaciones a las que, al parecer, ya estaba familiarizado. Además, creí estar soñando al oír voces susurrando, con una especie de algarabía. Parecían estar celebrando algo. Apenas el caballero terminó de hablar, escuché a tu Susan decir: «Gracias... gracias en verdad, no sé que habría sido de nosotros sin usted. Sin su paciencia, su constancia y tanta dedicación diaria. ¡Gracias!»

—¿Susan? Si eras neuronas dormidas y dices no saber nada de mi vida, ¿Cómo supiste que era ella?

—Porque el caballero respondió: «Sólo nos queda esperar, señora Susan, esto es sólo otro buen indicio. Aunque debo reconocer que, mejor que los anteriores, no es más que eso... un simple indicio.» Y eso dijeron.¿Entiendes ahora porque digo que era Susan? ¿En verdad no escuchaste todo eso?

Respondí simplemente:
—No escuché ni vi nada, fue sólo un segundo. No quería que extendiera aquella conversación.

Guardé silencio, tratando de evadir los pensamientos que me invadían sobre lo sucedido; cumplir la misión era lo que importaba. No obstante, debía reconocer que algo nuevo ocurría.
Aparentemente, las neuronas que me quedaban, es decir, mi parte traviesa, cobraba vida por su cuenta. Y peor aún, yo no formaba parte de esa vivencia.

Pensar en eso me complicaría más; terminaría asustado concluyendo que, quizá, el que era real no era yo, sino el travieso.
A cada momento sucedían cosas diferentes. Sabía que evidentemente el tiempo se acortaba. Con esa idea en mente, noté que, ya tenía en manos el bolígrafo, lo que me produjo un ataque de risa.
Mientras reía pensé que valieron la pena el golpe y el desmayo. Al menos podríamos escribir el resumen.

Entonces, dije lo que sentía:
—Se nos acaba el tiempo, Terry sarcástico, concentrémonos en el resumen. Hagámoslo ahora, que pronto podría ser muy tarde.
—No te entiendo... ¿Por qué dices que se nos acaba el tiempo?

—Porque todo tiene su tiempo y... no preguntes más. Hay mucho que saber, para cumplir la misión.

Así que, guiado por mi parte analítica, procedimental y sarcástica, plasmé el resumen de las reflexiones correspondientes al mensaje del libro titulado «Por llegar está», en la última página vacía de aquel libro donde escribimos el resumen:

1.- La indiferencia ante el dolor ajeno te hace olvidar que los tuyos podrían ser victimas del mismo sufrimiento.
2.-Cerrar los ojos no cambia la realidad, sólo te ayuda a engañarte.
3. Esconderte detrás del desconocimiento, te convierte en cómplice sin liberar tu consciencia.
4.-Todo es susceptible a fallas y ambigüedades, lo perfecto sólo está en la imaginación.

—Que bien... ¡Listo!—Mientras lo decía, me abracé a mi mismo con mis dos brazos.
—¿Ese abrazo es para mí, Amigo Terry? porque de ser así, esta vez no podrás negarme mi besito... y rió a carcajadas como siempre... Mientras decía aquello, pellizcaba mis mejillas.
—Esto era lo único que me faltaba, sarcástico, descarado y falta de respeto. Y... ¡Si!, el abrazo era para los dos.
—¿Y eso, por qué?
—Porque estoy muy feliz al ver que al fin ya usamos la última página vacía. Imagino que terminamos de aplicar estas cuatro reflexiones y... listo... A la vida real nuevamente...
—Amigo Terry, tú siempre tan entusiasta... En cambio, yo he pensado que ese psiquiatra tiene una biblioteca

gigantesca llena con colecciones de libros de ese tipo y que éste es apenas el primero de muchísimos libros.—Y prosiguió—Te imaginas una biblioteca con estanterías inmensas y él, un regordete muy barbudo, con cara de científico loco, que está experimentando con un conejillo de indias que se llama Terry, al que tiene sujeto a una cama, con muchos amarres?

A medida que avanzaba en su graciosa conclusión, aumentaba la risa; con las pocas palabras que le salían acompañadas por chispas de saliva, continuó diciendo: —Imaginas ahorita, el psiquiatra regordete, debe estar buscando una escalera de dos metros de alto para sacar nuestro próximo libro, pero... y reía y reía, mientras balbuceando continuaba—Pero el libro va a ser tan pero tan grande que... va a necesitar un montacargas mecánico, para poder moverlo. Ah... y seguramente tendrá unas 100 páginas vacías para nuestra próxima experiencia.—
Reía y reía, tanto que los músculos del rostro me dolían cada vez más.

Por un momento, cuando detuvo su risa, prácticamente entré en pánico, pensando en qué pasaría si ese chiste tuviese algo de real.
Sentí escalofríos al cerrar los ojos e imaginé los millones de compartimentos de las estanterías de aquella biblioteca. No obstante, tal como la vez anterior, los anaqueles de la biblioteca se fueron convirtiendo paulatinamente en recuadros; imágenes estáticas, de diferentes escenas de mi vida estaban en cada uno de esos recuadros.

«Al menos en este caso, sé cómo manejar la selección del recuerdo» y comencé a identificarlos uno a uno.

Viendo de arriba hacia abajo, en la penúltima de cinco líneas horizontales, en la segunda columna de cinco verticales, estaba la imagen del un juguete. Sabía, de ante manos, que era yo quien lo había diseñado y evaluado. Además estaba seguro de que con ese juguete fueron batidos todos los record de ventas de las Industrias MERLINTOY.

Claro está que, al recordar aquello, pestañee sobre ese recuadro. Tal como cuando se hace doble *click* en el ratón de una computadora. Entonces, inmediatamente me conecté con ese recuerdo.

Lo primero que asomó a mi memoria fue que se trataba, sin duda, del mismo año en el que reingrese a MERLINTOY (10 años atrás de mi vida real).Luego, identifique que se trataba de un muñeco y que el nombre del juguete era el mismo que mis compañeros, en una oportunidad bromeando, me habían querido asignar: «El héroe tintónico.»

Era un juego para niños, constituido por dos cascos ajustables a diferentes tamaños, con una antena sobresaliente en cada uno de ellos, un casco era emisor dominante y otro receptor o víctima indefensa. Además, el juego traía al héroe tintónico y un solo control remoto. En consecuencia, el niño que poseía el casco dominante, alineaba la antena con el héroe tintónico y éste, a su vez, procedía a alinearse con el casco receptor, para precisar el blanco de disparo sobre un niño, que se encontraba indefenso, por no poseer control remoto.

El material disparado era un tipo de plastilina casi líquida. Colores intensos, pintaban a los niños sin dejar rastro cuando se recogían los residuos; además el material recogido era reutilizable. El muñeco, traía en la espalda cuatro envases contenedores del material. El héroe tintónico tenía una especie de fumigadora en la espalda y, con un aspersor en la mano derecha, disparaba. Así que los niños experimentaban en cierta forma, una versión del poder en sus manos.

Desde el momento en el que salió a la venta aquel muñeco, en la primera semana de noviembre, los niños enloquecían a sus padres para que les compraran su propio héroe tintónico. Pero, al comprarlo, un muñeco traía sólo un casco dominante, lo que implicaba que debía haber otro niño que comprara el juguete completo.

La idea era que, para jugar desplazándose eufóricamente, en igualdad de condiciones, ambos niños debían tener derecho de pintar a otro. Era simplemente genial. Mientras más niños lo compraban, más niños también debían comprarlo, para integrar una cadena de juego que se volvía interminable, al extremo de venderse, antes del 10 de diciembre, todos los héroes tintónicos. Recordé, además, que había sido una verdadera locura el coordinar toda la logística requerida para ello.

Por primera vez en la historia de las Industrias MERLINTOY, los regalos para los hijos de los empleados no eran los últimos modelos que salieron en el año. Como era costumbre, cada año había una campaña dirigida a beneficiar a los niños que no tenían juguetes. Además, el presidente de la empresa siempre guardaba un modelo de recuerdo para su colección, así que el único héroe tintónico que quedó en MERLINTOY debía entregarse en la oficina de Roy para recordar el extraordinario éxito que se había logrado. No obstante, Roy, no podía dejarlo en su oficina, pues debía llevarlo a casa, para incluirlo dentro de su heredada, majestuosa e histórica colección.

Ése, sin lugar a dudas, fue el único producto que logró no sólo cubrir sino exceder las expectativas que el presidente de las Industrias MERLINTOY, Roy Bernardi Azcona, había generado en la elegante fiesta de ese año que, como era usual, contó con la presencia de todos los medios de comunicación y demás ardiles publicitarios, para lanzar al mercado la campaña de humanización de ese año llamada: «Felicidad al rescate, con niños MERLINTOY.»

Año tras año, hacía lo mismo. El lanzamiento del juguete nuevo iba acompañado de atractivos especiales para adquirirlos. Sin embargo, con el correr de los años, parecía que se había sensibilizado más.

Si hoy, simplemente comparara las propuestas presentadas por el Roy de hace 20 años, con la de hace 10, podría afirmar que la última fue presentada por un Roy completamente nuevo.

Pasó de ser un millonario que tan solo daba un descuento de 30% a organizaciones, que para hacer donaciones compraban grandes cantidades de juguetes, a convertirse en un ser humano generoso, con muchísimo dinero. Generosidad que se manifestó al dedicar, nada menos, que 80% de sus ganancias para entregar juguetes educativos y divertidos directamente a niños, que nunca habían tenido ninguno en sus manos.

En medio de ese recuerdo, fui inspirado por el número «uno» del resumen de las reflexiones provenientes de aquel libro amigo, de su mensaje titulado: «Por llegar está.» El cual decía: «La indiferencia ante el dolor ajeno, te hace olvidar que los tuyos podrían ser victimas del mismo sufrimiento.»

Evidentemente, algo había cambiado en las políticas de la corporación. Destacándose que, además, se mantuvo el plan de incentivo de: «Mientras más das, mas recibes», pero con mayores porcentajes en los bonos. Eso excedía considerablemente los porcentajes de inflación acumulados del país. Y, por si fuera poco, incorporó una premiación anual por mérito de amor al trabajo, la cual contemplaba el obsequio de acciones, completamente pagas, a nombre de los empleados galardonados.

El nuevo Roy de 65 años era, sin ninguna duda, más sensible ante el recurso humano. Danna y Robert, en cambio, permanecían invariables con su consigna de que el éxito está en: «Mantener menor cantidad de personal y lograr mayores ganancias.» Ellos permanecían negándole la importancia que pudiera tener el nivel de calidad de vida de sus empleados.

Aunque al parecer Dorothy, la primera esposa de Roy, recién fallecida para la época, era una mujer de buenos sentimientos, siempre se mantuvo lejos del negocio de su esposo. Pero, Susan..., ella venía de ser empleada y tenía un elevado nivel de sensibilidad humana. En ese aspecto, aún hoy, la conozco bien. Fue ella seguramente quien influenció en Roy el cambio de conducta, sensibilizándole ante el sufrimiento o infelicidad de aquellos niños, que nunca habían tenido en sus manos un juguete.

Le invitó, seguramente, a imaginarse que uno de sus hijos, Nicola o Antonieta, durante su infancia, nunca hubiesen tenido un juguete.

Ella siempre decía:
—Aunque un niño deba trabajar para poder comer, siempre debería tener un juguete.

Ahora, gracias a esa extraña vivencia, afirmo, además, que Susan le recordó a Roy que su padre, Giuseppe, vivió esa carencia en su infancia. Aunque quizá en otras palabras, le invitó a reflexionar en que: «La indiferencia ante el dolor ajeno, te hace olvidar que los tuyos podrían ser victimas del mismo sufrimiento.»

Así que, aunque las cosas entre ella y yo no resultaron perfectas, como hubiese deseado, no puedo dejar de creer que logró todos esos cambios en la empresa, aplicando el sentido amplio de responsabilidad social, del que tanto hablábamos cuando le comentaba las cosas que decía Germán al respecto.

Todas esas son conclusiones a las que pude llegar, sintiéndome muy cómodo y entusiasmado con mi empleo, cuando habían pasado apenas ocho meses desde mi reingreso a las Industrias MERLINTOY.

La información fluía permanentemente en mi equipo de diseño y era usual que mis compañeros elogiaran las políticas de la Empresa, comparándose especialmente con cualquier otra Empresa competidora.

Aquel noviembre, incluso parecía que habían memorizado uno de los discursos de Roy. Repetían aunque en juego, con gran orgullo: «Todo ciudadano, podrá contribuir con esta campaña, sólo con enviarnos una lista de niños que, por pobreza, no han tenido un juguete.»

En ese momento comentaban:
—Y continuó con su asombrosa oratoria, mientras un fondo musical relevante le antecedía, diciendo: «El 80% de las utilidades obtenidas por la venta del juguete, que lanzaremos en esta navidad, será utilizado, en su totalidad, para entregar juguetes educativos y divertidos, completamente gratis, a cada uno de los niños de la lista.»

Pareciendo no olvidar ni una palabra, proseguían repitiendo el discurso de Roy: «Esta navidad las Industrias MERLINTOY donará el 80% de sus utilidades, para hacer feliz a niños que nunca antes lo han sido. Y lo más importante es que nuestra familia de empleados MERLINTOY percibirá sus mismos bonos por ventas, como si las ganancias no se vieran afectadas. MERLINTOY es fruto del sacrificio de mi familia, por muchos años, y deseo agradecer a Dios nuestros éxitos, compartiendo nuestras ganancias con los más necesitados de nuestra sociedad.»

l finalizar Johann preguntó:
—¿Terry crees que alguien dude que somos los mejores?

Después de recitar todo el discurso casi textualmente, otros de mis nuevos compañeros se unieron a la pregunta, e inmediatamente, comentaron:
—Con esa intervención, el presidente sorprendió a todos los asistentes. Especialmente a Danna y a Robert, según dicen algunos de nuestros conocidos, que también eran invitados al evento, pues sus rostros evidenciaron disgusto, inconformidad y desconcierto.

Indiscutiblemente, esos dos no estaban nada felices. Roy comprometió el 80% de las ganancias de la Empresa para pagar el precio de cada juguete, que regalaría a niños con carencias económicas. Roy, año tras año, junto al área de mercadeo y publicidad, se encargaba de generar expectativas especiales, para que la gente comprara todo lo posible. Ese era el Roy que se esperaba.

De hecho, así lo hizo. En esa ocasión, la gente se entusiasmaría más que nunca por adquirir los productos. No obstante, a mayor cantidad de compras, mayores eran los donativos que se registrarían. Esa disminución de las ganancias era algo que debía preocupar más a Roy que a Danna y Robert; él había anunciado que el bono monetario anual para los empleados no se vería afectado, por esa maravillosa propuesta.

Al analizar la exposición de mis compañeros, pregunté:
—¿Por qué tanto disgusto en Danna y Robert, si sus ingresos no se perjudicarán en lo absoluto?

Respondió uno de mis más experimentados compañeros:
—¡Anda tu a saber! Quizás lo que les molestó fue que, precisamente, el bono en dinero que el personal cobrará en navidad no se verá perjudicado. Después de todo, ambos, se comportan como amos de un grupo de esclavos, a los que no les darían ni agua.

Complementado ese comentario uno de los chicos jóvenes dijo:
—Afortunadamente, tenemos a Roy como presidente y no a ninguno de ellos...

Así, quedamos en silencio serenamente...

Además de recordar todo, con tal claridad como si lo estuviese reviviendo, sentí, mientras decían eso, que Susan era a quien realmente se le debía agradecer ese cambio.
Parecía estar, incluso, orgulloso de ella.

Definitivamente, cuando el matrimonio parece fácil, es porque ya se ha terminado. En cambio, el divorcio parece difícil cuando aún no ha acabado. Yo primero creí vivir un matrimonio fácil y, por esa falsa creencia, tardé años para terminar de vivir mi divorcio. Aparentemente pasaron 10 años antes de sentirme en paz, esa paz que, finalmente, me permitía sentir a Susan como a una amiga.

En fin, recordaba, analizaba, concluía y continuaba. Así pasé, escena a escena, de esa experiencia tan extraña. Aunque, extraña sólo para mí y Terry el sarcástico, pues el resto de las personas no percibían ninguna diferencia.

Para los personajes reales de mi historia y sus vivencias todo era tan normal como una virosis múltiple. Así llamamos al ataque de euforia, alegría, entusiasmo o emoción que experimentábamos en el equipo de diseño, cuando al fin habíamos logrado el triunfo que tanto soñamos.

Las ventas de nuestros competidores se desplomaron. Los competidores de las Industrias MERLINTOY se habían estrangulado, totalmente, en esa temporada navideña.

Era el perfecto sueño hecho realidad. El juguete más vendido en la historia de la industria del juguete, había sido mi creación. Aunque era mi sueño, en ningún momento olvidé el invaluable apoyo y dirección de Germán y de mis compañeros. Nunca me endiose. Mantuve la humildad que había aprendido de mi líder.

GraciasalplanMIENTRASMÁSDAS,MÁSRECIBES, la envidia humana que debía existir entre los integrantes del equipo de diseño no se percibía. Todos celebraban, como propio, el éxito obtenido. También esperábamos, adicional al pago periódico, un bono económico especial y excepcionalmente grande, por el logro del equipo y las ventas de la Empresa en su totalidad.

Recordé, además, que con el muñeco distribuido en las jugueterías, en apenas una semana, ya se había excedido el récord de ventas promedio de las 10 últimas temporadas navideñas. Noticia muy mañanera, que convirtió a esa fecha en inolvidable. Luego, al medio día, pasando por nuestros escritorios, Germán nos invitó sólo con sus gestos, para que uno a uno le siguiésemos a la sala de reuniones. Íbamos sumándonos en caminata uno tras otro en fila, sin hablar ni mirarnos. Una vez adentro, aún estando de pié, dijo:

—Les tengo una sorpresa... Pongan atención: además de reiterarles lo muy orgulloso que estoy de ustedes y, especialmente, agradecerles por darme la oportunidad de formar parte de tan maravilloso equipo, quiero comentar sólo dos puntos. Primero: no porque éste sea el éxito más grande que hemos tenido, vamos a dejar de lado nuestra humildad. No olvidemos que siempre «se debe tener la suficiente grandeza para ser humilde.» Segundo: no debemos dejar de lado nuestra práctica de auto-celebración de logros.—Y prosiguió—La emoción a veces suele ser tan grande que nubla la mente y nos impide valorar la importancia de contar con el aporte de cada uno de nosotros; muy especialmente, con el aporte de nuestros familiares. Son ellos quienes tienen la paciencia de apoyarnos y aceptan compartir con nosotros menos tiempo que el que le dedicamos a esta empresa. Así que, si ya sabemos la importancia de celebrar los éxitos y lo hemos hecho hasta por los más pequeños, ahora no podemos dejar de hacerlo.

Nuestro líder hizo una pausa antes de continuar:
—Este sábado, desde las tres de la tarde tendremos nuestra celebración y nos felicitaremos a nosotros mismos, a nuestros compañeros y a nuestros familiares, porque somos un súper equipo, gracias al aporte de todos. La dirección y los detalles para encontrarnos están en esta hoja...—Nos entregó un paquete de hojas que contenían un mapa para llegar al sitio donde celebraríamos.

Johann, uno de los jóvenes quien prácticamente había asumido el rol de Yair, dijo en tono juguetón:
—¿Qué se le dice al jefe muchachos...?

Y todos respondimos en coro, riendo... como era usual:
—Muchas gracias, Germán... Eres único.

Germán sonrió y salió de la sala. Apenas cerró la puerta, empezamos a brincar y a abrazarnos como si estuviésemos en un estadio; parecía que celebrábamos que el equipo de nuestra preferencia, en el último segundo del juego, hubiese ganado increíblemente el campeonato mundial.

Pero sin darnos cuenta, Germán regresó, abrió la puerta y sólo nos miraba. Apenas uno de los compañeros lo vio, comenzó a avisarnos mediante gestos, muy evidentes. En menos de un minuto ya estábamos muy sonrientes y relajados, en total silencio.

—Sólo quería recordarles que no olviden llevar a sus familias. Tendremos también actividades especiales para los niños.—Germán comentó. Luego salió, con su típica leve sonrisa en el rostro.

Al salir Germán, recuerdo haberlos visto como todos se miraron a las caras y, aunque ya la algarabía había cesado, no podían parar de reír; Germán era considerado por todos como nuestro amigo, sin embargo, aún en medio del bochinche, le teníamos tanto respeto como 10 años atrás. No podía compararse con el respeto que pudiésemos tenerle a ninguna otra persona de la Empresa; Germán jamás inspiraba miedo, sólo gran respeto.

En ese ínterin, aunque debí ser el más feliz de todos, quedé nostálgico involuntariamente. Las palabras de Germán al regresar a la sala de reuniones, revolvieron mis sentimientos; no tendría nunca más a mi familia reunida. Habían pasado 10 años de mi separación de Susan. Todos los casados irían con sus esposas y sus hijos, y yo ya no tenía esposa. Junto a ese recuerdo supe que, después de todos esos años después de mi divorcio, no concebía en mi vida ninguna relación sentimental.

Desconfiar siempre de todas, era el trauma que arrastraba impidiéndome rehacer mi vida familiar; a pesar de casi cuatro años en terapias psicológicas. Sin embargo, luchando contra mi nostalgia pensé: las terapias me apoyaron principalmente, para enfrentarme y a aceptar mi realidad como algo normal y común en la sociedad de nuestro tiempo.

Fue en ese momento, cuando pude asociar, dentro del trance que experimentaba, todo lo vivido con la reflexión número dos del resumen de aquel libro amigo, del mensaje titulado: «Por llegar está: cerrar los ojos, no cambia la realidad, sólo te ayuda a engañarte.»

Aplicando esa reflexión, suspendido en mi recuerdo pensé:
De volver a vivirlo asumiría mi nueva vida bajo otra perspectiva. Dejaría de suponer que tengo el poder de retroceder el tiempo, de volver a recomponer mi matrimonio.

La verdad es que esa reflexión me hizo compararme con las damas, que solían homenajear a sus conocidos con un descuento de años. Un divorcio es un divorcio; 49 años son para una dama 49 años, no 41 y menos aún 39.

Y continué en mi meditación: «Tratar de cerrar los ojos y no aceptar que las cosas y los años han pasado, nada cambia; a nadie engaña. Pero, si alguien se detiene un momento a pensarlo bien y decide engañarse a si mismo puede intentarlo; sin embargo, nada cambia.»

Ese era el mensaje, el turista se va para ver lo hermoso de un paisaje en pleno invierno y lo disfruta mucho; no escucha radio, ni noticias, ni recibe llamadas telefónicas. Se siente feliz y alejado del mundo. Pero nada cambia. Esa misma lluvia que le hace tan feliz, desde otro punto de vista hace a otros desgraciados.

La verdad sigue siendo la misma, sólo depende del ángulo desde donde se desee ver. Ser divorciado es o no una desgracia, dependiendo de lo que decida cada quien.

También conocí a mucha gente, sobre todo damas que, por ser mayores de 24 años y no haberse casado, la vida se les convertía en una pesadilla; no disfrutaban nada. Cada día que pasaba no era un hermoso día para sonreír, sino un pésimo día por no tener esposo y ni siquiera notaban que, sin una sonrisa pura, sincera, transparente, de esas que salen de un alma llena de alegría desbordante, nadie enamora a nadie... Así que sabía que muchas, año tras año, seguían pensando igual, alejando la posibilidad de ser feliz, casándose o no.

Aunque parezca que fue mucho lo que pensé al respecto, hoy pensaría más, por ejemplo no olvidaría asociar esa reflexión con que a los 49 años, ya casi son 50, el trauma puede ser inmenso si no se sabe disfrutar. En lo que creo que es hoy, a mis 47, el trauma puede ser el mismo, porque sólo faltan tres más para partir un siglo en dos, pero qué importa cuántos años tenga alguien, si ha sabido vivir y ser feliz, en medio de sus dificultades, temores, traiciones y angustias?

Finalmente, he aprendido que todos podemos sufrir, ser felices, elegir estar nostálgicos y quedarnos en el pasado; pero yo no. Yo, el Terry de hoy, que le cuenta su experiencia, sus recuerdos y reflexiones, a pesar de todo, sin importar cuánto tiempo ha pasado, decido recuperarlo y ser feliz.

Aunque hoy lo afirme con tanta vehemencia, no es una nueva manera de pensar en mí. Pareciera que en esa reunión, donde Germán nos invitó a celebrar nuestro gran triunfo, 10 años atrás, aunque no tenía escrita esa reflexión, tomé la misma decisión: Ser feliz.

Por eso, peleando con mi nostalgia, aún en aquel salón de reuniones, pensé: pero todo no es tan malo. Freddy ya tiene 15 años, Sophia 12, Susan está casado con Roy, y mis hijos, a los que les sobra todo cuanto un joven desee, se turnan para estar con ellos y conmigo, según lo acordamos todos juntos. Entonces, me animé paulatinamente hasta ser el más entusiasta del grupo... como era de esperarse.

Esa, por supuesto, es la parte súper emocionante de mi experiencia, finalmente me sentía eufórico. Iría a la celebración seguramente con mis dos hijos; el centro de la celebración sería yo.
Por si fuese poco, la asistente de Danna me informó que su jefa quería verme en su oficina.

—¿Sabes de qué se trata Charlotte?

—Debe ser algo bueno para ti, Terry. Ahora eres el más famoso aquí; no pierdas tiempo, entra, mira que la jefa tiene cara de molesta y apurada.

Cada paso que daba para dirigirme a su oficina, pasó por mi mente. Sentía latir mi corazón en cada célula de mi cuerpo. Toqué la puerta y Charlotte me indicó, desde su puesto, que no esperara y entrara inmediatamente. Danna me miró levantando su cabeza.

—¡Pasa y siéntate!

—Gracias, Danna.

—Ahora debes esperarme unos minutos, Terry, debo hacer algo importante en la vicepresidencia.

—¿En la de logística y producción?

—No, esa vicepresidencia ya no existe, Terry.

—¿Cómo y... Robert que ha estado al frente de esa vicepresidencia por 18 años?

—Él ahora es el vicepresidente de logística, operaciones, adquisiciones y contratación.

—¿Se unieron dos vicepresidencias y el nuevo vicepresidente es Robert? Es decir... ahora sólo tenemos dos vicepresidencias...

—Así es, pero ahora hay un sólo vicepresidente ejecutivo autónomo y ese es Robert. Y, por favor, ya no preguntes más, que eso aún no lo hemos publicado.

—Disculpa tanta curiosidad Danna, pero me intriga el motivo de nuestra reunión.

—Simple... Terry, todos los cambios se atribuyen a tus éxitos y como hace 10 años renunciaste para no aceptar tu ascenso, hoy conversaremos de beneficios económicos que se te asignarán por...—Y salió corriendo interrumpiendo la idea al decir— Ah, y espérame, no te marches, siéntete como en tu oficina.

Mientras la esperaba, sólo tenía las manos entrelazadas, mirando a mis zapatos, que ya estaban muy gastados; diariamente antes de salir de mi oficina sustituía mi ropa por otra, tipo *sport,* para caminar alrededor del parque, pero casi siempre olvidaba cambiarme los zapatos. Eran de los que acarician pies, todo el día. No como los que deseas quitarte desesperadamente al llegar a casa, los que tiras al piso directo, sin poder caminar con el dedo pulgar casi pegado al meñique; con ambos pies deformados y muy adoloridos.

Involuntariamente, cesé de mirar mis zapatos y al ver en el escritorio de Danna, que estaba prácticamente vacío, era imposible dejar de observar una carpeta abierta, verde fosforescente, colocada verticalmente en la computadora recostada en el monitor e incrustada entre algunas ranuras del teclado. En ella, resaltaba una hoja blanca tamaño carta, con algo escrito en computadora, sujetada al lado derecho de la carpeta, mediante una grapa.

Siempre fui sumamente respetuoso de lo ajeno pero, en esa oportunidad, la tentación me venció y, levantándome de la silla, miré a ambos lados como si fuese un delincuente común y tomé la carpeta para leer el contenido de aquel papel.Era el resultado de una de las pruebas realizadas a los materiales con los que se fabricó el juguete, la cual pasó extrañamente desapercibida.

Sin embargo, por una gran casualidad, acababa de llegar a mis manos en el momento menos esperado. Lo tomé del escritorio de Danna; el reloj indicaba que ya había tardado 45 minutos, estaba atollada en algún compromiso. Decidí entonces salir de su oficina, sin embargo, como yo era el encargado de validar las pruebas de los materiales, llevé conmigo aquella carpeta; supuse que Danna seguramente me la entregaría en esa reunión.

Recuerdo que salí de allí pensando: ¿Cómo fue posible olvidar este resultado? Nunca descuidé ninguna de mis responsabilidades, pero especialmente ese resultado era el primero que revisaba en todos mis diseños. ¿Será que lo olvidé totalmente por la emoción de haberme anotado ese logro?

Al llegar a mi escritorio, leí aquel resultado y con gran horror pude descubrir que, por primera vez en todos mis años de experiencia, uno de los materiales empleados en la fabricación del héroe tintónico, era altamente tóxico por las elevadas cantidades de arsénico que contenía. Material que, además, Robert desde el área de logística y producción había solicitado comprar en grandes cantidades, para la fabricación en masa del juguete.

Lo primero que vino a mi mente fue la gran decepción que produciría en Germán, al enterarle. Él había confiado absolutamente en que yo cubrí todas las fases de evaluación del juguete. De hecho, había firmado el informe que le entregué, que contenía supuestamente todos los resultados aprobados. Él confiaba en mí, más que en ninguno de mis compañeros, y yo le había defraudado.

Por un momento interrumpí el recuerdo, para pensar...defraudé a Germán. Le convertí en el responsable de una gran cantidad de juguetes contaminados, distribuidos en el mercado y en manos de niños inocentes. Todos ellos fueron ensamblados con una pieza del mismo material altamente tóxico. Eso seguramente fue lo peor que hice en toda mi vida por descuido.

Qué impactos tan marcados produjo tal recuerdo en mí: nostalgia, sensación de estar en cama, inmovilidad, agotamiento absoluto, respiración forzada, olor a madera y rosas, ojos entreabiertos, luz del sol incandescente y, otra vez, la voz de Susan llamándome de lejos: «amor... amor». Sólo era eso, cuanto se adueñaba de mí ser. La típica pesadilla.

Sin embargo esa vez, controlé mejor mi reaparición en el sillón de mi oficina. Y lo hice relativamente rápido, pensando en aquel momento: Ahora entiendo cómo se aplica a esta situación la tercera reflexión del resumen proveniente de aquel libro, en el resumen de «Por llegar está: esconderte detrás del desconocimiento, te convierte en cómplice sin liberar tu consciencia.»

Así exactamente me sentía, el no decir lo que estaba pasando era como irme emocionado de paseo bajo la lluvia, sin pensar ni un instante en las personas y niños que mueren o pierden sus hogares. Sólo que, en mi caso, yo además era quien enviaba la lluvia desde el cielo. No podía ocultar mi responsabilidad bajo ningún concepto, el no saber a tiempo que el material era tóxico también era mi culpa. Obviamente, dada mi inmadurez para el momento, mi ya conocida inocencia y mi susto, la reacción no fue precisamente ajustada a esa reflexión.

Reviví, paso a paso, los que dí desde mi sillón, me refiero a mi sillón dentro del recuerdo, no al de mis viajes en el tiempo. Indignado me dirigí al departamento de correspondencia, donde reclamé. Incluso, puse una queja formal ante organismo evaluador de toxicología por su irresponsabilidad. Pero, de cada intento salía peor, salía regañado y sin argumentos para defender mi descuido. Todos tenían evidencia de haber cubierto cada paso, según los procesos establecidos. Fui a aquella celebración casi inerte y disimulando, tan mal, que todos me preguntaron qué me pasaba.

—Nada, tengo algo de jaqueca.

Allí, en esa misma fiesta, tomé el valor que precisaba ya que no tenía en quien escudar mi irresponsabilidad, respiré profundamente y me dirigí a contárselo todo a Germán, mientras pensaba: realmente es una pena interrumpir las ventas en un momento tan importante para la empresa, pero, más importante es la salud de los niños. Deberá devolverse el dinero a los compradores y recuperar todos los muñecos que ya se han vendido. Se debe actuar rápido antes de que alguien salga perjudicado.

Aunque no recordé el detalle, supe que había sido muy sincero con Germán, incluso contándole los datos uno a uno. Él se limitó a escuchar en silencio, sin interrumpir. Y eso fue todo lo que recordé de ese día.

Desconcertado y aturdido, no podía esperar algo diferente a la intervención inoportuna de mi joven personalidad:

—Así que mientras más indagas en tu vida peor resulta todo... ¿No, Amigo Terry?

—Si, pareciera que en los pocos momentos de triunfo que tuve en esos 20 años, siempre algo empañaba mi felicidad. Mejor déjame dormir en este sillón, para ver si no despierto ni recuerdo más. ¡Ya es suficiente, no aguanto más!—Al momento sentí algunas lágrimas caer desde mis ojos.

—Espera un poco, amigo Terry, no me vengas a resultar ahora también un llorón. Deja la flojera de pensar...¡No te rindas! ¿No dijiste que quedaba poco tiempo?

—Siento que eso que es cierto, pero ni siquiera sé por qué. Soy un fracasado, para qué regresar, sarcástico.

—Epa... olvidaste la discusión que presenciaste entre Germán y Robert en uno de esos recuerdos que nunca entendimos?—Esa fue una de las pocas veces en las que el sarcástico analizaba algo con seriedad en el rostro. Con el chasquir del índice y pulgar de la mano derecha continuó su comentario—Entra en tu memoria, presenciándolo de nuevo.

—No sé...

—¿No sabes qué, amigo Terry?

—No me angusties, no se cómo hacerlo!

—Intenta concentrarte, relájate, deja la depresión, respira profundo y cierra los ojos.—Y así lo hice, no tenía otra alternativa, y reviví la escena:

—El señor Roy debe enterarse de esto, Robert.

—Yo soy el vicepresidente ejecutivo autónomo y decido quién debe o no enterarse, Germán.

—Podría ocasionar algún incidente e, incluso, muertes, debes advertirles.

—Lo supe mucho antes que tú y soy el que decide. Lo único que debe importarnos es que de enterarse, Industria MERLINTOY tendría perdidas multimillonarias, así que has el trabajo para el que se te paga y no olvides que «aquí el que piensa soy yo.»—Respondió Robert prácticamente gritando.

Abrí los ojos con un autocontrol nunca antes vivido; inmediatamente pude concluir que fue Robert Gunsh, el jefe de Germán y Vicepresidente de logística y producción, hasta ese momento, quien no permitió que Roy se enterara del descubrimiento.

—Pero, espera... Falta algo... ¿Por qué Danna dejó el informe a la vista?

—¿Cómo sabes eso?

—Es que, paulatinamente, he estado percibiendo tus recuerdos, aunque de manera somera.

—Qué buena noticia, así te incorporas mejor a descubrir los misterios que nos rodean.

—Bien, si quieres me das un besito de alegría... Pero, mejor respóndeme lo que te pregunté ¿Por qué Danna dejó el informe a la vista?

Entonces complementé su pregunta:

—Y... ¿Por qué entonces conseguí el informé declarando tóxico el material en el escritorio de Danna, tantos días después de la recepción del informe?

—¿Qué fecha tenía?

—Tenía fecha de... y quedé enmudecido, no lograba asimilar lo que recordaba.

—¿Qué pasa, amigo Terry?

—La fecha no es de hace 20 años desde mi época real.

—¿Cuál es la fecha?

—Es de hace apenas 10 años.

—¿Y?

—Que ya lo había olvidado...

—Simplemente, significa que tu exitazo lo lograste y lo perdiste el mismo año en el que reingresaste a MERLINTOY. Y Danna y Robert siguen seguramente estando en la empresa, aunque fueron los culpables de todo...

—Así es, ¿por qué dices eso?

—Terry, te responderé eso con una pregunta: ¿Estás seguro de que es el informe original?

—¡Si! Estoy seguro... Mira... yo revisé todo al detalle, antes de disponerme a reclamar en todas las áreas el retardo del envío.

La etiqueta brillante era inimitable; además, tenía el sello distintivo del organismo que correspondía, colocado encima y contentivo de las tres firmas originales de control previo indispensable, las cuales fueron corroboradas cuando reclamé.

—Bien... entonces es obvio Terry... Danna y Robert... recuerdas...

Danna estaba celosa de la esposa de Robert. ¿Por qué será?

Piensa... piensa...—dije en voz de mi otro yo, con gran sarcasmo, mientras me empujaba una y otra vez la cabeza con mi mano.

Muy desanimado, dije:

—¡Está bien entiendo! Eso quiere decir que son cómplices.

—Claro, amigo Terry, los objetivos de responsabilidad social de Danna en recursos humanos se cumplirían si se vendía mucho, independientemente de la época que se tratase. Mientras, Robert se mantendría intocable dentro de la empresa. Han sido siempre inescrupulosos, por eso ambos fueron quienes también le dieron a Roy la propuesta del investigador hace 20 años, ¿recuerdas?

—Oye... Mi mal pensado Terry sarcástico y... ¿Por qué crees que el material contaminado se compró primero que todos y en cantidades tan grandes?

—Eso te lo respondes tú, yo espero no durarte toda la vida. Sólo te digo, por si lo olvidas que antes, Robert solicitaba a la otra vicepresidencia que hiciera las compras y debía justificar sus pedidos, pero luego... con el cambio organizacional...

—Tienes razón...—Y con boca abierta por mi asombro proseguí—Él pasó a manejar a ambas vicepresidencias.

—Así que... amigo Terry, si esa pareja siguió en Industrias MERLINTOY durante los años que no recordamos, mejor dicho que no has recordado, ahora deben ser multimillonarios.

Entonces respondí al sarcástico:

—¿O Presos?

—¿Presos? Sigues siendo el mismo inocente. ¿Quién podría probar todo eso? ¿Tú? Nadie te habría creído en esa época y, si estamos en la terapia del regordete psiquiatra, lo más probable es que estemos en un psiquiátrico, porque trataste de contar lo malvados que son y pensaron que estabas loco.

—Ya me rindo. Seguramente tienes razón también en esto, sarcástico.

—Mira, vamos a hacer una cosa, leamos la última reflexión, que con tanto hablar habíamos olvidado y tratemos de entender el mensaje; quizá ya estamos listos para regresar por haber descubierto algo tan macabro.

Leímos en silencio la última de las reflexiones contenidas en el resumen del mensaje titulado: «Por llegar está» que decía: «Todo es susceptible a fallas y ambigüedades, lo perfecto sólo está en la imaginación.»

—Mira, amigo Terry, eso pareciera indicar que cuando creemos conocer, desarrollar o descubrir algo totalmente perfecto, hay un elevado porcentaje de posibilidad de que sea falso.—Parecía un profesor dictando su cátedra, así que para variar siguió hablando—Eso se cumple para: personas, estudiantes, equipos de trabajo, proyectos, familias y amigos. La perfección, aunque dicen que es relativa, cuando crees conseguirla, te deslumbra y encandila. El equilibrio es indispensable para entender que, lo que para unos es perfecto, para otros no lo es.

—Tienes razón, yo pensaba que Susan y yo éramos un matrimonio perfecto, que el héroe tintónico era un diseño perfecto. Y fíjate... nada de eso lo fue...

—«Todo es susceptible a fallas y ambigüedades, lo perfecto sólo está en la imaginación.» ¿Entendiste?

—Claro que... viéndolo bajo esa óptica me siento más tranquilo.—Dije a mi parte sarcástica, tratando de jugarle una broma, aunque sin ningún entusiasmo.

—¿Por qué te sientes más tranquilo?....

Tu vida ha sido la más imperfecta que alguien pudiese imaginar. Te aseguro que excede todos los límites de la imperfección.

—Me siento más tranquilo, porque nosotros somos: dos en uno. Yo soy el perfecto y, si la vida de ambos no ha sido perfecta... ¿Por quién será?

En ese momento, lo que representaba uno de mis poquísimos chistes en esa experiencia, se convirtió en algo estrepitoso. De noche, el mismo sillón, agotado; Terry el sarcástico bromeando golpeó con su puño derecho ligeramente sobre mi cabeza y listo. Hasta allí, llegué.

Olor a roble endulzado con rosas y jazmín, respiración serena y profunda, parpados abiertos a la mitad, la misma música de rock suave, la voz que no reconocía de aquella chica cantando en inglés y la de Susan llamándome; telas blancas flotando a mi alrededor, dedos tocando cada parte de mi cuerpo. Además, deseos de sonreír, labios unidos libremente, mientras me escuchaba preguntar: ¿Quién eres? Silencio profundo, sensación de elevarme del lugar y visión borrosa, desde arriba, de un espacio muy blanco e iluminado, ojos cerrados con la mente anulada y en total descanso.

La injusticia

Era el sexto día de mi extraña experiencia, cuando de pronto me descubrí aterrizando sobre un cómodo sillón, con la mente volando desde aturdida hasta muy lúcida. Podría decirse que ya nada me asombraba. Convertido en todo un experto para brincar entre tiempos, recuerdos y sensaciones, tenía la impresión de que aquello se iba convirtiendo en una ceremonia de recibimiento.

Había aprendido a hacer, en términos militares, una ronda de reconocimiento para saber, aproximadamente, en qué época me encontraba. Esta vez fue simple, ya que lo único que no reconocí fue a un ramo de flores en mi escritorio; del resto todo coincidía con la misma oficina de 10 años atrás.

—No me digas que...—En tono irónico escuché esas palabras, proviniendo de mi otro Terry.
—Pensé que aunque fuese por un día, descansaría de ti.—respondí.
—No, fíjate que yo tampoco esperaba volver a verte, tan es así que ya había decidido tener un nuevo amigo. Porque lo tuyo no tiene calificativo, amigo Terry.
—¿A qué te refieres?
—A que además de inocente, imperfecto y traumatizado, también eres... eres...

—¿Soy qué?—dije algo intrigado, aunque esperando uno de sus chistes de mal gusto.

—Eres gay...

—¿Cómo que gay?—Al tiempo que decía aquello, sólo usaba mi mano para señalar el ramo de flores, envuelto en celofán naranja transparente, sobre mi escritorio.

—Ah... es eso!

—¿Te parece un indicativo despreciable? Me criticas cuando tengo una erección al ver alguna chica, con Susan ni tenías intimidad, diciendo siempre que estabas muy cansado, todo lo que hago te horroriza.—Y alzando la voz gritó—¿Y ahora tienes ramos de flores? Eres un aberrado y, seguramente, somos algo como un hermafrodita.

—¿Hermafrodita? ¿Qué es eso, sarcástico?

—Alguien que tiene los dos sexos, quizá yo sea el hombre y tú la mujer.

—Oye... oye... oye... pocas veces te he notado tan asustado, Terry sarcástico. Tranquilízate, nada de eso es verdad. Soy un hombre y tú eres mi otro yo. Eso ya lo hemos hablado mucho. No nos dispersemos. Mira que quizá este sea el último día que tenemos para lograr regresar.

—Está bien. Y... ¿esas flores?

—Como es costumbre no sé por qué, pero lo recuerdo. Esas flores las compré para llevarlas a la iglesia. ¿No ves que están envueltas?

—¿Y por qué no lo dijiste antes?

—Porque igual que una mujercita insoportable, nunca guardas silencio y no me dejas ni pensar.

Finalmente, hubo silencio, sin embargo fue breve; pero suficiente para pensar qué poco valen Danna y

Robert, en esa fecha ambos arriesgaron muchas vidas por dinero. Ella de recursos humanos y él dedicado a logística y producción de juguetes para hacer felices a los niños, lo que según me contaron, siempre decían que era nuestro sueño. Qué ironía.

—Sabes, he notado que no puedo interrumpirte hablando en tus pensamientos, aunque pareciera escuchar hasta la más mínima idea que cruce por tu mente. Por eso... lo lamento, no me dejas otra opción que interrumpirte y hablar, amigo Terry.—Y continuó—¡Qué bien! Ahora soy yo quien está entusiasmado con salir del consultorio de tu psiquiatra. ¿No has pensado que tal vez ya cumpliste la misión? ¡Descubriste un gran engaño!

Sabiendo que mi rostro transmitía gran indignación y mucha seriedad respondí:
—Ahora... seré yo el sarcástico... ¿Te parece que este sillón es el de mi casa?
—No lo sé...
—¿Cómo que no lo sabes, si eres mi otro yo? Sabes que no lo es. Este sillón no es el de mi casa! Lo que significa que debemos resignarnos a seguir acá; pensando en qué nos falta por hacer, para que el psiquiatra dé por concluida su terapia.
—Ya que lo mencionas, amigo Terry, creo que quizá lo más importante que nos falta es saber qué pensaron Roy y Allan, al enterarse de que ya estaban distribuidos tantos juguetes que contenían un material tóxico, como tú dices.

Entonces Terry preguntó:

—¿Crees que no se enteraron enseguida?

—¿Cómo podrían? No observaste que Robert prohibió a Germán cualquier comentario al respecto?

—Pero... aún ahora, 10 años más tarde. ¿Aún veinte años después de mi divorcio podrían no haberse enterado?

—Eso no lo sé. Depende de cuántos niños pudieron o no fallecer. ¿No te parece?

—No seas tan cruel, Sarcástico.

—¿Cruel? Es que te parece un juego.

El cuestionamiento de mi parte sarcástica me animó a visitar la vida de Roy, en ese momento. La idea era ver qué había sucedido, respecto al héroe tintónico. Como todo un experto, miré el corto vidrio que dividía mi oficina de la siguiente, y al ver mi rostro reflejado allí... *Latidos en toda la piel, respiración profunda muy ruidosa, quejidos, iluminación clara e incandescente, mareo de fuerte a leve, sudor y brisa agradable precedieron mí reencuentro con la vida de Roy.*

Pensé: qué bien... Justo donde quería llegar... Aquí están Allan y Roy, es decir: Yo. Ahora... sólo pongo fijos mis ojos y hablo por Roy. Espero estar en el momento correcto, Allan debe enterarse de lo que sucede con el material tóxico. Debo desenmascarar a Robert y a Danna, antes de que algún niño enferme o muera por su culpa.

Lo hice, con mis ojos fijos; completamente seguro de poder hablar desde la boca de Roy, diciendo:

—Hola, Allan.—Volví a decir—Hola, Allan...

Sin embargo, parecía que estaba muy concentrado en el sofá de la oficina de Roy, la cual era sencillamente indescriptible por su nueva lujosa y moderna apariencia. Así que me paré frente a él y traté de tocar su hombro, sin embargo, era evidente que no me sentía, ni yo a él.

Algo diferente está pasando, concluí mentalmente, desconcertado por el impedimento de desenmascarar los planes de aquella pareja tan hipócrita. No obstante, tuve que conformarme con estar de observador. Después de todo, no era tan malo, al menos podría enterarme de qué estaba pasando en la presidencia de las Industrias MERLINTOY.

—¿Allan, entonces qué me dices?
—Que es un éxito increíble, Roy.
—¿Qué te dijo Robert?
—Lo mismo, Roy.
—¿Aún sigues pensando que hay algo extraño, Allan?
—Si! Aún siento que está pasando algo que podría dañarnos y no sé que podría ser.
—Pero... si a Robert no le preocupa nada... ¿Por qué te preocupas?
—Porque hay algo en él que no me agrada, desde hace muchos años, ¿Recuerdas? Desde que te dio la oferta del investigador me resulta difícil confiar en él.
—¿Y qué has sabido de Germán?
—Sabes muy bien que para no incomodar a Robert, incluso, me cohíbo de saludar a Germán, Roy.
—¿Y el otro chico?
—Ah...Ya imaginaba que era eso de lo que realmente querías hablar.

¿Qué quieres saber de Terry? Ayer Danna debió entregarle su nueva propuesta de pago mensual. He escuchado que junto al equipo de diseño han celebrado mucho; él está bien. ¡Ya es tiempo de permitirle a tu consciencia descansar! Olvida a Terry y disfruta el triunfo.

—Allan, me conoces mejor que nadie, sabes cuán culpable me he sentido estos 10 años; es como si cada día fuese el primero. Como si hubiese robado la felicidad de Terry. A veces siento que, a los ojos de Dios, eso quizá merecería algún castigo... Hoy pienso que estando el vaticano en Roma, capital de Italia, no es casual que casi todos los italianos son muy católicos. Aman a Dios sobre todas las cosas, creen en él como el más generoso de los padres; pero también temen inmensurablemente llegar a ser merecedores de alguno de sus castigos, por no cumplir alguno de los 10 mandamientos. «Uno de ellos dice: No robaras la mujer de tu prójimo.»

Sin duda, esa era la causa primordial de la angustia de Roy. Pero, podría sentirse peor. No quisiera ni por un momento, imaginar la vida de ese hombre, tan asido a los mandamientos de su religión, si en lugar de católico hubiese sido judío. Los judíos ultrarreligiosos siempre están más preocupados que Roy por no desatar la ira de Dios, incumpliendo sus mandatos; pero el pequeño detalle es que la religión judía creo que tiene establecidos 613 reglas que cumplir, en lugar de apenas 10 que tienen los católicos.

En aquel instante, aún en medio de su temor a Dios, Roy prosiguió:

—Pero en fin, ¡Dorothy y yo, logramos ser felices! Ella murió teniendo al menos mucha paz, Allan.

—Lo sé amigo. Lo sé.

—Cómo olvidarla. Ella, igual que siempre, con su exclusiva fragancia de roble endulzado en aroma de rosas y jazmín, fabricada sólo para ella, por el proveedor más famoso del mundo.

—¿Nunca cambió su aroma, no?

—Así es, Allan, nunca lo cambió. Aromatizó la vida de ese buen alemán que la amó con locura toda su vida. Y mientras, Susan junto a mí como recién casados, con nuestros hijos juntos.

Dolor, ansiedad, angustia, chispear de luces, respiración forzada, contracción de músculos y gran debilidad acompañaron aquel momento, en el que reviví mi depresión ya superada. Pero a diferencia de otras veces, en ésta, no hubo ninguna mutación, ni fui a ninguna parte.

—Qué bien, amigo Terry, viniste a salvar a la empresa, los niños y tu reputación; pero necesitas que te salven a ti. Lo peor es que, sabemos que no tienes salvación.

Así que... si hubo novedad... mi otro yo, estaba conmigo incluso allí, con su acostumbrado estilo irónico y desagradable.

—Ya, Terry sarcástico, no digas más. Mira que estoy muy mal.

—Lo sé, pero mírale el lado positivo, al menos, pareciera que ya estás siempre conmigo y es menos traumático. ¿No te parece?... fíjate que...—Decía y decía... y no paraba de hablar...

Mientras me mareaba de tanto escuchar el parloteo de mi otro yo, Roy hacía una llamada telefónica:
—Hijo, ¿cómo estás?—La respuesta al teléfono no se escuchaba. Roy respondía—Me alegra mucho. Aquí todo está muy bien. Si, sé bien que tu hermana ha hablado contigo, todos los días. Ella está muy feliz.—Y proseguía la conversación, pero escuchábamos sólo a Roy—Yo también Nicola, especialmente porque tú y tu hermana son los mejores hijos que alguien pudiera esperar, en este mundo. Claro que me enteré, ya teníamos el avión dispuesto para buscarte. Sabes que ustedes son mi verdadero tesoro y no olvido que debo ser feliz, aprovechando cada instante junto a ustedes.

Al colgar dijo a Allan:
—Es increíble, ya Nicola es todo un hombre.
—Sí, ya tiene 21 años.
—¿Y sigue con sus ideas artísticas?
—Si, pero ya no lo contradigo, porque el debe hacer su propia vida y no puedo obligarlo a hacer lo que no quiere. Él es él.
—Si... tú lo has dicho, Roy, Nicola es Nicola, él es único.
—Lo amo tanto, Allan, que no dudaría ni un instante en dar mi vida por él.
—Creo que, como en todo padre, ése es un sentimiento muy válido, amigo.

Definitivamente aún no estaban enterados de la existencia del material tóxico en el héroe tintónico. Hablaban de temas diferentes y sin ninguna preocupación.

Qué maravilla, Roy, me destrozaste la vida y a ti te salió todo excelente. Tienes a Susan, tus hijos te apoyan e incluso tu esposa antes de morir te agradecía que se hubiesen separado. ¡Esto es el colmo!, pensaba, mientras les escuchaba.

—Amigo Terry... Amigo Terry...—Insistía en voz alta, tratando de sacarme de mis pensamientos.

El sarcástico a cada segundo se me tornaba más insoportable, particularmente porque yo estaba furioso.

Y continuó gritando:
—Amigo... Terry...
—¿Qué? Dime... ¿Qué?... ¿Qué?— También grité y más fuerte que él. La ventaja de no ser visto esta vez era que, al menos, tampoco me escuchaban.

Respondí desde mi yo sarcástico, con voz muy suave y hasta acariciadora:
—Qué te parece si volvemos, aquí no creo que podamos hacer nada más.
—Tienes razón, pero...¿dónde veo mi reflejo?

Dado que la memoria del sarcástico superaba la mía, inicié una pelea contra mis propios pies, pues, aunque ya sabía que nadie podía verme, me resistía a acercarme tanto a Allan y no entendía por qué el sarcástico lo hacía. Sin embargo, al estar frente a él pude ver mi rostro reflejado en sus anteojos, para volver.

Resequedad en los labios, ojos abiertos, inmóviles y encandilados, dolor en todo el cuerpo, mínima respiración; zumbido, mareo y sensación de levitar me acompañaron, hasta volver al mismo sillón en la oficina.

En medio de tantas sensaciones, de forma inesperada, creí estar en una nave extraterrestre que me conducía a mi destino, pero haciendo una escala. Es decir, estaba convencido de que mi transportación o mutación hacia ese otro momento, se había interrumpido, brevemente, aterrizando en un punto intermedio.

Hoy no puedo dudar que aquello sucedió, fue un aterrizaje intermedio. Así que, me descubrí mirándome en un espejo gigantesco, sin duda, en la deslumbrante habitación de Roy, 10 años más nueva que la que conocí. No pensé ni un segundo en que, seguramente, esa habitación, para la fecha, también era la de Susan. Hoy reconozco que fue perfecto que no lo recordara, sino la nostalgia no me habría permitido presenciar en tan breve tiempo aquella escena; aunque, no entendí por qué la presenciaba.

Roy acababa de darse un agradable baño en el jacuzzi. Pero, en lugar de percibir sensación de placer, cada célula de mi organismo, es decir del organismo de Roy, estaba llena de gran dolor y tristeza. Era tanta tristeza que, incluso, superaba la que pude sentir con la separación de Susan.

De pronto, un olor penetrante se esparció por la habitación. Roy miraba al techo y a todas partes, parecía estar buscando algo. Desde él, yo percibía gran inquietud, asombro y hasta susto. Solo dijo:
—Dorothy, ¿eres tú?—Y llorando prosiguió—Es tu olor lo conozco muy bien... Es tu fragancia de roble, endulzado con aroma de rosas y   jazmín.—Llorando, se colocó las manos en la cara y prosiguió—Estoy enloqueciendo del dolor, Dios mío, Dorothy ya no vive, este dolor es solamente mío. Puedo ser el empresario más exitoso de este mundo y el mas millonario, pero, aunque ya superé la ausencia de Dorothy, esta nueva ausencia es solamente mía y me está matando de dolor.

Con su típica fortaleza, secó sus lágrimas y se dirigió a vestirse. Como siempre, con la ropa que ya habían elegido para él, que ya se encontraba lista sobre la cama. Pero al verla frenó y preguntó:
—¿Está camisa?

Parecía que el ambiente respondía a su pregunta, intensificando aún más aquel aroma. Roy miró al techo, se mordió los labios frenando su llanto y dijo:
—Muy bien, Dorothy, si eres tú y deseas que use esa camisa, la usaré. Y no dejaré de usarla hasta que tenga paz. Eso lo ofreceré a Dios como sacrificio.

Entre tantas cosas que no entendía, la causa de tanta tristeza de Roy me era desconocida. Estaba triste y no era por Susan ni por la empresa. Al parecer, Robert no confesó el problema del material contaminado.

Esa era una situación muy extraña, que no entendía. De lo único que estaba seguro era de que ya no tenía sentido tomar el control de Roy. Así que me limité a observar aquello, sin ni siquiera tratar de entenderlo. Simplemente no tenía otra opción, quizá la terapia debía incluir eso y yo sólo debía presenciarlo.

Recuerdo, claramente, que Roy no pudo impedir su llanto, el dolor lo avasalló. Sólo se colocó la camisa, el pantalón, la correa, unos calcetines y los zapatos; pero justo en el momento en que iba a abrir la puerta para salir, descubrió en su bolsillo una nota pequeña. Como un autómata, tomó la nota con la mano y la botó en la papelera, sin leer nada. Y, al instante, salió de aquella habitación, olvidando sobre la cama su billetera.

Extrañamente, salió Roy, mi otro yo de ese momento…. y yo me quedé mirando a la papelera, sin entender para qué y menos aún cómo. Las veces anteriores, cuando ocupaba del cuerpo de Roy, nunca andaba fuera de su cuerpo, a menos que brincara nuevamente a otra época. Esa vez fue diferente.

Escuché al sarcástico diciendo:
—Vamos, tómala, lee.

Lo cierto fue que, me agaché, tomé la nota y leí que decía: «Roy, debes ir al Parque de transito San Agustín.»

Sabiendo que se trataba del mismo parque en el que diariamente me ejercitaba, tomé la nota y la coloqué en la billetera de Roy y la dejé nuevamente sobre su cama.

En ese momento pareció culminar aquella etapa de mi experiencia, ya que, sin notarlo, me había girado para verme fijamente en el nuevo espejo gigantesco. Y más rápido que en ninguna transición, se interrumpió mi incertidumbre cuando escuché una voz decir:

—¡Guao! qué experiencia...

—¿Es otro chiste de mal gusto?

—No, amigo Terry, es que por primera vez te he acompañado en uno de tus viajes y pude hablar, pensar e identificar lo que se siente al regresar al mismo sitio y al mismo momento del que salimos.

¡Es sensacional!

—Pero... las flores no están acá en el escritorio... ¿No lo notaste, genial sarcastiquín?

—Significa que... ¿Volvimos en otra fecha?—Preguntó, pero más bien en tono afirmativo, sin titubear aunque, con curiosidad evidente.

—Espera... Espera... ¡Sí!... es otra fecha, pero es el mismo año.

—¿Estás seguro?

—¡Si! Estaban acá las flores el mismo día en que anunciaron que adornarían las oficinas para navidad. El calendario que está sobre la computadora es el mismo y tiene la misma foto mensual que tenía antes de irnos a visitar a Roy. Es imposible que sea otro año, ni otro mes. Por la decoración navideña, se nota que estamos apenas unos días después de haber partido.

—Qué buena noticia, amigo Terry. Pero... Oh, oh... El libro tampoco está...a... y ahora, ¿cómo podremos guiarnos para regresar?

Nos quedan apenas unos segundos, pensé apenas dijo aquello mi parte sarcástica, sin entender por qué estaba tan seguro de ello.

Seguidamente, consciente, recostado sobre el sillón, con los ojos abiertos, mirada al techo, manos cruzadas sobre mí cabeza y, tal como en oportunidades anteriores, comencé a recordar.

Imágenes sobre imágenes, una tras otra, venían a mi mente, en pleno movimiento. Hasta lograr sintonizar su movimiento en mi cerebro, ajustándome a la misma frecuencia, para revivirlo todo: un día cercano a navidad, tal como acostumbraba, me había cambiado la ropa por otra tipo *sport*, para ir a ejercitarme al parque. Había decidido salir a la iglesia, a cambiar por flores nuevas las que días anteriores había llevado, para visitar a Santa Teresita de Jesús y cumplir con la hora diaria de caminata que me correspondía.

Como era usual, el horario con Germán no tenía ninguna restricción, a él sólo le importaban los resultados. Necesitaba despejarme de tanta angustia y cargo de consciencia, porque, aunque intenté ir personalmente a presidencia y confesar el problema del material tóxico, Germán me había ordenado dejar que él se encargara de eso diciendo:

—El gerente siempre es el responsable, no fue sólo tu omisión, fui yo quien delegué en ti, sin revisar.

—Pero yo soy el responsable, Germán.

—Terry, déjame a mí resolver esto. Ya pedí sita en presidencia, y le contaré todo a Allan y a Roy. Tengo días esperando que me atiendan, pero al parecer Roy ha estado cumpliendo algunos compromisos familiares.

El tono que Germán utilizó era exclusivamente de «orden»; cuando daba instrucciones de esa manera, la única opción era «obedecer». Por lo que debía simplemente esperar que hablara en presidencia e inmediatamente me despidieran. Por ello, la caminata de ese día la necesitaba con más ansiedad que nunca. Así que, partí mucho antes de terminar la jornada laboral.

Salí de prisa de la oficina a esperar el ascensor; mientras, parecía estar trotando sobre el mismo punto. Al abrir la puerta, entre y sentí gran alivio; ya no me sentía nada bien en mi oficina. Estaba evaluando la opción de renunciar nuevamente, sin embargo, debía enfrentar aquella situación, consciente de que era más probable que me despidieran. Creo que aquel ascensor tardó en descender hasta la planta más baja, nivel de calle, varios años seguidos. Abrió la puerta y salí trotando como un desesperado, en medio de la gente que se cruzaba en mi camino, hasta salir de las Industrias MERLINTOY.

Después de 15 o 20 minutos, me había detenido largo rato, en un puesto de revistas aún cercano a la oficina, para distraerme. Al terminar de conversar con el señor que vendía las revistas, inicié una caminata forzada, hacía la iglesia. Pero de repente, noté que había olvidado en la oficina aquel ramo de flores; no tenía sentido continuar con la idea de ir a la iglesia. Entonces, decidí regresar a la oficina en busca de aquel ramo para Santa Teresita de Jesús.

Una cuadra antes de llegar a la Empresa, podía ver un tumulto de gente frente a las Industrias MERLINTOY; había sucedido algo, quizá algún incendio en un edificio cercano. Sin embargo, atravesaron por mi mente muchas ideas simultáneas, que me impulsaron a correr hacia el tumulto. Hasta llegar allí, ni remotamente había imaginado que en medio de la gente había patrullas policíacas.

Eran alrededor de 10 vehículos de policía, de diferentes órganos del estado. Todo parecía indicar que se trataba de algún narcotraficante o terrorista que habían atrapado o estaban buscando. No obstante, al mirar hacia un lado de la acera, todos los compañeros de mi equipo estaban llorando, como niños. Me desesperé aún más y, empujando a la gente para abrirme pasó, llegué hasta ellos.

Mientras los vehículos muy lentamente iniciaban su marcha y, casi sin palabras, pregunte:
—¿Qué pasó?
—Apresaron a Germán.—Johann respondió a mi oído, mientras señalaba la ventanilla de atrás de una de las patrullas con su dedo índice.
—¿Por qué?
—El señor Roy le acusó de asesinato.

Al momento estaba tan aturdido que no asociaba lo que Johann decía con nada que conociera; sin embargo, después de un momento, pensé: ¡Asesinato...! El juguete tiene una pieza fabricada con un componente plástico que excede en inmensa medida los niveles de arsénico permitidos; pero ese pieza, por sugerencia de Robert, se colocó en la parte más interna del juguete, para darle estabilidad al diseño. Nadie lo tocaría directamente. Aunque siempre que pienso en ello hablo de muertes, sé que es prácticamente imposible que alguien muera con ese juguete. ¿Cómo pudo alguien morir con el héroe tintónico?

Recordé que ese pensamiento voló en mi mente en fracción de segundos y, sin mayor análisis, mi reacción fue correr para alcanzar las patrullas e intercambiarme por Germán. Yo era el responsable de esa muerte, no Germán.

No podía ni siquiera imaginar la escena en la que aquel noble gerente tuviese la mano de un funcionario policial sobre su cabellera blanca, introduciéndolo dentro del vehículo. Imaginaba su rostro con sonrisa entristecida, encima de sus bigotes negros y no podía controlarme al llorar como nunca.

Pero, en medio de tantas experiencias previamente vividas, me detuve un instante de llorar y pensé: ellos van a la estatal, esta calle tiene un solo sentido hacia la derecha, pero en la primera esquina deberán doblar a la izquierda y en la siguiente nuevamente a la izquierda; estoy parado justo en la esquina izquierda de esta calle.

Simplemente, comencé a correr para adelantarme a las patrullas, que aún sabía cercanas por el sonido de sus sirenas. Ellas darían vuelta a la manzana y yo sólo debía cruzar la calle frente a MERLINTOY, para correr en contra sentido por la vía izquierda, hasta alcanzarles apenas terminaran de avanzar tres cuadras alrededor de la manzana.

Recordé todo cuanto sentía cuando corrí en medio de la calle, luego llegaron a mi mente tan solo: sirenas, sonido de explosión suspendida en el tiempo, olor a sangre, algo tipo metálico blanco muy brillante, luces intermitentes y su rostro. En ese momento, salí de mi recuerdo, con mucho susto, sabiendo que estaba acompañado por mi otro yo, por segunda vez, el sarcástico me acompañaba en el vacío.

Eso en verdad me aterrorizó. *Al instante, sentí que me estaban succionando desde otra dimensión o algo semejante. Era como continuar corriendo, pero ahora para dirigirme a toda velocidad hacía algún lugar desconocido en el espacio. Iba desplazándome en dirección opuesta a un inmenso flujo de lluvia chispeante, con colores variados, entremezclados y radiantes, por lo que podría decirse que desperdiciaba una lluvia de estrellas fugaces, de múltiples colores.*

Venían hacia mi, mientras pasaba en medio de ellas muy asustado y obviamente, sin pedir ni un deseo. Solo e inerte, me dejaba llevar. La chispeante lluvia, en lugar de quemarme, cual una brisa suave, me acariciaba, impregnando el camino con fragancia de roble, que parecía endulzado con aroma de rosas y jazmín.

Aunque no me lastimaban, me confundían; el estupor no me permitía analizar lo que pasaba. No obstante, mi instinto me alertó que llegaba al final de la experiencia. Aunque no había ningún indicativo para concluir eso, estaba totalmente seguro y sólo grité:
—El libro ya no tenía ninguna página vacía… El tiempo se ha agotado… amigo sarcástico…

Escuchando aún el retumbar de mi grito, con eco en la distancia, pasé de muy estresado a leve y hasta muy relajado: *Trinar de aves día tras día, aroma de flores ornamentales y a césped recién cortado. Claridad celestial, que permitía ver de cerca árboles, ardillas, pájaros de diferentes tipos, arbustos podados con formas especiales. Todo aquello me hacía sentir tal paz que creo no recordar, jamás, haberla sentido igual.* Sin embargo, en medio de tanta paz, la ausencia de mi otro yo no pasaba desapercibida para mí.

Él se había ido. Quizá yo había muerto incluso en mi recuerdo. La otra parte de mí era, probablemente, el cadáver de mi otro yo, de Terry el sarcástico, picaresco, indomable y hasta gracioso. Todo parecía indicar que yo era el lado bueno de los dos y, por eso, me correspondía estar siempre en aquel paraíso.

Así fue, quedé suspendido, inerte en medio de la relajación absoluta y el disfrute de no existir, no recordar, no pensar, no analizar, no llorar, no sufrir. Era todo lo que siempre consideré importante para sentirme muy feliz.

Hoy, asociando todo lo que experimenté con mi más reciente recuerdo, puedo decir que después de eso, seguramente quedé suspendido en el disfrute de mi paraíso personal. Entonces, en un mágico paseo dentro de esa maravilla, rodeada del verde de las hojas; el rojo, naranja, amarillo y violeta de las flores; el trinar de las aves anunciando una leve llovizna, algo muy extraño me sucedió. Literalmente volé. Una fuerza externa manejaba mi energía, fuera de mi control, llegué a un lugar de mi paraíso que no conocía.

Allí quedé encandilado, sólo podía ver colores: azul, blanco y amarillo tostado. Al concentrarme para detallar mejor lo que veía, había un asiento que, fabricado de metal color verde, se confundía con el césped; en la espalda tenía listones de madera. En ese banco, estaba sentado precisamente Roy, pero un Roy que aparentaba cerca de 75 años, vestido con una camisa muy gastada de cuadros azules y blancos intercalados, delimitados por líneas de amarillo tostado.

Fue entonces que, diciendo eso al culminar ese relato, finalmente Terry sintió un enorme y verdadero alivio. Había contado toda su vivencia, con el mayor lujo de detalles que pudo recordar; pero aún no entendía:
¿Dónde estaba?;
¿Qué hacía allí?;
¿Era realidad o falso cuanto creyó vivir?;
¿Estaba enloqueciendo?;

¿Era un simple sueño o pesadilla?;
¿Cómo llegó allí?; y
¿Creerían lo que acababa de contar?

Y más temeroso que nunca, por no entender nada de lo que estaba pasando. Pensó que si yo fuese él, no creería esta historia. Por ser quién es, debí comenzar la historia por el final y decidió decir:
—Aunque tal vez debí comenzar la historia por mi vivencia en el paraíso, preferí contarle primero mis recuerdos; porque tengo mucho temor a que de un momento a otro, pueda vivir otra experiencia extraña.

A lo cual respondió:
—Tranquilo... Lo primero que debes hacer es relajarte, toma agua, come algo, si puedes. Voy a la iglesia y al regreso hablamos.
—Padre Juan, dígame la verdad por favor: ¿Usted cree que he enloquecido verdad?—preguntó Terry muy perturbado.
—Nada de eso, hijo, eres el único normal y coherente de esa historia en este momento.
—Es que...
—Tranquilo, Terry, ya he notado que estás desesperado por contarlo todo. Tienes 15 horas hablando sin parar. El único que ha escuchado todo al detalle, he sido yo.
—Perdone... Padre Juan, ¿Por qué... usted continúa siendo el padre Juan... verdad?
—Si, Terry, sigo siendo el padre Juan, claro... aunque con 10 añitos más encima, y como 10 mil cabellitos menos en la cabeza, pero...
sigo siendo el mismo.

976

—¿Diez años, padre? Eso coincide con todo lo que recuerdo.

—No sólo eso, Terry, sólo debo verificar cierta información que me has dado, para poder asegurarte que todo lo que me has contado es totalmente real y tendrá una importante utilidad en este momento.

—Padre... ¿Cómo puede ser eso?

—Hijo, el único que tiene siempre todas las respuestas es el padre eterno y yo estoy muy lejos de ser él. ¡Ten paciencia!

—Padre Juan, no me moveré de aquí. A menos que sufra una nueva mutación o traslado en el tiempo, le prometo que tendré toda la paciencia del mundo. De ser real todo lo que creo haber vivido, el tiempo ya vale muy poco para mí.

—Terry, por lo que me has contado, además de otra información que conozco, la cual podría estar relacionada contigo, el tiempo es oro en este momento y debo ir a verificar lo que sospecho.

—Por favor, Padre Juan, si se va... voy a quedarme nuevamente solo y tal vez no lo vea nunca más.—Dijo Terry, muy atemorizado después de contarle su larga experiencia.

—Volveré en el tiempo que tardo apenas en entrar a la iglesia y volver, Terry. Y sabes que eso es muy poco tiempo.

—¿Cómo saberlo, padre, si ni siquiera sé dónde me encuentro.

—Te encuentras, finalmente, en lo que llamaste en toda tu historia «tú vida real»... veinte años más tarde de divorciarte de Susan.

—Disculpe, Padre Juan, eso responde a que estoy... ¿en qué época? Pero... además, necesito saber ¿dónde estoy?

—Creo que nunca te dije que mi obispo me propuso, hace 10 años, como Capellán del hospital Estatal, para iniciarme en el módulo de emergencias.

Lentamente. Terry se iba afianzando a su realidad y tomaba confianza en si mismo. Entendía perfectamente todo lo que el sacerdote le contaba. Aunque le sorprendía la naturalidad y entusiasmo con la que el presbítero escuchó y asimiló toda la historia, no obstante, respondió:

—No, padre, lo que recuerdo es que yo era el que le contaba todo y usted fue mi amigo, mi consejero y enlace espiritual con Dios.

El sacerdote sonrió, inclinó su joroba, cayeron sobre sus ojos los únicos cabellos blancos y largos con los que, desde el centro de su cabeza, trataba de cubrir su calvicie; finalmente, colocó la mano derecha en el hombro de Terry y, con mucha ternura, le levantó hacia él. Le abrazó tan fuerte que parecía triturarle! El Padre Juan estaba evidentemente eufórico y emocionado.

Terry correspondió al abrazo con muchas lágrimas en sus ojos. Sentía que, por primera vez en 10 años, tenía un contacto real y afectivo con otro ser humano.

Entre lloriqueos, palmadas intercambiadas entre espaldas y sonrisas, el cura respondió:

—Bien... hijo... bien... ¿Sabes qué he aprendido en estas 15 horas?... que yo no debí dejar que hablaras tanto...

Debí contarte mis problemas para que me aconsejaras. Quizá estabas mucho más cerca de Dios que yo. Ahora es que me doy cuenta.
—Padre, pero entonces... ¿Dónde estoy?
—Terry...

Estás en la habitación secreta dentro de mi sacristía al final de tu iglesia. Aunque... no debes preocuparte si no la recuerdas, porque... jamás supiste que esta habitación existía.
—Claro, padre... Pero... ¿Por qué estoy aquí? ¿Esta seguro de que no estoy loco? Y... ¿Por qué está usted conmigo?

El presbítero le contestó:
—Estoy acá porque, aunque con los años fueron asignándome cada vez más áreas para cubrir en mi rol de capellán en el hospital, siempre conseguí el tiempo necesario para acompañar a un antiguo amigo. Hoy soy el capellán de todo el complejo hospitalario... ten en cuenta que el módulo hospitalario de psiquiatría es sólo uno, de 15 módulos.

Al escuchar eso, Terry recordó todas sus conversaciones con su parte sarcástica... Y hablando en voz alta consigo mismo, dijo:
—¿Acaso toda esta experiencia fue el resultado de alguna terapia de un psiquiatra?—y prosiguió—Si... si... ya estoy seguro de eso... Así era... ya lo sabía... Padre Juan, quiero conocerlo, para enseñarle cuánto lastima a la gente con esa metodología. Quisiera darle un puño directamente en la cara a ese patán tan siniestro.

El sacerdote sonrió mientras decía:
—Te equivocas... Terry... déjame contarte sólo una parte importante antes de entrar a la iglesia y regresar.

El Padre Juan comenzó su historia sonriendo al preguntar:
—¿Recuerdas las Industrias MERLINTOY?
—Seguro que sí, cómo no recordarla. Si, como usted dice, llevo 15 horas hablándole de ella.—Respondió al cura.
—Bien, tu gerente Germán Vittori fue acusado de asesinato por el presidente de MERLINTOY, Roy Bernardi Azcona.

Minuto a minuto, Terry empeoraba su cara de horror, enterándose de aquellas verdades tan crueles. El presbítero continuaba:
—Hace 10 años yo me iniciaba como capellán del hospital; tenía la responsabilidad de dar socorro espiritual a los pacientes del área de emergencia, solamente.

El día que apresaron a Germán en su oficina de MERLINTOY, tu corriste por una calle en contra sentido; yo iba dentro de una ambulancia hacía emergencias del hospital, con un paciente al que conocía desde niño y sabía que no tenía familia. Él estaba muy mal; debíamos llevarlo rápidamente al hospital, pero no fue posible.
—¿Por qué? ¿Murió su amigo ese mismo día padre?
—No... Terry, no murió, porque inmediatamente llegó otra ambulancia e hicimos el trasbordo de ambos, en la misma ambulancia.
—¿Ambos? ¿Eran dos amigos suyos? ...pensé que era uno sólo.

—Ciertamente, hijo, eran mis dos buenos amigos. Ambos aproximadamente de la misma edad y físicamente con características muy parecidas, el chico que llevaba desde el inicio en la ambulancia y... tú.

—¿Yo?

—Si, Terry, venías corriendo como loco en medio de la calle y la ambulancia te envistió de frente. Casi moriste.

—Ahora entiendo, las imágenes que recordaba eran de ese momento...—dijo con rostro de sorpresa mirando al techo.

—Bien, el caso es que llegaste con traumatismos múltiples, pero rápidamente te recuperaste. Sin embargo, mientras te recuperabas surgió un nuevo diagnostico. Tú habías quedado en un estado emocional terrible. No hablabas, mirabas fijamente, no hacías ningún gesto y siempre parecías no estar dentro de tu cuerpo. Debían transferirte a psiquiatría para hacerte estudios, pero yo... previendo el riesgo y aprovechando que era el capellán de ese pabellón... preferí traerte acá.—Hizo una pausa y continúo—Han sido 10 años de muchos avances médicos, en los que todo tipo de profesionales te han evaluado, en diversos lugares. Han tenido, diversas teorías respecto a tu caso. Ahora al parecer están casi convencidos de que tu problema es netamente emocional.

Así que... ¡Sí... te han evaluado muchos psiquiatras! y te han hecho diversas terapias. Pero... tú has estado reaccionando solo en estos últimos seis días. Pues, entonces, yo no creo que haya ningún psiquiatra merecedor de uno de tus puños.—Culminó el sacerdote diciendo, mientras miraba las manos de Terry con picardía.

—¿Seis días dice padre?—preguntó Terry.

—Si... seis días y yo te he acompañado, todo el tiempo que he podido, en estos seis días. Has hecho movimientos bruscos y gestos de todo tipo. A su vez, no has cesado de emitir sonidos que, para mí eran incomprensibles hasta hoy. Así que, lo más cercano a un psiquiatra que has tenido junto a ti estos seis días he sido yo y espero que no me haya ganado uno de esos.

Y sonrió dulcemente al decir a Terry aquello, mientras señalaba su puño derecho. La curiosidad no abandonaba a aquel hombre de 47 años.

—¿Qué pasó con Germán... padre?

—Ya te contaré en su momento... hijo. El caso es que deberías preocuparte más por lo que ha pasado contigo. Y no me refiero a nada de lo que me has contado, sino, a lo que sucedió mientras viviste esa experiencia.

—Verdad, usted tiene razón, es que no logro coordinar con prioridad adecuada lo que debo saber.

—Bien, yo te lo contaré al regreso. Sólo debo decirte que acá te conocen como Anthony Belloso, nadie sabe que eres Terry Peña Waith. Así que prométeme que, hasta mi regreso, te vas a relajar y no vas a decir nada ni a salir. Aunque acá la única que entra es la señora Teresa, no debes poner en juego tu libertad, no debes hablar.

—¿En juego mi libertad?—Preguntó Terry y explotó a reír, ya que había olvidado el significado de esa palabra.

Pero al mirar al rostro de aquel cura, avergonzado suspendió su sonrisa, diciendo entonces:

—Ya sé que va a regresar, Padre Juan... Le prometo tratar de no pensar, ni moverme hasta su regreso, espero que lo que vaya a hacer en la iglesia valga la pena, para contener tanta curiosidad y angustia.

—Tranquilo, hijo... ya verás que así es.

Cuando el sacerdote se retiraba de la habitación, la cual era pequeña, llamó al sacerdote y le pidió que respondiera sólo una pregunta más:

—¿La última, seguro?

—Si, padre, la última antes de ir a la iglesia.

—Está bien, qué quieres saber?

—¿Quién es realmente Anthony Belloso?

El reverendo lo miró con picardía extraña y respondió:

—Querrás decir: ¿Quién era?

—¿Por qué, padre?...

—Porque tenía tus mismas características, pero no corrió con tu suerte al llegar al área de emergencias, aquel día.

Terry estaba con boca y ojos muy abiertos, hombros caídos, rostro de gran asombro, mientras el capellán empezaba a salir de la habitación.

—¿Cómo dice? ¿A qué se refiere padre Juan?

—Me refiero a que para todas las personas que te conocen, excepto para tus dos hijos, tú estás fuera del país desde hace 10 años.

—¿Fuera del país? Y... ¿Qué se supone que yo habría hecho fuera del país estos 10 años?

—¡Huir! Terry

—¿Huir de qué?

—Huir de la justicia, ah... y con mucho dinero, Terry.—Complementó el presbítero.

—No entiendo...— dijo muy perturbado al sacerdote.

El padre Juan decidió contarle al menos esa parte de la historia, antes de entrar a la iglesia, tratando de aminorar la angustia que se hacía evidente en el rostro de Terry.

—Apenas llegamos al hospital en aquella ambulancia, mientras los llevaban a ambos en camillas, me enteré por los noticieros de que Roy había acusado a Germán de asesinato.

—Si, padre Juan, lo recuerdo... Eso ya me lo contó.

—¿Si, verdad? Lo que no te conté fue que... al que acusaron de cómplice del asesinato fue a ti... Así que al no encontrarte, todos asumieron que habías huido con todo el dinero.

—¿Qué dinero?

—El dinero que supuestamente les entregó la empresa fabricante del plástico contaminado.

Terry no podía salir de su asombro. Todo era increíble. Qué injusticia tan grande. Después de todo, quizá era preferible estar perdido dentro de si mismo durante esos 10 años. No obstante, dijo:

—Quizá lo merezco, padre Juan. Yo soy el responsable de todo eso.

—No olvides que yo fui tu confidente, Terry. Y que lo sabía todo.

—Entonces usted recuerda que fui el irresponsable de todo, por no revisar el informe de toxicología de ese plástico.

Mirándole con ceño fruncido y cabeza inclinada:
—Lo que no voy a olvidar es todo lo que me contaste 15 horas continuas sobre tu experiencia. Eso es lo importante...

Terry sentía que el sacerdote trataba de decirle algo, pero parecía en clave y no entendía, así que dijo:
—No entiendo qué relación tiene mi sueño o pesadilla con todo esto. ¿Por qué mejor no me cuenta qué he hecho durante estos 10 años?
—En realidad, hijo, no hay mucho que contar. Estuviste totalmente ido de la realidad.
—¿Siempre estuve sin movimiento, Padre Juan?

Sonriendo, mientras se tomaba las manos entre si, mirando al piso de reojo, el sacerdote respondió:
—No, Terry, sólo algunos meses al inicio. Luego fuiste recobrando tu movilidad con algunas terapias higiénicas.

Terry se preguntaba por una parte, a qué se refería el sacerdote y, por otra, qué pensaría el sarcástico si estuviese escuchando todo eso. Lo cierto es que decidió entonces preguntar:
—¿Terapias higiénicas?
—Si, Terry... ¿Ya te conté que la señora Teresa, a la cual conociste en su momento, ha cumplido 88 años?
—¿La encargada de la limpieza de la iglesia?
—Si, ella misma, Terry.
—Pero si tiene 88... ¿Cómo puede trabajar?
—Precisamente no ha podido desde que tenía 78.

En la cara de Terry se podía captar inmediatamente lo que iba pensando, a medida que el sacerdote avanzaba en los detalles.

—Por qué me miras así, Terry

—Padre Juan... no me diga que... la terapia de higiene que me mencionó consistía en que yo...

—Bien... realmente Terry... estabas ido de este mundo. Hicieras lo que hicieras no lo notabas.

—¿Usted me encargó de la limpieza... porque yo... yo no lo notaba?

—No tienes porque verlo de esa manera, Terry.—Y prosiguió—Lo único que podríamos lamentar es que no disfrutaras la oportunidad de contribuir con tu iglesia.—Casi tartamudeando continuó defendiendo su actuación—Además, tampoco exageres... Sólo limpiabas la iglesia, la sacristía, tu habitación, los baños... y algunos detallitos más... Pero... como te digo, Terry... en verdad... no lo notabas. Tus manos y tu cuerpo realizaban la actividad cual robot, pero tu mente no estaba nada cerca. No respondías, ni conversabas, ni emitías ni sonidos. Estabas: sordo, mudo y, a veces, hasta ciego.

Desconcertado por la conducta del sacerdote, Terry comentó a media voz:

—Lo único que falta es que me reclame por limpiar mal.

—Ahora que lo mencionas, hijo mío, realmente no es mucho lo que mejoraste en limpieza estos años. Ha sido un desastre... No sabes cuanto he extrañado los años mozos de Teresa, al frente del aseo de nuestra iglesia.

Desalentado Terry por no poder reclamar nada al sacerdote, imaginaba al Terry sarcástico asfixiado de tanto reírse de él.

Entonces, se limitó a seguir con su averiguación:

—Porqué menor no me cuenta lo de mi nuevo nombre, padre Juan.

—Bien... Bien... eso si que te va a gustar.—Fue la afirmación con la que inició el relato el sacerdote—Aquel día, mientras estabas en quirófano, después de escuchar el noticiero, me avisaron que Anthony había fallecido. Así que... internamente, algo me obligaba a protegerte. Yo sabía que eras inocente. Entonces...

—¿Entonces me intercambió por Anthony?

—No... ¿Cómo crees eso, hijo mío? ¿Cómo piensas que sería capaz de algo así?...—y mirando de reojo, con el labio inferior entre mordido, prosiguió—Yo... sólo intercambié los documentos...

—¡Padre Juan!—Exclamó Terry con disgusto.

—¿Qué? ¿De qué te quejas?... ¿Preferirías haber estado en prisión?—

Respondió el sacerdote, mostrando autoridad para haber tomado aquella decisión.

—¿Y con tantos controles en el país nadie lo ha notado?

—Lo que han notado es que Terry Peña viaja mucho.

—¿Qué significa eso?

—Que durante 10 años te han intentado capturar a nivel internacional. No lo han logrado, aunque ellos siguen el rastro que dejan tus registros en hoteles, restaurantes, tiendas o cualquier comercio.—Y concluyó esa parte de la historia con una gigantesca sonrisa diciendo—En verdad, no entiendo... ¿Por qué no lo han logrado?

—¿Mi rastro en otros países? ¿Cómo es eso posible? Tecnológicamente imagino todo lo que ha avanzado, pero, yo no me puedo tele transportar aún... ¿O sí?...

—Realmente tú no, Terry. Pero quizá alguien más sí. Así que, tal vez, algún buen amigo tuyo pudo haberse encargado de dejar su rastro con tus datos.

—No entiendo... ¿Quién pudo dejar mi rastro y arriesgarse en otros países?

—Quizá algún judío de esos locos que andan sueltos por ahí.

—Ahora entiendo, padre.—Terry dijo aquello y gesticulando, se rascó la oreja izquierda, con su mano derecha, después de pasar su brazo sobre su cabeza.

El sacerdote sonrío diciendo:

—Los caminos del señor son inmensurables, hijo, tú lo sabes.—Además, tuvimos un gran apoyo de Anthony. Él tenía años sin trabajar y viviendo de caridad, así que nadie le extrañó en ningún sistema.

—Son muchas las cosas que no entiendo, padre Juan.

—Si puedes aportar algo al gobierno todos te tienen registrado y te buscan. En cambio, si requieres su apoyo para sobrevivir, frecuentemente desapareces de los sistemas sin saber por qué.

Eso mejora las estadísticas. Como verás, eso no ha cambiado nada en estos 10 años.

—O sea que el funeral de Anthony...

—Ah no.... no me mires así, Terry. Te aseguro que fue... el mejor de todos los funerales que pudo tener cualquier cadáver indocumentado, no reconocido por ningún familiar.

—¡Padre Juan!...—Exclamó Terry horrorizado por la naturalidad con la que el padre relató aquella historia. Y además dijo—¿Anthony era su amigo? Realmente no lo entiendo, si era su amigo cómo pudo hacerle eso?

—Tú no conociste a Anthony, Terry, por eso no puedes entender. Él nunca quiso morir sin dejar huellas. En todas nuestras conversaciones, y no digo «confesiones» digo «con-ver-sa-cio-nes», siempre compartía conmigo su sueño de formar parte de un plan de Dios para rescatar el mundo. Y... realmente no quería que muriera sin ver su sueño hecho realidad... como tampoco quería verte en prisión injustamente. Así que... todo se juntó e inicié 10 años de escondite y misterio en mi vida sacerdotal.

El sacerdote parecía un abogado defendiéndose, frente a un jurado muy severo. Así que en el más convincente despliegue de argumentos, subió el tono de su voz todo cuanto pudo:

—¿Y ahora, tú pretendes reclamarme?...

Terry estaba embotado, después de 15 horas de contar a toda velocidad su experiencia, agotado y ahora, extraordinariamente, sorprendido. No podía creer cuanto escuchaba. Sin embargo pensó: ¿Cuál es mi asombro? Si el sarcástico estuviese acá seguramente diría: ¿Qué tiene de malo?... El padre Juan sólo te salvó, arriesgando su reputación y su tranquilidad... por ti. Por lo que al finalizar Terry aquella reflexión interna, dijo al presbítero:

—¿Cómo podré agradecerle?

—No necesito que me agradezcas nada, hijo, en verdad lo estoy disfrutando mucho. Aunque creo que dentro de poco lo disfrutaré aún más.

—¿Disfrutar?—Preguntó Terry muy desconcertado, cubriéndose el rostro con ambas manos, al sentarse sobre la cama.

Terry Peña no entendía lo que estaba pasando dentro de él. Entraba en contradicciones. Agradecía y reprochaba a la vez.
Por su parte, el sacerdote mirando de reojo, colocó un vaso de agua sobre una mesa frente a él, cuando finalmente se dirigió a la iglesia.

Al parecer, aunque Terry estaba mucho más sereno porque creía estar vivo y nada loco, nunca dejó de extrañar a su parte sarcástica. Reconocía que necesitaba que su otro yo interpretara nuevamente cada asunto. Mientras tomaba el agua, pensó auto recriminándose: Yo volví a ocultarlo... Metí nuevamente a mi verdadero yo, adentro de mi mente. Continúo dejándome manejar por las apariencias y paradigmas adquiridos durante mi infancia y juventud.

Así que, sintiéndose completamente solo, un impulso interior lo motivó a llamarle en voz alta:
—¿Estás allí, sarcástico?...—Pregunta que repetía una otra vez, mirando hacía su estomago, sintiéndose cada momento más y más agotado; trataba de subir la voz mientras continuaba repitiendo lo mismo hasta quedar dormido—¿Es-tás... allí... Sarcás-ti-co?—Y allí quedó dormido profundamente.

Lo inesperado

Al despertar ese mismo día, habiendo superado el sexto día de su experiencia, Terry temía tremendamente abrir los ojos y encontrarse en una realidad diferente. No obstante, no podía evadir la situación. Acostado, abrió los ojos lentamente; ajustó su mirada y pudo ver tan sólo una pared frente a él.

—¿Estoy en una cárcel?—Preguntó en voz elevada con gran susto; creyéndose completamente solo en un mínimo espacio rodeado por paredes. Pero, ese terror se vio interrumpido por una voz femenina.
—Papá... papá... ¡No estás en ninguna cárcel! Estás con nosotros! Míranos!...

Aquella voz le parecía en cierta forma familiar, pero reflexionó: «¿papá?» Eso significaba una sola cosa... se trataba de Sophia, su hija, ya con voz de una mujer adulta.»

Recordó que no la había escuchado desde hacía 10 años: *ojos fijos en la pared, boca entreabierta, respiración forzada, ritmo cardíaco tipo locomotora, transpiración helada, temblor en las manos, imágenes de sus niños pasando por su mente y sin contener más su emoción, volteó su cara hacía el otro lado de la cama.*

Se trataba de un caballero de 25 años y una dama de 22. Eran sus hijos, Sophia y Freddy! Ambos se abalanzaron sobre él para fundirse los tres en un abrazo interminable. Lloraron y rieron sin emitir palabras. La emoción era tan grande que no necesitaba palabras.

Evidentemente, el padre Juan existía y había dicho la verdad. Los únicos que sabían que Terry estaba escondido, en esa iglesia, eran sus dos hijos. Freddy y Sophia desearon sacarlo de allí pero nunca pudieron.

El odio de Roy, al que conocían muy de cerca, era demasiado fuerte. Susan era su esposa y, seguramente por lealtad, hubiese delatado la ubicación de Terry. Los chicos tuvieron que guardar el secreto sólo para ellos y visitar a escondidas a su padre, durante esos 10 años.

Terry lloró ese día tanto como ningún otro, mientras sus hijos le contaban muchas cosas. Freddy, de 25 años, iba y venía de otros países con su esposa. El primogénito de Terry seguía siendo inimitable quien, junto a su esposa, había ingresado dos años antes a un grupo internacional de rescatistas de postguerra. Eran expertos en primeros auxilios y rescate. Recién terminaron sus carreras de médicos, decidieron casarse e irse a otros países, para ayudar a gente necesitada.

Sophia de 22, estudiante de psicología, había tenido una niña cinco años atrás. Al parecer, no se había adaptado a la separación de Susan y Terry, ni tampoco al tipo de vida que debió asumir, para acompañar a su padre esos 10 años. A los 16, ya estaba embarazada y aunque

Roy, junto a Susan, organizaron una boda muy lúgubre e intima, el chico con el que se casó, Jim Macknamara, poco tiempo después haber cumplido los 18 años y del nacimiento de la niña, pidió el divorcio para irse del país, junto a sus padres y seguir sus estudios.

Freddy y Sophia turnaban las misteriosas visitas a su padre durante esos 10 años. Se sentaban junto a él y le contaban todo lo que estaba pasando, aunque siempre parecía que no les escuchaba.
Pero, esa tarde sólo escuchó y preguntó por cada cosa. La emoción permaneció a lo largo del encuentro. Los tres sentían que había resucitado. Así que, los besos, abrazos, palabras que salían del alma y miradas, que decían mucho más, acompañaron la despedida de esa tarde.

Terry estaba realmente feliz, queriendo compartir tanta alegría con alguien más. Entonces dijo:
—¡Viste, sarcástico!... ¡Travieso!... ¡Irónico!... Pasaron 10 años junto a mí y... me quieren igual. Además volví a mi vida real.

En ese momento escuchó la inesperada respuesta:
—Sí, volviste a tu vida real...—Qué emoción experimentó ante aquella respuesta. En un primer instante creyó que era el sarcástico quien respondió, no obstante, la voz continuó diciendo—Claro que volviste... hijo mío.

El sacerdote había regresado y, al escuchar lo que decía, sólo respondió, sin imaginar que Terry esperaba que aquella respuesta proviniese del sarcástico.

—Padre Juan... ¿Es usted?

—¿Y quién más podría ser Terry?—Contestó con rostro desconcertado—Mira, es hora de que comas, te asees y duermas para recuperar tus fuerzas.

—Padre, tiene razón, es hora de retomar mi vida. De conocer a mi nieta.

—Bien... pero antes de eso... deberemos arreglar algunas cosas...

—¿Cómo qué, padre Juan?

—En su momento te lo diré, hijo mío...—En ese instante le tomó por el hombro, como mirando con profundidad a través del rostro de Terry y continuó—Ahora deja que yo me encargue de esto, hasta que todo esté listo para la explosión.—Dijo con especial picardía aquel sacerdote.

¿A qué se referirá ahora el padre Juan con la explosión?, pensó Terry, sin darle gran importancia a lo que el sacerdote pudiera estar pensando.

Al día siguiente, al despertar sonrió por encontrarse en el mismo lugar, tomó una ducha y, luego, volvió a su habitación. Allí, fue sorprendido con una exquisita comida ya servida en la mesa.

Vio con asombro, bailó con su toalla al son de una música instrumental inventada en su mente, se colocó la toalla amarilla sobre la cabeza y sonriendo dijo:

—Ahora bailo mi propia música, ¿qué te parece, sarcástico, ya no escucho tu rock?—Cerró los ojos con nostalgia e inmediatamente sonrió diciendo—Qué bendición... ¡Gracias, Dios mío!... es comida de verdad...—Se sentó a olfatear con los ojos cerrados sobre la mesa, hasta llenar al máximo sus pulmones.

—Hola papá...— Dijeron sus dos hijos a la vez—¡Sorpresa!...

Salieron de un pequeño rinconcito de la habitación, pues habían rodado la cama y escondido entre esta y la pared, para sorprender a Terry con un delicioso desayuno.

Qué emoción tan especial. Se sentía amado, respetado, valorado y todos los «ado» que cualquier humano pudiese imaginar. Sus hijos estaban enloquecidos de felicidad.

—¿Trajiste a mi nieta?—Preguntó mirando a Sophia mientras compartían la mesa con aquel desayuno.

—No papá... aún no podemos. ¿Recuerdas como era Freddy de pequeño? Todo lo contaba. ¡Así es tu nieta! No se le puede confiar ningún secreto.

—Freddy, si Freddy era terrible, tremendo y noble, igual que ahora.—Respondió Terry.

—Pues Vicki pareciera más hija de Freddy que mía, papá. Incluso tiene su misma afición por los animales.

—Y... ¿Eres feliz con ella Sophie?

—Claro, papá, es lo más maravilloso del mundo para mí.

—Me alegra tanto, Sophia...—dijo mirándole a la cara mientras la abrazaba. Sentados, él al medio y cada hijo a un lado en aquella mesa de madera, color marrón, construida de tablas cortas con pintura gastada. Allí pasaron largo rato compartiendo. Freddy volvió para el almuerzo y Sophie lo hizo para la cena.

Así pasaron dos semanas, disfrutando cada momento y compartiendo a escondidas. Parecía todo en orden, sin embargo, ya Terry había pasado muchos años ausente para desear pasar siquiera un día más. Y pensó: Hoy hablaré con el padre Juan, ya es suficiente lo que ha hecho por mí.

Y prosiguió preguntándose: «Qué debo hacer... qué debo hacer... Sar-cas-ti-co.... ¿Qué debo hacer?...»

Como era de esperarse, el que respondió fue el padre Juan:
—Bien... hijo... yo te diré lo que debes hacer...—Y prosiguió diciendo con gesto de novedad—Vístete con esta ropa que han dejado tus hijos y prepárate, que ya es momento de salir de acá.
—¿Salir? ¿A dónde iremos, padre Juan?—El sacerdote tomó aire para responder mirándole de reojos como era ya costumbre, pero Terry interrumpió antes de que el padre Juan emitiese palabra alguna.
—No me lo diga, padre Juan... Si.... si... Ya lo sé...

Y en coro ambos simultáneamente dijeron:
—En su momento, Terry... En su momento lo sabrás...

Salieron de allí y Terry no podía creer que la ciudad hubiese crecido tanto en esos 10 años, lo que el recordaba como una ciudad medianamente pequeña era un tremenda metrópolis. Pasaron en el vehículo por el parque y Terry se quedó ensimismado y mudo.
—Ya lo sé, Terry, era allí...—Dijo el sacerdote, Interrumpiendo la meditación de Terry.

Y prosiguió:

—Ey... disculpa que interrumpa tu meditación, hijo mío, pero no conozco el manejo de tu mente o de tu espíritu y temo que no sería oportuno que regreses allí en este instante.

—Lo siento, padre Juan... tiene razón, déjeme cambiar lo que estoy pensando para evitar ese riesgo... tiene razón...

—Hijo mío, me gustaría que dedicaras este momento a revisar algo...—El presbítero le entregó un sobre verde oscuro, para que lo revisara

—Seguro, padre Juan... Déjeme ver qué es esto...

Abrió el sobre y se encontró con muchos recortes de periódicos. Todos referidos a la sentencia de Germán y a su supuesta huída del país. Leyó, analizó, pensó, vio las fechas, asoció con su experiencia, respiró y respiró, transpirando mucho.

—Padre Juan... ¿Está seguro de que haremos lo correcto? ¿Para dónde vamos?

—No me hagas responderte lo mismo, hijo. Sólo puedo decirte que, esta vez, sé bien lo que hago y que debes confiar en mí.

Así que, aunque no era tan lejos de la iglesia, aquel viaje parecía interminable para Terry. Al estacionarse en el sitio, Terry preguntó:

—Pero... ¿Este no es el hospital, padre Juan?

—Así es, hijo mío... es el hospital de donde actualmente dirijo tres capellanes.

—Entonces... ¿Voy a conocer su trabajo, padre Juan?

—Algo así, Terry, algo así. Ya bájate que llegamos y nos esperan.

«Nos esperan»… «Nos esperan»… «Nos esperan»… Fue una expresión que casi enloqueció a Terry. A quiénes se refería? Lo verían otras personas reales. Tendría que pensar antes de hablar, ya que, esta vez ,le escucharían. Había olvidado cómo se sentía esto.

En medio de ese tipo de pensamientos, mientras le asaltaba la duda de si iría o no a la cárcel, se dirigieron a través de diferentes áreas hacia una habitación del hospital.

—Espérame un instante aquí, hijo mío, no des ni un paso… confía en mí…

Esa fue una instrucción muy difícil de cumplir para Terry; debía permanecer frente a la puerta de una habitación en la que el sacerdote entró. «Este cura está enloqueciendo, seguramente. Está visitando a enfermos y me deja en la puerta para vigilar.

¿Se tratará de otro amigo al que quiere ayudar con el funeral?», pensó en medio de muchas otras cosas similares.

Al parecer, había pasado tiempo desde la última vez que aceitaron las bisagras de aquella blanca y muy brillante puerta. Cuando el sacerdote la abrió para que Terry entrase, pareció sonar tan fuerte que Terry casi se ensordeció.

—Pasa adelante, hijo mío...— El cura tuvo que repetir tres veces lo mismo, para que reaccionara.—Al entrar, se rompieron los esquemas manejados por su imaginación.

No era una habitación para algún enfermo. Se trataba de una oficina pequeña, donde sentado, con una camisa de cuadros azules y blancos intercalados, delimitados por líneas de amarillo tostado y largas mangas, se encontraba alguien de espalda.

—Padre Juan... ese hombre está vestido como le describí a Roy en el parque... Vámonos de aquí... esto parece parte de mi pesadilla!—
Decía Terry, mientras tiraba al padre por la manga de la sotana, hacia la puerta, para salir nuevamente.
—Tranquilízate, hijo mío... Se trata de un buen amigo, que ha sufrido mucho todos estos años; tanto que prometió a Dios hace 10 años no cambiarse más de ropa hasta que cesara su sufrimiento.

Al voltear aquel hombre hacía Terry, lo primero que se dejó ver fue que su ropa se veía tan desgastada como una pequeña agenda color caramelo que apenas asomaba en uno de sus bolsillos. Con el cabello largo recogido sobre su nuca, las barbas que a simple vista le cubrían casi hasta las rodillas. Pero a pesar de todo, la higiene era tan impecable que incluso podía percibirse, aún, con los ojos cerrados.

Era, sin duda ninguna, la repetición de su pesadilla. Era reencontrarse nuevamente con Roy. Así que gritó:

—Es él, padre... ¡Es Roy!—Lo dijo señalándole a la cara, como si Roy no formase parte de su realidad.

Sin embargo, el hombre de barba larga y camisa a cuadros ya sabía lo que el sacerdote le había contado en esas dos semanas, así que entendía perfectamente la actitud de Terry, por lo que permaneció en silencio aparentando no enterarse de lo que sucedía.

—Es Roy, padre, vámonos... por favor...—dijo ya entrando en lágrimas y pánico.

El presbítero haló una silla del pequeño escritorio y le dijo:
—Te entiendo, hijo mío, pero debes confiar en mí. Por favor... siéntate.

Rendido, confundido y agotado por el impacto emocional, no tuvo más opción que sentarse, tal como el sacerdote le indicó. Estaba en el mismo escritorio que Roy, viéndole cargar su misma pequeña agenda color caramelo. Todo indicaba que la extraña experiencia revivía. Pero, nada más alejado de la realidad que aquella suposición.

El padre comenzó a hablar y a explicarle a Terry todo cuanto había pasado durante esas dos semanas y decidió empezar, por el principio de la experiencia de Terry, diciendo:
—Hijo mío, el mismo día en que iniciaste tu experiencia, Roy vino al hospital a visitar a un amigo muy importante para él. El amigo estaba mal, no cambiaba su estado

de salud, así que él, entristecido, salió por primera vez solo a caminar y andando, sin darse cuenta cuánto, se encontró de repente en ese mismo parque que vimos desde el vehículo cuando veníamos. Si Terry y no sólo en el mismo parque, sino que también en el mismo banco de la plaza...

Terry tenía los nervios de punta, de hecho temblaba. Trataba de entender, pero no coordinaba sus ideas. El padre hablaba demasiado rápido para él y estaba realmente confundido. Así que, en medio de tanta confusión, de repente sonó la puerta y Terry girando su cabeza hacia la entrada gritó:
—¡Nooooo!

Era Allan, quien acababa de llegar, bien parecido, impecable, con unos antejos nuevos que más sofisticados, pero era el mismo Allan, el hombre de confianza y amigo fiel de Roy. Así que tan pronto llegó, tomó una silla y se sentó a mano derecha de Roy, como toda su vida. Mirándole saludó:
—Hola, Terry...
—Ho...o...ola...— respondió, tratando de calmarse y reiniciando su respiración.

Pero, este no se ve arruinado como Roy... ¿será que fracasó MERLINTOY y Allan le abandonó?, pensaba Terry mientras tanto.

—Bien, ya todos nos conocemos.—Dijo el sacerdote y continuó—El mismo día en que iniciaste tu experiencia...

—Padre Juan... entonces al que conseguí en aquel parque era realmente Roy...

—Así es, hijo mío, este mismo Roy, pero eso fue hace apenas dos semanas y seis días.

—¿Usted cree que yo...?

—Si, Terry los caminos del señor muchas veces son indescifrables; puede mitigar el dolor de varias almas a la vez con un solo encuentro y, al parecer, eso fue lo que sucedió, en esta ocasión.

En ese momento no parecía ser Terry el único consternado, también de Roy se dejaban ver las lágrimas, que bajaban desde sus ojos hasta gotear sobre aquel escritorio. Evidentemente lloraba de alegría, parecía agradecido a Dios, sintiéndose muy afortunado, con la mano derecha sobre su pecho, como tratando de aliviar la presión que sentía, dijo:

—Yo sólo estaba... sentado allí y... de repente, sentí algo helado que me rozó, creí que habían pasado unos segundos, pero sin embargo...

cuando me senté era media tarde y al reaccionar ya era de noche.

Fue algo que me paralizó, ya que estaba evidentemente cansado, temía que si contaba a alguien lo que había vivido, pensarían que estaba enloqueciendo, entonces, como de costumbre al único que le conté fue a Allan. ¿Verdad Allan?

—Si, así es... y yo, como era de esperarse, sólo le recomendé alimentarse mejor y descansar.

—¡Bien, el descanso ya tiene su momento!—dijo Roy.

—Así es, hijo mío... así es... Ahora déjenme continuar con la historia de Terry por favor! El caso es que, mientras me contaste tu experiencia, yo iba atando cabos sueltos y en tu conversación me diste la clave para descubrir muchas cosas.

—¿La clave, padre Juan?

—Sí. Me diste la clave. Tu lugar secreto en la columna de piedras en mi propia iglesia. ¿Se imaginan?—Preguntó mirando a Roy y a Allan y siguió—Todos estos años estuvo tan cerca de mis manos y no lo imaginé. Jamás había notado que esa piedra no era piedra, y menos aún, que pudiese moverse. Pero, efectivamente, se mueve. Eso lo comprobé apenas te dejé en tu habitación, el día en que regresaste a tu cuerpo.

—¿Eso era a lo que se refería?

—Si, Terry, desde ese día no he tenido descanso hasta después de hoy. En tu lugar secreto encontré esto...

El padre sacó de una gaveta del escritorio, una bolsa grande que tenía dentro varios elementos:

.-La lata de galletas navideñas que Yair le regaló 10 años atrás.

.-Un sobre con algo dentro.

.- Un libro de portada azul obscura, titulado: «El legado.»

Terry Peña Waith se puso de pie, tomó una a una de las cosas que contenía la bolsa y las abrazó. Lloró varios minutos cual manantial y dijo:

—Lo más importante de todo lo que viví, ya no lo tengo. Pero en todo esto está contenida su esencia.

—Te refieres a tu otro yo, hijo mío ¿verdad?

—Si, padre, él me enseñó a analizar desde otro punto de vista toda mi vida. Y aunque no puedo creerlo, aquí está...—Y señaló el resumen que escrito con sus manos permanecía en las últimas páginas de «El legado.» Y prosiguió—Este es el mejor legado para mis hijos, porque está escrito por mi verdadero yo.

Allan interrumpió:
—Perfecto... es increíble, Terry, ya tienes el libro con sus enseñanzas para tus hijos.
—¿Cómo sabes eso, Allan?
—¿Qué crees que hemos estado haciendo con el padre Juan, estas dos semanas, Terry?
—¿Investigaron todo? ¿Creyeron en la inocencia de Germán y en la mía?
—Si no fuese de esa manera, no estuviésemos aquí, Terry.—Respondió Roy y continuó—La verdad es que cuando les denuncié ante las autoridades, tenía muchas pruebas que los acusaban. Por eso, no hubiese sido suficiente creer en ti, ni en Germán y ni siquiera en este noble sacerdote.
—¿Entonces por qué ahora si crees?—Preguntó Terry
—Porque en esta lata de galletas navideñas y en este sobre estaban todas las pruebas que necesitábamos.
—Pero... Esa lata me la regaló Yair y para ese momento no había pasado nada del héroe tintónico.
—Terry... Terry... No olvides, hijo mío... para el señor no existen barreras, ni latas cerradas, ni piedras inmóviles.
—Ya veo, padre Juan... tampoco existen barreras del tiempo ni el espacio, porque este libro lo coloqué en un lugar paradisiaco, en una vivencia entre paisajes marinos.—Dijo mientras tenía «El legado» en manos, ya que desde que lo vio pareció aferrarse a él.

Allan volvió a interrumpir diciendo:

—Lo importante es que dentro del sobre estaban las pruebas de que el proveedor del material tóxico había pagado a Robert, para que lo comprásemos. Se trataba de un millón de dólares y esa era una cifra muy elevada, aún 10 años atrás. Eso hizo evidente que el fabricante del material sabía que, de no sobornar a Robert, iba a perder el 100% de material.

Roy complementó la información:

—También descubrimos que Robert y Danna eran cómplices.

—Si, hijo mío, y lo descubrimos gracias a tu lata de galletas navideñas.

—¿Por qué, padre Juan?

—Porque dentro tenía en original el documento de compra venta de un apartamento muy lujoso, en playas europeas a nombre de Danna. La fecha del documento es de apenas tres semanas después de que se aprobó la orden de pago al proveedor y una semana después a la fecha en que Robert recibió el pago de un millón de dólares.

—Y... pues... hijo mío... uno más uno.... son... dos.

—¡Eso significa que...!—Exclamó Terry

—Significa que se ha hecho justicia, Terry, pero 10 años tarde y no sabes cuánto lo siento!—dijo Roy.

—Robert y Danna desde ayer, ya están en prisión. No fue difícil demostrar su culpabilidad.—continuo Allan—Especialmente, porque la asistente de Danna, Charlotte, que hace años abandono la empresa, se ofreció de testigo para demostrar que te habían tendido una trampa.

—¿Una trampa a mí?—Preguntó Terry

—Si, hijo mío, eso que te hacía sentir tan culpable, no era tu culpa.

—Ellos reemplazaron la carta de evaluación de toxicología por una falsa, casi tan perfecta como una original, porque la habían impreso en el organismo evaluador sobornados por Robert y Danna.

Entonces, Danna se encargó de guardar el verdadero original.

Cuando consideraron oportuno, te invitó a su oficina y salió dejándote la carta a tu alcance, para sorprenderte con ella en tus manos al denunciarte.

Encajaban entonces todas las piezas, sin embargo, Terry no podía creer todo lo que escuchaba.

—Dios mío... son unos monstruos, padre...

—¿Ahora entiendes a qué me refería cuando decía que lo iba a disfrutar?

—Si padre, ahora entiendo... y... ¿qué pasó con Germán?

Con caras muy entristecidas, Allan respondió:

—Esta libre, desde hace apenas unas horas, Terry.

—¿Llevaba 10 años en una cárcel injustamente? ¿Qué pudo hacer esos 10 años para no morir de tristeza por la injusticia?

—No lo vas a creer, hijo mío...—con rostro relajado y sonriente dijo el sacerdote y prosiguió—Por su excelente comportamiento le asignaron labores humanitarias dentro del penal. Le conociste muy bien, él no tolera la violación de derechos humanos ni la injusticia, así que logró colocar su propia vida en segundo plano y se dedicó a ayudar a todo compañero que pudiese auxiliar. Afortunadamente, su esposa trabajó siempre y a su familia nunca le faltó nada.—

De pronto el cura abandonó su rostro alegre, pasando a reflejar tristeza con disgusto entremezclado, y prosiguió—Sí, hijo mío, apenas tiene unas horas libre. Ya iba a cumplir 10 años en la cárcel, pero, aún le faltaba cumplir otros ocho años allí. Todo por esos dos... hijos de... Dios, malvados y muy inescrupulosos...

Terry recordando en voz alta dijo:
—Siempre sospechaste de ellos Allan, lo sé... pero tú, Roy... no confiaste en la intuición de Allan.
—¿Cómo sabes eso, Terry?
—Sé que Allan sospechaba de ellos desde lo del detective...—dijo Terry con la mano en el mentón...

Allan y Roy se miraban las caras con gran sorpresa, porque no entendían cómo Terry sabía eso. Pero mientras ellos se miraban, el sacerdote y Terry eran cómplices con sus miradas, disfrutando el desconcierto de los demás en medio de su conocimiento.
—Todo tiene su explicación, hijos míos... Pero...
—¡En su momento!...—Complementó Terry lo que el cura dijo, con gran picardía, dejando entrever que el momento estaría, tan pero tan lejos, que nunca se enterarían. No conforme con la intriga que produjo en Roy, dijo además—Espero que en tu pequeña agenda, aparezcan a partir de hoy, algunos minutos en nombre de Germán y mío...

Sosteniendo el asombro simplemente, Roy respondió:

—Ya está anotado...—y le mostró desde sus manos.

Había apuntado con su bolígrafo: «1 día, 1 día, 1 día...» y así tenía cada pedacito de todas las páginas, lleno de lo mismo.

Después de verlo, emocionado y aturdido, Terry casi no articulaba palabras coherentes:

—No sé como pero... hay mucho que decir... Roy... sólo muéstrame, por favor, tu pequeña agenda...

Sin parpadear, sólo volvió a sacar la agenda de su bolsillo y aun cerrada se la entregó a Terry. Él, temeroso de que no fuese cierto lo que pensaba, abrió tímidamente aquella agenda y vio en la penúltima hoja de su pequeña agenda:

_1.- La principal regla es ser feliz, aprovechando cada instante junto a quienes amas de verdad.

_2.- Identifica tus sentimientos, fingir no cambia lo que sientes.

_3.- Sueña lo que realmente quieres, no lo que crees que debes querer.

_4.- Has lo que en verdad amas para ti y ama lo que hagas por los demás, para ayudarles a conseguir sus propios sueños.

_5.- Ser frío y calculador termina lastimándote a ti mismo.

Fue indescriptible lo que experimentó Terry, su experiencia había sido completamente cierta, además, había ayudado a Roy. Aunque con la agenda en manos pensó:

«Gracias a estas reflexiones, Roy y Susan se olvidaron de las apariencias... y se las escribí yo. Sin embargo, como diría el sarcástico, no debo perder de vista que eso hubiese pasado de todas formas.»

Roy interrumpió su reflexión diciendo:

—Es mi puño y letra, Terry. Me ha guiado todos estos años y realmente no soy el mismo desde entonces. Sin embargo, aún no logró explicarme por qué eso está escrito allí. Una noche tuve un extraño sueño, de esos que te aceleran el corazón. Desperté en la madrugada y pensé anotar una idea importante para la empresa en un papel, ya que eso era habitual en mí. Al parecer, no fue en la hoja donde escribí, pero tampoco fue la idea en la que pensé. Concluí que estaba demasiado dormido y que nunca supe lo que escribí, ni por qué. En la mañana siguiente, estaba realmente sorprendido con lo que había escrito.

Terry, ensimismado, le escuchaba y mientras trataba de identificar cuál era el vínculo que le unió a Roy, en esa experiencia,

pensó: no era por Susan.... Entonces dijo:

—Padre Juan...

—Dime, hijo mío.

—¿Eso fue todo lo que consiguió en mi lugar secreto?

—¡Si! Todo lo he traído a acá.

—Padre... ¿No habrá olvidado traer una camisa a cuadros?

—No Terry, lo único que estaba en el lugar secreto era lo que ves.

El sacerdote aún permanecía de pie, como dictando una clase magistral sobre planes de Dios y misterios de la vida. Al responder, señaló desde arriba al pequeño escritorio. Terry trataba de ver el escritorio, pero se interponía la imagen Roy en su camino, aunque no estaba atravesado. Saltaba ante su vista la camisa de Roy y entonces pensó: «Ese es el vínculo que me unió a Roy.»

Mientras él, evidentemente, meditaba, todos le miraban en silencio, respetándole como a toda una autoridad en ese tema que, era tan inimaginable para ellos. De pronto, Terry rompió el silencio:
—Roy... ¿No has olvidado aquel día... de... la fragancia especial que usaba Dorothy en tu habitación, verdad?

Mirándolo con ojos entrecerrados y respiración casi imperceptible respondió:
—No, jamás podría olvidarlo, Terry, y no te voy a preguntar cómo lo sabes.
—Por como viste, imagino que tampoco has cambiado tu billetera en estos 10 años ¿verdad?
—No, no la he cambiado... y aquí la tengo...

Mientras hablaba, tomó la billetera de su bolsillo y se la dio a Terry. Con manos temblorosas, Terry revisó en el compartimento pequeño de la billetera, donde había colocado la nota que aquel día sacó de la basura.
—¿Habías visto esta nota, Roy?

Preguntó Terry, con la nota en manos, sabiendo que decía:
«Roy, debes ir al Parque de transito San Agustín.»

Y al mirarla, Roy se puso de pié y dijo:
—No, Dios mío, nunca la vi... esta es la letra de Dorothy...
—Bien... esa nota estaba en el bolsillo de la camisa que ese día te pusiste.
—Es esta misma camisa, Terry...

Terry replicó entonces:
—Si... Roy, es el vínculo que me unió a ti en esta experiencia, definitivamente. ¿Pero quién la tomó de mi lugar secreto para dártela a ti?
—Vamos, hijos míos, vamos... los caminos y métodos que Dios utiliza para hacer sus milagros no los estamos evaluando hoy....
Estamos haciendo un recuento para Terry. Ya atamos un nuevo cabo y no hay más de qué hablar al respecto.

Ahora Terry se sumaba al silencio y a la meditación cuestionando cada suceso: ¿Roy debió ver la nota cuando se vistió con mi camisa y fue su descuido no leerla? ¿Si el hubiese leído aquella nota antes, habría ido al parque y yo lo habría encontrado años atrás? ¿Al sacar la nota de la papelera aquel día, yo debí colocarla en un lugar más visible? O ¿Todo esto ha seguido un plan muy bien elaborado?

Meditaba y meditaba, mientras, no lograba apartar de su mente el miedo. Temía que aún todo eso formara parte de la extraña experiencia y que existiera un psiquiatra que seguía experimentando con él. Esa fue una idea que al parecer ningún día dejaba de atormentarle.

Roy interrumpió el silencio diciendo:
—Pero... ¿Quién eres? —Mirando fijamente a Terry prosiguió—¿Cómo es que tienes el poder para ir y venir en el tiempo?
—Esa es la misma pregunta que me hago, al mirarme en el espejo o al actuar de forma ajena a mi personalidad. ¿Quién eres? La verdad es que creo que moriré sin saber la respuesta, Roy.

Roy sólo le miraba fijamente, ensimismado, como buscando respuestas en su rostro. Después de unos segundos de silencio, mirando a Allan comentó:
—Lo cierto es que es increíble! Aún después de haber fallecido, Dorothy sigue siendo una madre maravillosa...
—Si Roy... tienes razón...—Respondió su buen amigo.
—¿Por qué yo no vi a esa nota antes?— Dijo Roy, culpándose de retardar los acontecimientos, con lo que logró molestar al presbítero.
—Ya... es suficiente hijos míos...—dijo el padre Juan—Les aseguro que no hay mayor perfección que la que pueden encontrar en un plan de este tipo. Nada es por error. Sólo sucede lo que debe pasar. Y bien... Si no tienen nada más que comentar creo que esta reunión se ha terminado...
—¿Se ha terminado, padre Juan?
—Claro que sí, Terry.
—Pero, aunque ya he descubierto muchas cosas, aún no logro entender.
—¿Qué no logras entender, hijo mío?

—Nada, padre Juan... olvídelo...—Respondió Terry mientras internamente surgió la misma pregunta de siempre...

«¿Quién eres?... ¿Quién eres, Terry?... ¿Quién eres?»

Mientras mentalmente se preguntaba una y otra vez aquello, creía mirar el rostro sin forma de su otro yo. La pregunta de «¿quién eres?» se refería especialmente a él. En su interior, Terry extrañaba profundamente su inolvidable compañero. Extrañaba al sarcástico a cada momento. Cuando sucedía cualquier cosa o cuando descubrían algo, la primera reacción de Terry era intentar hablar con el sarcástico para compartir sus sentimientos. Pero el sarcástico ya no estaba a su alcance y debería acostumbrarse a esa nueva idea.

Aunque cada momento que pasaba estaba más convencido de que había regresado a la realidad, el temor no le abandonaba. Por qué había sido él la persona elegida para esa experiencia.
Mientras Terry pensaba, el sacerdote ya se había despedido a Roy y a Allan y caminaba con él hacia otra área del hospital.

De pronto, levemente comenzó a sentir resequedad en los labios, ojos abiertos inmóviles y encandilados, dolor en todo el cuerpo, mínima respiración; zumbido, mareo y sensación de levitar.

Aparentemente, se trataba de una nueva mutación; era exactamente la misma sensación, sin embargo, podía recuperar el control y ver al sacerdote aún caminando junto a él. Prefirió guardar silencio y acompañar al cura hasta su destino.

El paso se detuvo frente a otra puerta muy parecida a la de la oficina; supuso en ese momento que se trataba seguramente de otra área de administración o algo parecido. Pero, al tocar el pomo de la puerta, las sensaciones se incrementaron tanto que Terry se desvaneció casi completamente. Fue tan intenso ese instante, que el sacerdote tuvo que sostenerlo por un brazo, para evitar que se golpeara contra el suelo.

¿Por qué volvía a experimentar aquello? Era lo que se preguntaba Terry, al tiempo que el padre Juan, abría esa puerta y le invitaba a entrar. Pasando más allá de la blanca puerta, se encontró en una habitación extraordinariamente clara, a pesar de tener la luz casi apagada. Esa si era una habitación del hospital. En ella, estaba una cama y sobre ella había alguna persona. Seguramente, algún enfermo al que el capellán amigo debía visitar, fue lo que pensó.

—Terry, hay otras cosas que deberías saber.
—¿Cómo qué, padre Juan?
—El héroe tintónico afectó sólo a una persona.
—¿Murió un niño, verdad? Eso es lo que me ha atormentado.
—No, no murió nadie, hijo mío

Con cabeza agachada y ojos a punto de llorar preguntó:

—Entonces ¿Por qué sentenciaron a Germán a tantos años?

El material contenía arsénico en grandes cantidades pero no era suficiente para afectar a un niño tan solo por tocarlo.

Comenzaba Terry a defender su posición, asumiendo que realmente no había afectado a nadie. Prosiguiendo con su defensa dijo:

—Además, padre Juan, el material se había colocado como parte de la estructura del muñeco, los niños no tendrían contacto directo con el. Al menos eso pensó el malvado de Robert.

—Así es...—Dijo el sacerdote como pidiendo ayuda desde el cielo para decir exactamente las palabras que faltaban y prosiguió—Pero... no toda la gente usa un juguete sólo para jugar... ni tampoco son sólo los niños los que usan un juguete.

—¿Qué significa eso? ¿A qué se refiere?...—preguntó Terry sin entender lo que el sacerdote le decía.

—Significa que... hubo un juguete, un héroe tintónico que alguien uso para hacer una fogata.

—¿Cómo?

—Si, como oyes... «una fogata», y... ¿sabes lo nocivo que llega a ser el arsénico cuando le inhalas en humo, en un ambiente totalmente cerrado y muy pequeño verdad?

—Claro que sí... puede producir la muerte... Pero... si usted me dice que nadie murió, ¿entonces?

—Hijo mío, hubo alguien que quedó prácticamente muerto. ¿Recuerdas al amigo que Roy estaba visitando acá en el hospital, el mismo día en que regresaste?

—Si...

—Esa persona que salió afectada era el amigo más valioso del mundo, para Roy. Aunque no murió, desde el momento de inhalar aquel plástico quemado, con apenas 21 años, quedó en estado de coma.

Diciendo eso, el sacerdote encendió la luz de la habitación.
Terry estaba tan aturdido que no había notado que a un lado de la cama, sentada en una silla acompañando al enfermo, se encontraba una mujer. Pero, después de abrir y cerrar sus ojos, varias veces, para asegurarse de lo que creía ver, concluyó que no se trataba de cualquier mujer. Era Susan, 10 años mayor de lo que la que recordaba.

Terry sólo quedó extasiado, detallando aquella hermosa mujer, la que había sido alguna vez su esposa. Elegantemente vestida, con el cabello rubio, corto y muy bien peinado, a pesar de pocas canas que se podían ver. Una falda negra ajustada a las piernas, le cubría hasta un punto intermedio entre la rodilla y los pies. Llevaba una blusa de un tejido vaporoso, muy blanca y de mangas ajustadas a los puños, donde sobresalían encajes muy delicados.

Pero el encanto se rompió con la voz de Susan:
—Amor... amor... amor... amor...

Él no podía entender lo que pasaba, aquella era la misma voz que había escuchado tantas veces en su experiencia, con las mismas palabras. Sólo miraba a la cama y escuchaba desde su cerebro, en medio de su silencio:

—¿Quién eres?¿Quien eres, Terry? ¿Quién eres?...

Ella acariciaba los brazos de la persona que se encontraba en cama.
—Pero... padre Juan... esa persona es...
—Es Susan, hijo... ¿No la reconoces?
—A Susan sí, padre Juan... pero me refiero a la persona que está acostada allí.—Dijo señalando hacía la cama.
—Ah... si, es que no terminé de decirte... esa es la misma persona a la que me refería cuando te hablé del mejor amigo de Roy.
—O sea que....¿Está en estado de coma, padre?—Preguntó Terry muy aterrorizado.

Al instante, experimentó nuevamente las mismas sensaciones, pero esa vez fueron algo más leve. Las sensaciones iniciaron exactamente con un balbuceo que, simultáneamente, salio de la boca de Terry y, al parecer, también del paciente que se encontraba en cama. Así que de ambos, casi sin entenderse, se escuchó:
—Definitivamente, sin mí sigues siendo el mismo desastre.

Aunque la voz no le era nada familiar, definitivamente se trataba de su otro yo, del Terry sarcástico, el irónico, el travieso.
—¿Es que no me oyes, amigo Terry?—Esta vez, la voz salía sólo de la persona que estaba en la cama.

Terry, convencido de que nadie más le escuchaba, disimuló. No obstante, en ese momento el sacerdote, mirándole, señaló hacía la cama. Al momento escuchó:

—Ven aquí, amigo Terry, mira que tengo días sin acompañarte.

A simple vista, mientras se acercó a la cama, pudo ver que se trataba de una persona sumamente demacrada, prácticamente sin nada de musculatura, muy delgada, la piel sumamente deshidratada, con ojeras inmensas y mangueras conectadas con agujas en sus venas. También había parches y curas en diferentes partes.

Susan parecía pensar que estaban filmando el final de alguna película donde ella era la protagonista, por la inmensa sonrisa que mostró en el momento que Terry se dirigía a la cama.

—Oye... no soy tan guapo como tú ahora, amigo Terry, pero deja que pasen algunos días...

Terry no podía creerlo, se trataba de su amigo imaginario, de su otro yo, del sarcástico, el irónico, el travieso. No lo había perdido, no era realmente parte de él, pero si le había acompañado en aquella experiencia.
—¿Eres... tú...?
—¿Y quién más crees que podría conocerte tan bien?

La mejor manera de describir a aquel momento es simplemente que Terry se dejó caer sobre el cuerpo del sarcástico. Dejó caer la soledad, el estrés, el miedo, la ansiedad, las dudas y muchas otras sensaciones que le habían acompañado. Lo hizo con un abrazo desproporcionado, llorando y riendo, riendo y llorando. Y decía:

—Ahora seré yo quien te de... ese besito... con el que tanto me fastidiaste... Estás aquí, Terry sarcástico... Estás aquí...

Besaba prácticamente a la cama, porque aunque pensó escuchar una voz fuerte, la voz era muy débil. Parecía haber olvidado cómo hablar y sonreía levemente, aunque Terry percibía que tenía un alboroto inmenso.
—Hijo mío, cuidado, lo puedes lastimar, ha tenido muchísimos años totalmente inmóvil. Sólo durante estos seis días comenzó lentamente a moverse y sonreír hasta despertar. Mira, hijo, acaban de llegar Roy y Allan.
—Si, ya los veo, pero, padre Juan, pero... usted no entiende...
—Entiendo mucho, hijo mío, entiendo mucho... tanto que hay algo más que debes saber...

Terry abrió los ojos desproporcionadamente pensando:
Dios mío, ¿Será que hay algo más que deba saber?

Así que preguntó:
—¿Qué?
—Que Roy siempre llevaba a casa un juguete para su colección, ¿Recuerdas?
—Si. Había escuchado eso.
—Bien, el problema fue que nunca imaginó que un baterista de 21 años, técnico de sonido y estudiante de ingeniería, decidiera hacer una fogata en su habitación con su juguete.

—¿Con su juguete?...—y mirando a la cama le dijo—¿No me digas que eras igual en la realidad?... ¿Fuiste capaz de entrar a casa de Roy a robar el juguete?

—No, hijo mío, no era una casa ajena... era su propia casa.

—No entiendo, padre Juan...

—Era la casa de Roy, de Susan y de los hijos de ambos. Freddy, Sophia, Antonieta y Nicola.

—Eso lo sabía, padre, pero ¿qué relación tiene con esto? ¿Qué significa eso?...—Lentamente fue imaginando el significado—¡Dios mío!... significa que...

—Hijo mío, lo que significa es que Antonieta venía todos los días a colocar la música de rock favorita de Nicola y, algunas veces, la cantaba, para ver si lograba que saliera del estado de coma. Así que ya no tendrás que preguntarte más «Quién eres.» Ya lo sabes, fuiste todos, fuiste tú mismo y eres el elegido para este milagro.

Aún muy confundido, Terry no lograba salir de su asombro, sin embargo, por si fuese insuficiente, en aquel momento alguien entró.

—Tío Nicola, tío Nicola...

Era una hermosa pequeña. Susan la tomó por el brazo y junto a Sophia, que acababa de llegar, dijeron casi al mismo tiempo:—Es Vicki... es tu nieta...

Mientras Vicki parecía no haber notado que existían otras personas en esa habitación.

—Tío Nicola... ¿Qué haces con esto?—Dijo, sosteniendo en sus manos una cinta azul de la que estaba unida una medalla que decía «Lookie Macnamara Peña.»

—Era la medalla de mi perrito...

Susan abrazó a la niña y le dijo a Terry:
—Cuando murió el perrito, Vicki enfermó de la depresión y tuvimos incluso que hospitalizarla.

Era la misma medalla de la experiencia, y seguramente la misma niña, era su nieta, era Vicky. En función de ello, llorando y sin decir nada, abrazó a su hija y nieta, mientras todos sonreían.

Desde ese día Terry nunca abandonó a su mejor amigo, el joven Nicola, su otro yo. Pasaron años para que Nicola recuperase su vida normal, pero, día tras día estaban juntos y no paraban de bromear. Siempre le acompañaba a las terapias, aunque podría decirse que lo hacía por solidaridad con el Terry sarcástico, no es seguro.

Dos años después de reencontrarse con Nicola, Terry se casó con una fisioterapeuta que también era divorciada, aunque no había tenido hijos. Era una mujer extraordinaria e hizo inmensamente feliz a Terry.

Él nunca más trabajó, ya que el sacerdote le entregó el resto del contenido que se encontraba en la lata de galletas navideñas. Yair había colocado a su nombre 5% de su empresa PLAYSOFTr, la cual en apenas 10 años había logrado el segundo lugar en el mundo en juegos virtuales, por lo que las acciones de Terry económicamente representaban una inmensa participación.

Cuando llegó el abogado a legalizar su propiedad, Terry se negó. Pero, contra todas sus expectativas, volvió a ver a Yair, quien por negocios viajaba por el mundo, permanentemente, y fue expresamente a convencerlo.

Conversaron hasta que firmó aceptando sólo el 2,5%, ya que le correspondería a Germán aceptar el 2,5% restante. Adicional a eso, no se supo de qué hablaron, pero al firmar sólo dijo:
—Es tanto lo que tengo que agradecerte, Yair... ¿Por qué has sido tan generoso conmigo?—Por supuesto que al preguntar aquello, conociendo a Yair no esperaba una respuesta.

Eso era lo que Terry creía, él pensaba que Yair no le diría nada. Sin embargo, si hubiese preguntado nuevamente, ya estaba dispuesto a decirle la verdad.

Rascándose la oreja izquierda, con su mano derecha sostenida sobre la cabeza, hubiese dicho:
—No tienes nada que agradecer, mi buen amigo. Me preocupaba que los protagonistas no tuviesen un final feliz. Por eso, Germán ya se ha comprometido, legalmente, a ocupar el mejor cargo de Vicepresidente que existe en PLAYSOFTr.

Y hubiese finalizado su respuesta, diciendo:
—Si tu historia hubiese tenido un mal final, yo no hubiese disfrutado tanto al escribirla.